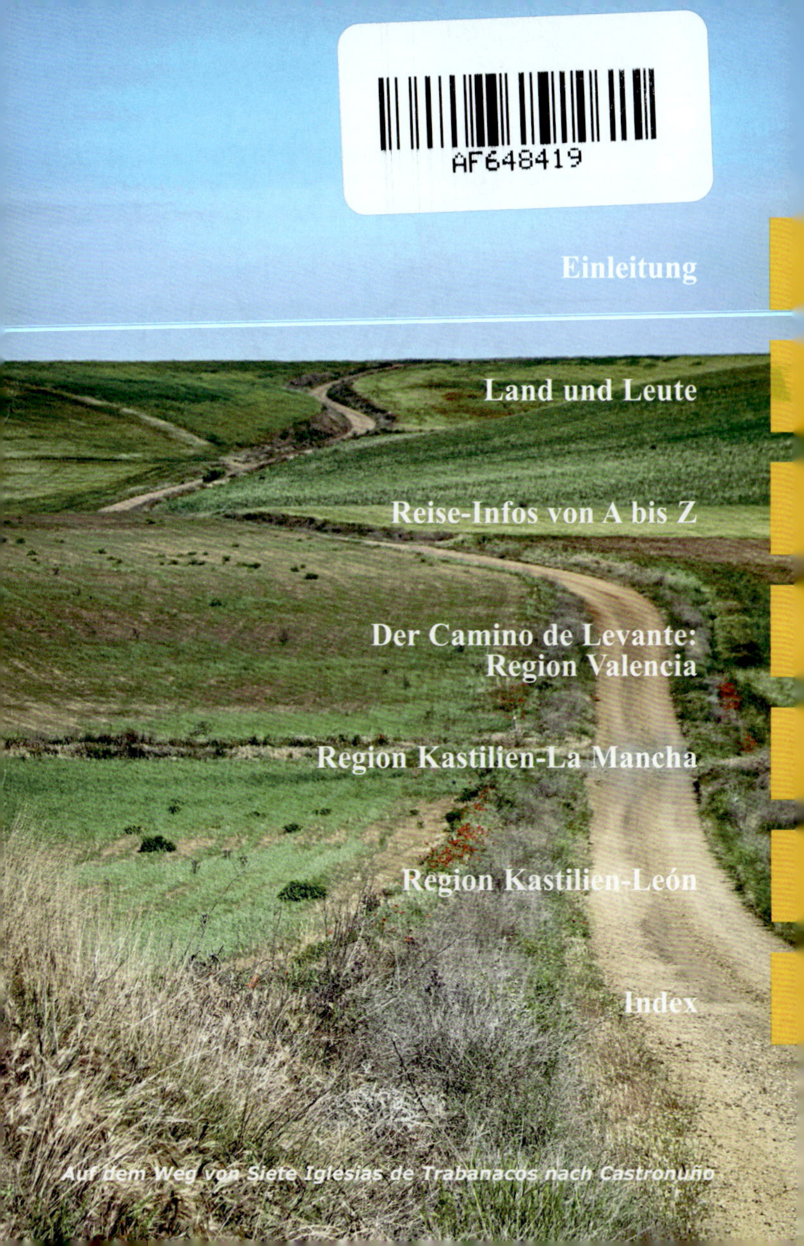

Auf dem Weg von Siete Iglesias de Trabanacos nach Castronuño

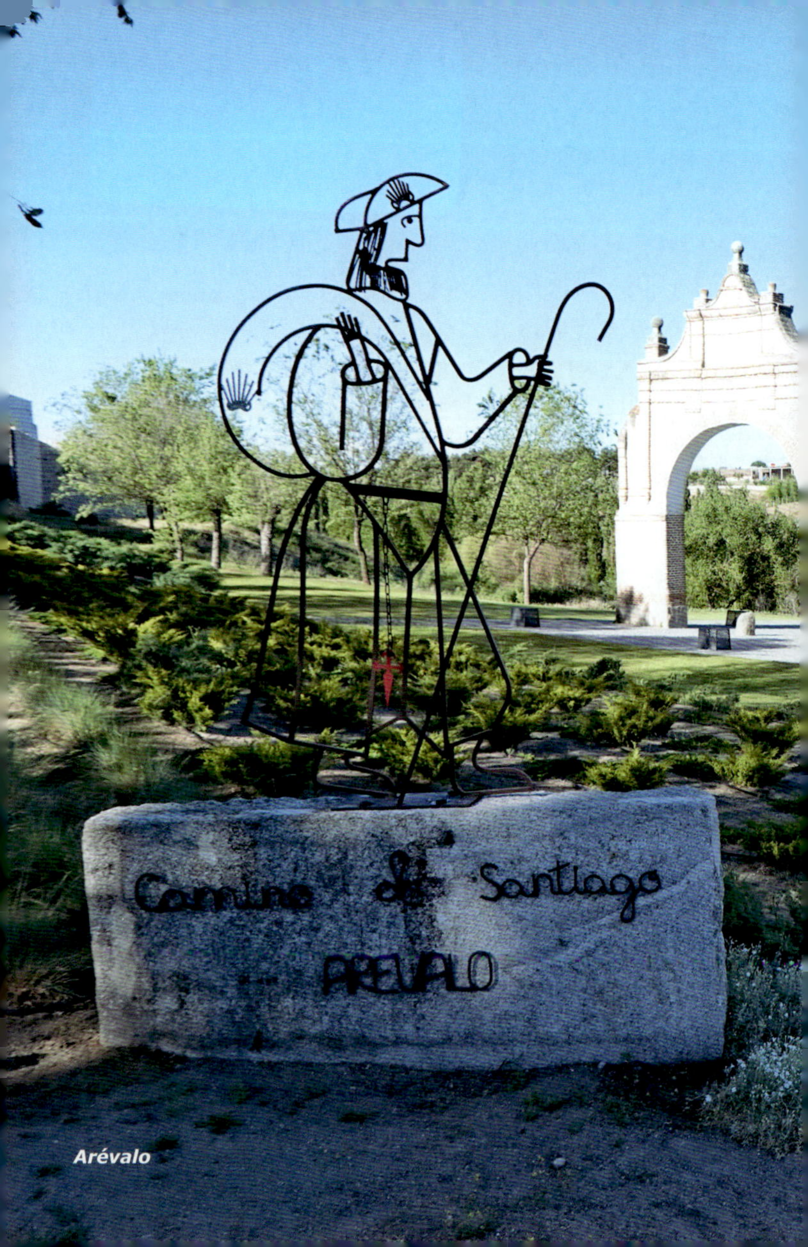

Arévalo

Band 271

OutdoorHandbuch

Stefan Markschies

Camino de Levante

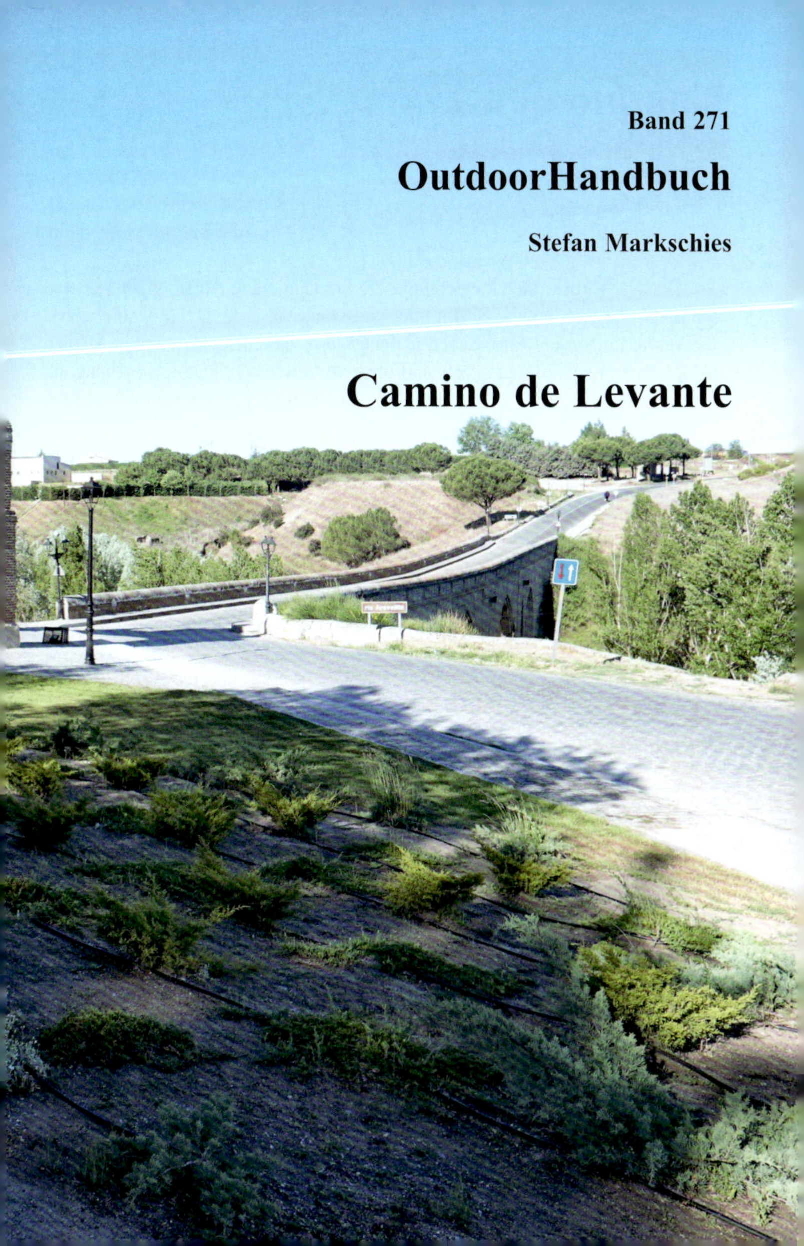

Camino de Levante

Der Autor und der Verlag sind für Lesertipps und Verbesserungen (besonders per E-Mail) unter Angabe der Auflagen- und Seitennummer dankbar.

Dieses OutdoorHandbuch hat 192 Seiten mit 45 farbigen Abbildungen sowie 42 farbigen Kartenskizzen im Maßstab 1:200.000, 41 farbigen Höhenprofilen, 4 farbigen Städtplänen und einer farbigen, ausklappbaren Übersichtskarte. Es wurde auf chlorfrei gebleichtem, FSC®-zertifiziertem Papier gedruckt, in Deutschland klimaneutral hergestellt und transportiert und wegen der größeren Strapazierfähigkeit mit PUR-Kleber gebunden.

FSC
www.fsc.org
MIX
Papier aus verantwortungsvollen Quellen
FSC® C009051

Klimaneutral
Druckprodukt
ClimatePartner.com/10951-2002-1003

Dieses Buch ist im Buchhandel und in Outdoor-Läden erhältlich und kann im Internet oder direkt beim Verlag bestellt werden.

OutdoorHandbuch aus der Reihe „Der Weg ist das Ziel", Band 271

ISBN 978-3-86686-593-8 1. Auflage 2020

Text und Fotos: Stefan Markschies
Karten: Heide Schwinn
Lektorat: Amrei Risse
Layout: Alexandra Sauerland

Gesamtherstellung: gutenberg beuys feindruckerei

Dieses OutdoorHandbuch wurde konzipiert und redaktionell erstellt vom:

Conrad Stein Verlag GmbH, Kiefernstr. 6, 59514 Welver,
☎ 023 84/96 39 12, FAX 023 84/96 39 13,
info@conrad-stein-verlag.de,
www.conrad-stein-verlag.de

Besuchen Sie uns bei Facebook & Instagram:

www.facebook.com/outdoorverlag

www.instagram.com/outdoorverlag

Titelfoto: Zamora

Inhalt

Vorwort und Dank

Lange habe ich darüber nachgedacht, wie ich die Stimmung vermitteln kann, die ich empfand, als ich im Frühjahr 2019 den Camino de Levante gelaufen bin. Am intensivsten beschreiben wohl die Eigenschaften „einsam“, „weit“ und „wild“ den Charakter des Weges: einsam, weil Sie zum Teil tagelang auf keinen einzigen Pilger treffen, weit, weil die Landschaft durch die Sie wandern, einfach nur grenzenlos ist, und wild, weil Sie langsam in die aufwühlende Geschichte Spaniens eintauchen. So bringt Sie der Weg dem Land und seinen Menschen Stück für Stück näher.

Mein besonderer Dank gilt der Asociación Amigos del Camino de Santiago, Comunidad Valencia, die mich vorab mit Informationen unterstützt hat, den Herbergseltern Margarita und Juan Alcañiz Ruiz mit Hund Goiko aus Villa de Don Fadrique, die mich liebevoll aufgenommen haben, Georg v. Ehren, der ein Stück des Weges mitgelaufen ist, sowie Ingrid und Gerd Hillen, die ich auf dem Weg traf und die Teile des Buches Korrektur gelesen haben. Nicht zuletzt möchte ich den Hut vor Ulrike Bruckmeier ziehen, die vor zehn Jahren den ersten Pilgerführer zum Camino de Levante geschrieben hat.

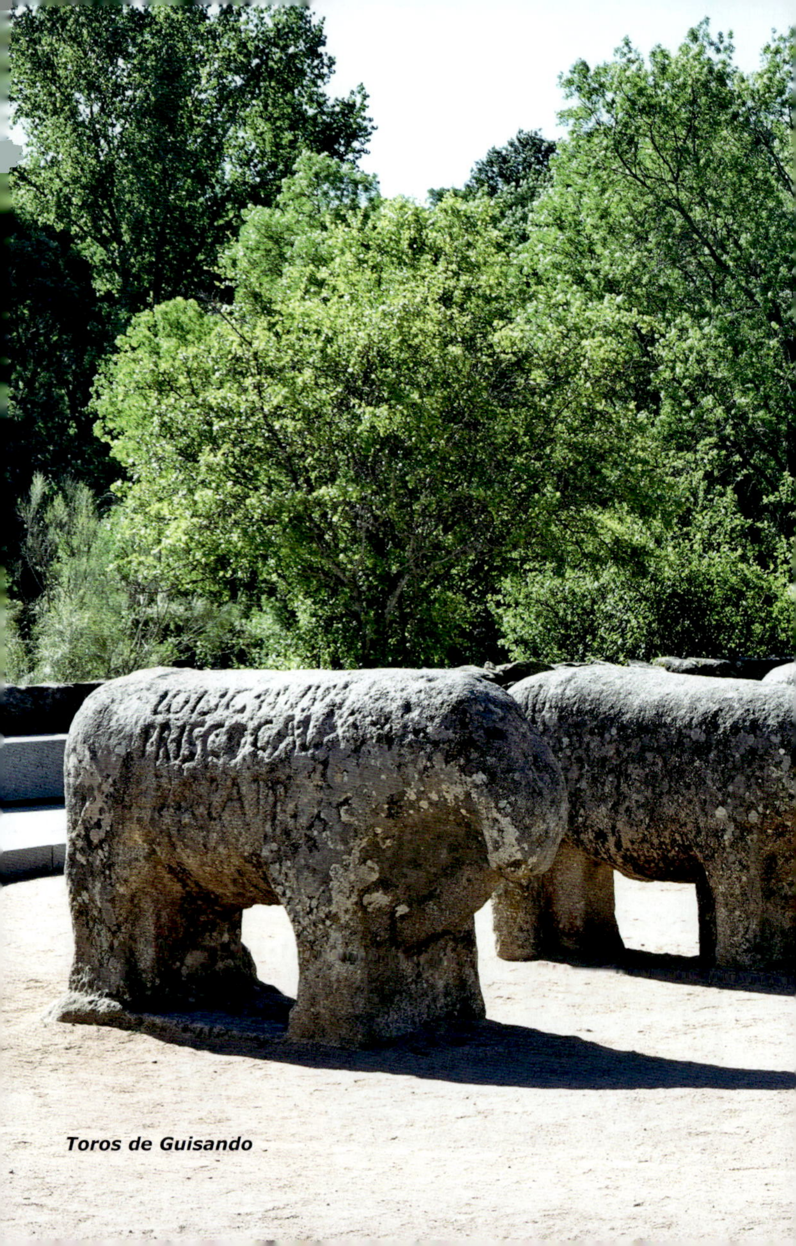

Toros de Guisando

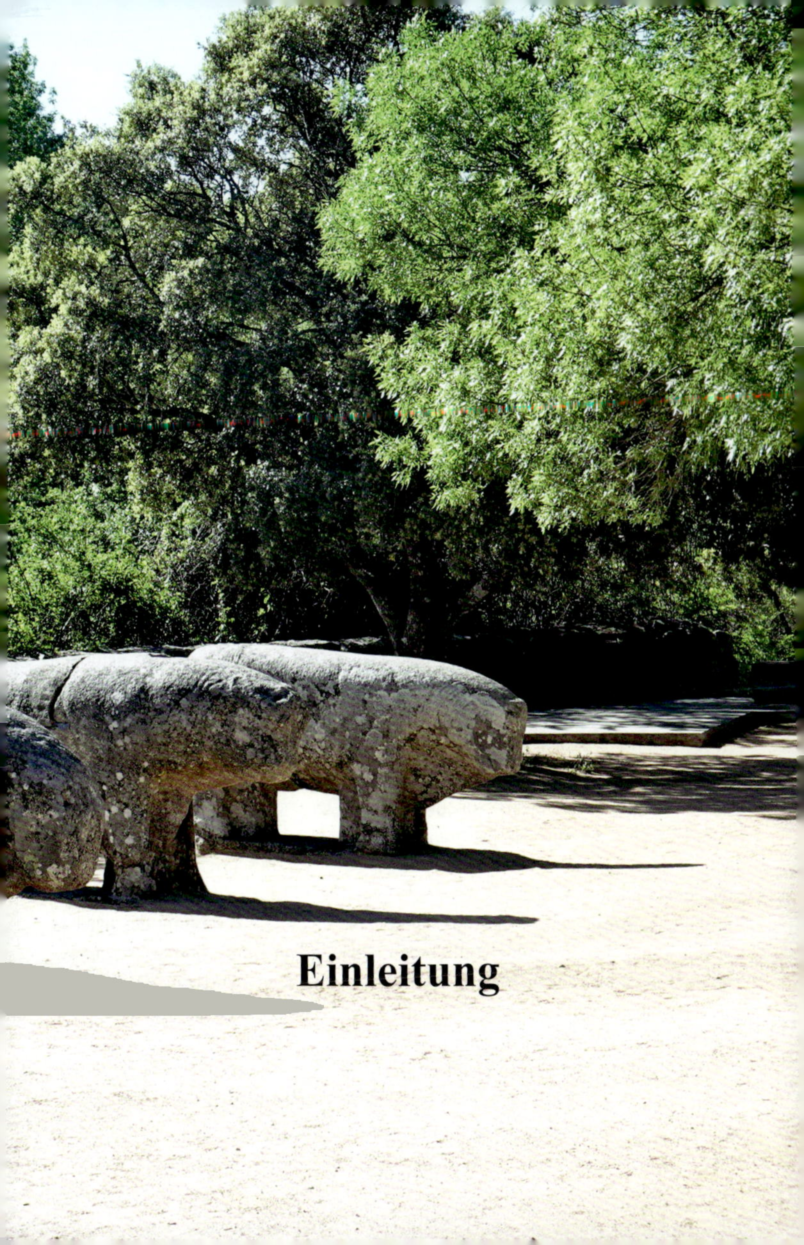

Einleitung

Eine kurze Geschichte des Jakobswegs

Während Rom und Jerusalem im Mittelalter die klassischen christlichen Wallfahrtsziele waren, bedurfte es in anderen Regionen Europas Reliquien, um Pilger anzuziehen. So verwundert es nicht, dass die Spanier sich freuten, als im 9. Jahrhundert der Eremit Pelayo das Grab des heiligen Jakobus durch ein himmlisches Zeichen auf einem „Sternenfeld" (lateinisch *campus stellae*) fand, dem heutigen Santiago de Compostela.

Überliefert ist, dass Jakobus nach Christi Himmelfahrt in der römischen Provinz Hispania missionierte, aber später nach Palästina zurückkehrte, wo er auf Befehl von König Herodes Agrippa I. im Jahr 44 enthauptet wurde. Eine im Mittelalter weitverbreitete Legende besagt, dass sein Leichnam anschließend in ein Boot gelegt und an die Küste Spaniens getrieben wurde. Einer anderen Version zufolge brachten seine Jünger Athanasius und Theodorus den Leichnam auf dem Seeweg in sein früheres Missionsgebiet Spanien und setzten ihn in einem Steingrab auf dem Gebiet der heutigen Stadt Santiago de Compostela bei. Laut einer weiteren Darstellung schenkte Kaiser Justinian die Gebeine dem Sinaikloster. Später wurden diese von Mönchen vor islamischen Angriffen nach Spanien in Sicherheit gebracht. Als die Mauren auch die Iberische Halbinsel eroberten, vergrub man die Reliquien an der Stelle, an der sie später von Pelayo gefunden wurden.

Nach der Rückeroberung Toledos 1085 und der Niederschrift des Sammelwerks zu Ehren des heiligen Jakobus um 1150, des „Liber Sancti Jacobi", welches in einem der Bücher sogar Routen nach Santiago de Compostela vorstellte, breitete die Pilgerbewegung sich zunehmend aus. Der erste Pilgerführer wurde in der Wende vom 15. zum 16. Jahrhundert gedruckt und wahrscheinlich von dem Mönch Hermann Künig von Vach verfasst. In Versen beschrieb er den Weg von Einsiedeln nach Santiago.

Die Motive der Pilger im Mittelalter reichten von der Verehrung des heiligen Jakobus über die Vergebung von Sünden, Heilung von Gebrechen bis zur asketischen Heimatlosigkeit in damals unbekannten Regionen Europas. Auch waren manche Pilger nicht freiwillig unterwegs, z. B. Straftäter, die zur Buße ihrer Sünden auf den Weg geschickt wurden.

Für die Iberische Halbinsel waren die Wallfahrer von entscheidender Bedeutung: Zum einen wurde durch sie der christliche Glauben während der schrittweisen Zurückdrängung der Mauren wiederbelebt und gefestigt, zum anderen fand dank ihnen ein reger Wissensaustausch mit dem restlichen Europa statt.

Die Anzahl der Pilger stieg stetig, bis im Jahr 1589 Mönche die Gebeine des Heiligen aus Furcht vor einem englischen Seeangriff des legendären Francis Drake an einem unbekannten Ort versteckten. Die verschollenen Reliquien, die Abspaltung der protestantischen Kirche und der Dreißigjährige Krieg führten im 16. und 17. Jahrhundert zu einem Abflauen der Pilgerströme. Auch trieben während dieser Zeit Räuber und Scheinpilger ihr Unwesen auf einigen Routen.

Mit der Auflösung vieler spanischer Klöster im 18. und 19. Jahrhundert kam die Bewegung fast ganz zum Erliegen und im heiligen Jahr 1867 fanden sich nur wenige Pilger in Santiago de Compostela ein. Erst nachdem die Reliquien im Jahr 1879 durch eine glückliche Fügung wiedergefunden und von Papst Leo XIII. 1884 als echt bestätigt worden waren, bekam die Wallfahrt nach Santiago wieder langsam Zulauf.

Nach dem Spanischen Bürgerkrieg instrumentalisierte Franco den Jakobuskult politisch und kürte das Fest des heiligen Jakobus – jeweils am 25. Juli eines Jahres – zum spanischen Nationalfeiertag. Trotzdem nahmen die Pilgerzahlen erst nach dem Tod des Diktators und der Demokratisierung Spaniens wieder zu.

1987 wurde der Camino de Santiago zum europäischen Kulturweg ernannt und 1993 in die Liste des Weltkulturerbes der UNESCO aufgenommen. Seitdem wächst der Pilgerstrom von Jahr zu Jahr. Vor allem in heiligen compostelanischen Jahren, an denen der Festtag des Apostels auf einen Sonntag fällt, entschließen sich viele Gläubige, den Weg nach Santiago de Compostela zu wagen.

Während im heiligen Jahr 1971 451 Pilger Santiago erreichten, waren es 2010 schon über 270.000 und 2018, einem Jahr ohne Feierlichkeiten, gar über 327.000.

Der Camino de Levante

Der Legende nach soll der Apostel Jakobus während seiner Missionarsarbeit in Spanien selbst ein Stück auf der „Via Augusta", die im Gebiet von Valencia zusammen mit dem Camino de Levante verläuft, gegangen sein. Die Via Augusta war zu römischer Zeit mit 1.500 km die längste Straße in Spanien und verlief von den Pyrenäen am Mittelmeer bis nach Cádiz. Heute ist sie ein eigens ausgeschilderter Fahrrad- und Wanderweg.

Fest steht, dass der Weg nach der Rückeroberung der Region durch die Christen von vielen Pilgern aus Mittelmeerstaaten genutzt wurde. Zumeist setzten diese mit dem Schiff nach Valencia über und starteten von dort ihren Weg nach Santiago de Compostela.

Der Name „Levante“ kristallisierte sich erst später heraus: In romanischen Sprachen wird damit der Ort bezeichnet, an dem die Sonne aufgeht, also der Osten. So werden die Regionen um Palästina oder ein warmer spanischer Ostwind genannt. Zudem steht das spanische Wort *levantarse* für „aufstehen“. Ausschlaggebend für den Namen war wahrscheinlich auch die Lage Valencias im östlichen Küstenabschnitt Spaniens, der ebenfalls als Levante bezeichnet wird.

Laut der „Asociación Amigos del Camino de Santiago“ in Valencia pilgern etwa 700 Menschen pro Jahr, meist alleine oder zu zweit, den Weg. Darunter sind etwa gleich viele Frauen wie Männer und nur jeder vierte ist ein Spanier. Da der Camino zumeist auf breiten Wegen verläuft und kaum steile Passagen aufweist, sind auch viele Radpilger unterwegs.

Insgesamt führt der Camino de Levante über 1.200 km quer durch Spanien nach Santiago de Compostela. In diesem Buch wird der etwa 820 km lange Abschnitt von Valencia nach Zamora beschrieben, der im Wesentlichen durch die drei autonomen Regionen Valencia, Kastilien-La Mancha und Kastilien-León führt. Ab Zamora verläuft der Weg auf derselben Route wie die Vía de la Plata, die von Sevilla aus dazustößt.

Grob lässt sich der Camino de Levante in fünf Abschnitte einteilen:

Von **Valencia** nach Xàtiva und Moixente führt er zunächst bis Silla durch Vorstädte und Industriegebiete von Valencia. Diesen Teil können Sie mit der Bahn abkürzen (☞ Valencia). Hinter Silla pilgern Sie zunächst am Rande des Naturschutzgebietes Albufera (☞ Land und Leute, Region Valencia) und später durch Orangenplantagen und viele kleine Städtchen zumeist auf asphaltierten Wegen nach Xàtiva. Auf dieser Strecke verläuft der Camino zeitweise zusammen mit der Via Augusta und ist flach. In **Xàtiva** lohnt es sich, zur Besichtigung von Kirchen und Burg Zeit einzuplanen. Nach Moixent und ins Grenzgebiet nach Kastilien-La Mancha benötigen Sie dann nur noch wenige Tage.

Von **Moixente** bis nach Almansa und Albacete pilgern Sie meist auf geschotterten Wegen durch ein kaum besiedeltes Gebiet. Hier sind Sie auf Ihren eigenen, mitgetragenen Wasservorrat angewiesen. Von 300 m Höhe steigen Sie kaum merklich über mehrere Tage über Almansa zum 1.000 m hoch gelegenen Ort Higueruela auf, um anschließend hinab nach Albacete in der Mancha (⇧ 700 m) zu wandern. Vor Albacete sollten Sie sich das auf einem Berg gelegene Chinchilla de Monte Aragon anschauen.

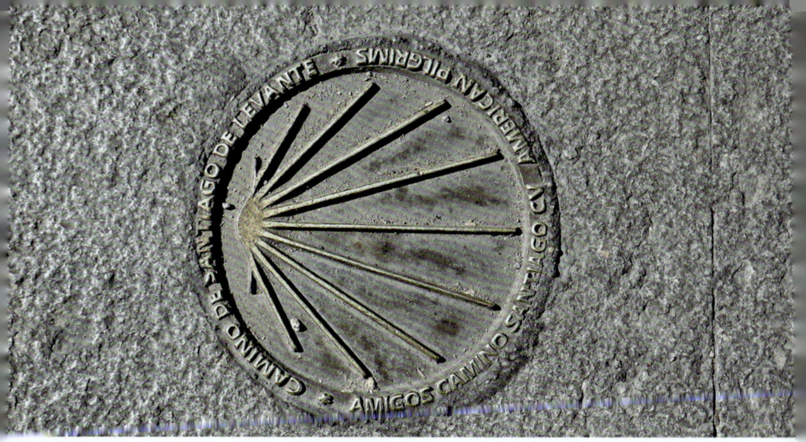

Markierung des Pilgerweges in Valencia

Von **Albacete** bis Toledo verläuft der Camino auf Feld- und Schotterwegen flach auf etwa 700 m Höhe. Nach dem sehenswerten Ort **San Clemente** verfolgen Sie die Geschichten von Don Quijote und seinem braven Knappen Sancho Panza und können nachvollziehen, wie der angebliche Ritter in **Mota del Cuevo** mit Riesen und Windmühlen kämpfte. In **El Toboso** buhlte der Narr dann um die Gefühle seiner verehrten Dulcinea. Danach pilgern Sie vorbei an Sumpfgebieten nach **Tembleque** mit einem ungewöhnlichen Rathausplatz. Der Camino de Levante und der Camino del Sureste, der von Alicante kommend dazustößt, verlaufen hier teilweise auf derselben Route. Durch endlose Olivenplantagen wandern Sie vorbei an zahlreichen Burgen weiter nach Toledo. Auch hier sollten Sie für Besichtigungen genügend Zeit einplanen.

Von **Toledo** (⇧ 500 m) steigen Sie über Feldwege durch Weizenfelder, Viehweiden und Wälder in dem einzigen gebirgigen Abschnitt des Weges zum höchsten Punkt des Camino de Levante auf, dem Puerto del Boquerón (⇧ 1.315 m). Jetzt schon in Kastilien-Leon führt Sie der Weg anschließend hinab zur mit 1.100 m höchstgelegenen Provinzhauptstadt Spaniens, Ávila. Vielleicht können Sie die Stadt und ihre Stadtmauer an einem Ruhetag erkunden.

Von **Ávila** wandern Sie durch hügeliges Land auf Feldwegen über **Arévalo** mit vielen sehenswerten Kirchen, **Medina del Campo** mit seiner imposanten Burg und dem über dem Fluss Duero thronenden **Toro** zum „Museum der Romanik“, **Zamora**. Der Duero bestimmt den Charakter dieses Abschnitts.

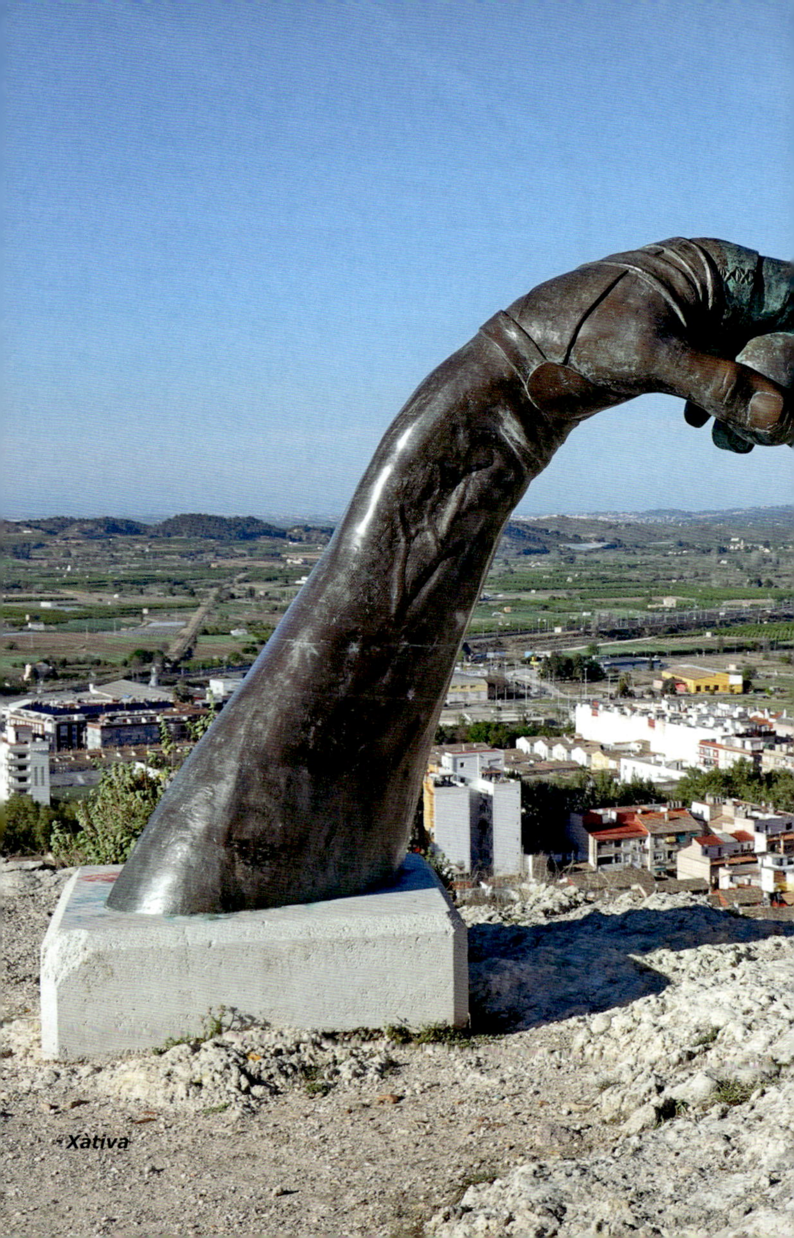

Xàtiva

Land und Leute

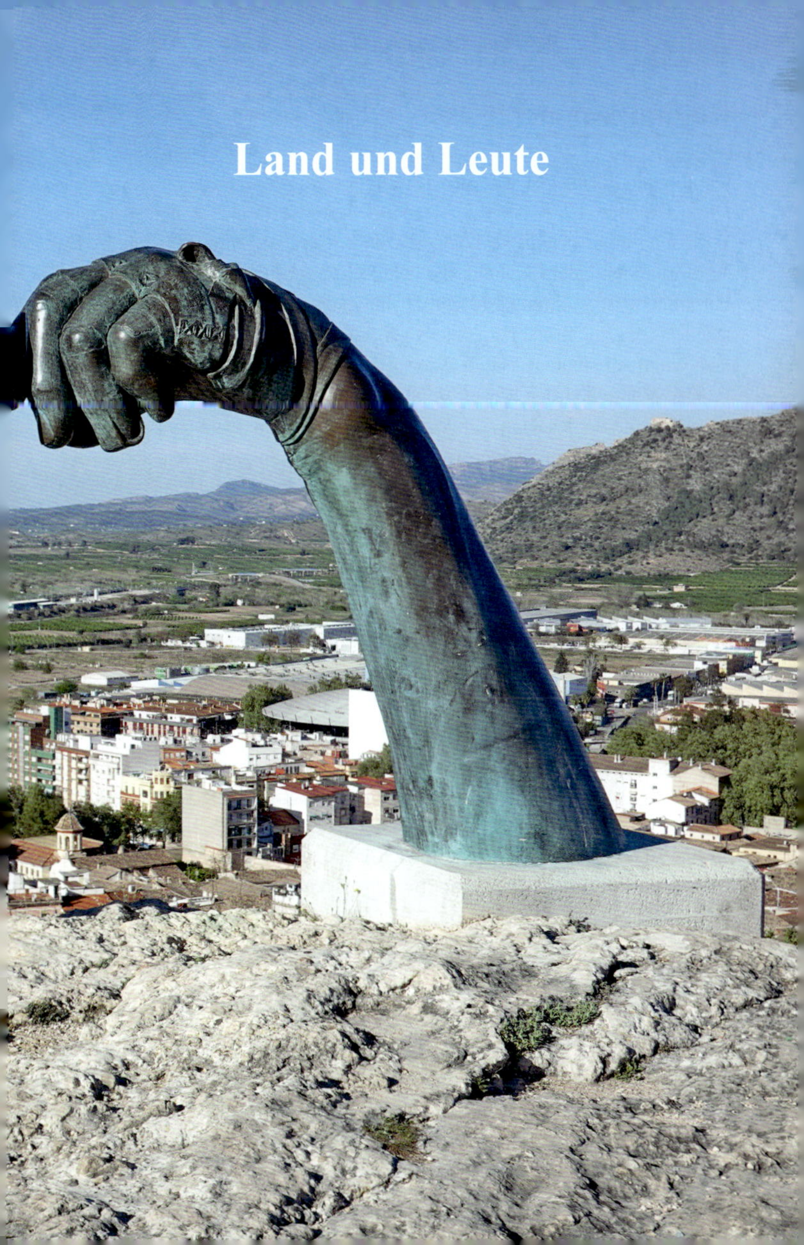

Region Valencia

Die Region Valencia ist eine der 17 autonomen Verwaltungszonen Spaniens. Diese erhielten 1978 nach der Franco-Diktatur in Artikel 2 der spanischen Verfassung unterschiedliche Kompetenzen in Gesetzgebung und Vollzug. Das Territorium mit einer Gesamtfläche von 23.255 km² und mehr als 5 Millionen Einwohnern ist größtenteils identisch mit dem des ehemaligen Königreiches Valencia, das zur Krone Aragoniens gehörte. (Geschichtliches zur Region finden Sie im Abschnitt zur Stadt Valencia, ☞ S. 40.)

Der größte Teil der Provinz zählt zum Sprachgebiet des Valencianischen, einer Variante der katalanischen Sprache, welche neben dem Spanischen Amtssprache ist. Auf dem Camino werden Ihnen diese Sprachunterschiede insbesondere bei den Wörtern „Straße" und „Allee" auffallen: In Valencianisch lauten die entsprechenden Namen *carrer* und *avinguda*, im Spanischen calle und avenida.

Die mediterrane Landschaft wird von 632 km Küste, weiten Küstenebenen und Höhenzügen geprägt. Nach Silla streift der Camino de Levante den Rand der wichtigsten Küstenebene Valencias: der Albufera. Sie ist das bedeutendste Feuchtgebiet Spaniens. Sumpflandschaften und ein riesiger, aber nicht tiefer Süßwassersee gehören dazu. Das Vogelreservat bietet Reihern, Enten, Flamingos und über 250 weiteren Vogelarten reichlich Platz. Zu finden sind auch Schlangen und die Europäische Sumpfschildkröte.

Der Albufera-See bildete sich durch das Wegsacken eines etwa 30 km langen Landstreifens. Die Verbindung des Sees zum Meer und die Wassermenge im See werden über Kanäle und Schleusen reguliert. Das Gebiet eignet sich deshalb perfekt für den Reisanbau. Begründet durch die Mauren lebt diese Tradition bis in die heutige Zeit fort. Sie sollten unbedingt die hier entstandene valencianische Variante der Paella mit Kaninchenfleisch und Meeresfrüchten probieren.

Die Landwirtschaft der Region ist durch Zitrus-, Oliven- und Mandelplantagen geprägt. Leider ist der valencianische Wald durch die Verstädterung, die Agrarwirtschaft und Brände fast verschwunden. In den verbliebenen Resten können Sie Stein- und Korkeichen und in Auen- und Sumpfgebieten Weiden, Erlen, Pappeln und Ulmen entdecken.

Region Kastilien-La Mancha

Kastilien-La Mancha mit der Landeshauptstadt Toledo ist mit einer Fläche von 79.409 km² zwar der drittgrößte autonome Regierungsbezirk Spaniens, aber mit nur 2 Millionen Einwohnern dünner besiedelt als die Region Valencia. Auf Ihrer Wanderung werden Sie diesen Umstand dadurch zu spüren bekommen, dass Sie gezwungen sind, genügend Wasservorräte mitzunehmen.

Der Ursprung des Doppelnamens liegt beim ersten Teil im Lateinischen und deutet mit *castellum* auf ein von Schlössern und Burgen geprägtes Land hin. Der zweite Teil, La Mancha, stammt von dem arabischen *Manxaf* oder *Al-Manshaf* als Begriff für ein „Land ohne Wasser" oder „Hochplateau" ab. Beide Beschreibungen kennzeichnen dieses einsame, weite Land.

Die Hochebene von La Mancha liegt zwischen 700 und 1.000 m hoch und weist Merkmale eines Kontinentalklimas mit extremen Temperaturunterschieden auf: Können in der trockenen Sommerzeit am Tag 40 °C und mehr erreicht werden, so fällt die Temperatur im Winter in wolkenlosen Nächten unter 0 °C ab. Hin und wieder schneit es sogar.

Besiedelt wurde die Region früh von iberischen und keltischen Völkern. Später folgten Römer und nach dem Niedergang ihres Reiches germanische Kulturen wie die Westgoten, die Toledo als ihr Zentrum auswählten. Nach der maurischen Invasion im 8. Jahrhundert eroberte Alfons VI. der Tapfere Toledo am 25. Mai 1085 wieder zurück. In den folgenden Jahrhunderten vermochten es die Christen aber nicht, weiter in den von Mauren besetzten Süden vorzustoßen. Erst in der Schlacht bei Las Navas de Tolosa, in der Grenzregion zwischen Kastilien-La Mancha und Andalusien, gelang es am 16. Juli 1212 Alfons VIII. mit Truppen der verbündeten Königreiche von Kastilien, Navarra, Aragón und León sowie französischen Kontingenten, die Mauren unter Kalif Muhammad an-Nasir zu bezwingen.

Während der Wiederbesiedlung und des Aufbaus der Region spielten religiöse Militärorden wie der Santiago-Orden in den Folgejahren eine entscheidende Rolle. Diese Vergangenheit, die immer noch präsent ist, wird Sie auf Ihrer Wanderung berühren.

Je weiter Sie Richtung Norden kommen, desto häufiger werden Sie klappernde Störche auf Kirchtürmen und Dächern der kleinen Ortschaften begleiten. Seltener sind Adler und Milane zu sehen. Auch Füchse, Wildkatzen, Rotwild und Wildschweine finden in der Region ein Zuhause.

Wasser ist knapp und das kontinentale Klima sorgt für ein steppenartiges Landschaftsbild. Schon früh wurden die großen Waldflächen abgeholzt und so werden Sie kaum die typischen Stein- und Korkeichen sehen. Stattdessen ist die Region landwirtschaftlich geprägt. Riesige Olivenhaine wechseln sich mit Weinplantagen ab. In der Region um Las Pedroñeras durchqueren Sie außerdem eines der besten Knoblauchanbaugebiete Europas.

Stolz ist die Bevölkerung auf ihren weltberühmten Romanhelden Don Quijote de la Mancha, der in der Region unzählige Abenteuer erlebt. Vorausschauend beginnt Miguel de Cervantes seinen Roman mit den Worten „En un lugar de la Mancha“ – irgendwo in der Mancha. So können alle Orte der Region den närrischen Ritter ihr Eigen nennen. Doch dazu mehr in der Wegbeschreibung.

Region Kastilien-León

Kastilien-León ist mit 94.226 km² der größte autonome Regierungsbezirk Spaniens und entstand 1983 durch den Zusammenschluss der Regionen Castilla la Vieja und Leon. Ähnlich wie Kastilien-La Mancha ist das Gebiet mit 2,5 Millionen Einwohnern dünn besiedelt. 15 % der Bewohner leben in der Hauptstadt Villadolid.

Wie La Mancha liegt die Region auf einer Hochebene, die jedoch durch Bergketten begrenzt wird: im Norden nach Galicien durch die Cordillera Cantábrica, im Osten durch das Iberische Randgebirge, im Süden durch die Sierra de Gredos und die Sierra de Guadarrama sowie im Westen durch die galicische Bergkette. Sie sind der Grund, warum die Region wasserreicher als die Mancha ist.

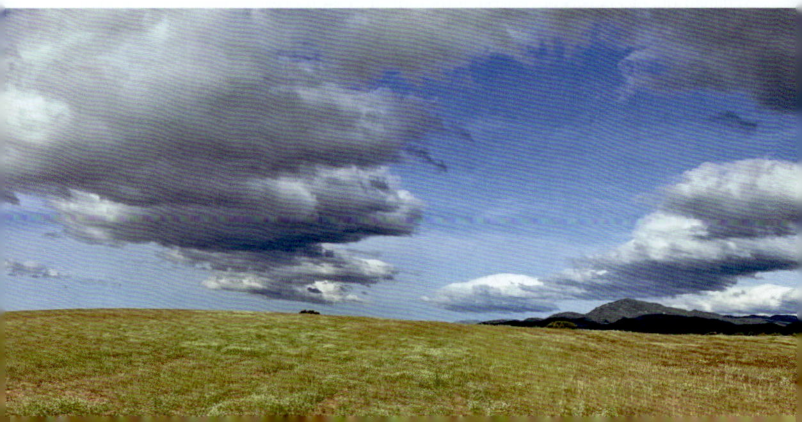

So durchfließt der Fluss Duero das Hochland bis zur portugiesischen Grenze und spendet Wasser und Energie. Aufgrund der Schiffbarkeit des Flusslaufes war die Region auch das bevorzugte Siedlungsgebiet in der Frühzeit. Unter der römischen Besatzung wurden Brücken, Straßen und Kanäle gebaut. Nach dem Einfall der Mauren litt die Bevölkerung unter der sich verschiebenden Grenze zwischen Christen im Norden und Mauren im Süden. Nach der Rückeroberung durch die Christen wurden wichtige Städte wie Ávila und Zamora gegründet oder erweitert, um die Region wieder zu bevölkern und zu festigen. Der romanische Stil der vielen Kirchen erinnert an diese Epoche.

Dank abgeschiedener Bergregionen besitzt Kastilien-León eine vielfältige Flora und Fauna. So treffen Sie hier auf Wälder aus Steineichen, Kastanien und Kiefern. Diese Rückzugsgebiete sind Lebensräume für Hirsche, Wildschweine, Steinböcke und Auerhähne, aber auch für seltene Wölfe und Braunbären. Freilich streift der Camino solche Regionen nicht. Allerdings durchqueren Sie Weiden, auf denen sich Kuhherden in Familienverbänden mit Stieren befinden. Hier ist Vorsicht geboten. Allerdings ist die weitverbreitete Annahme, dass Stiere auf die Farbe Rot reagieren, falsch, denn sie sind farbenblind. Dagegen reagieren sie auf rasche, hastige Bewegungen. Darum sollten Sie bei einer Begegnung Ruhe bewahren und Abstand halten.

Weite Landschaft zwischen Escalona und Almorox in Kastilien-La Mancha

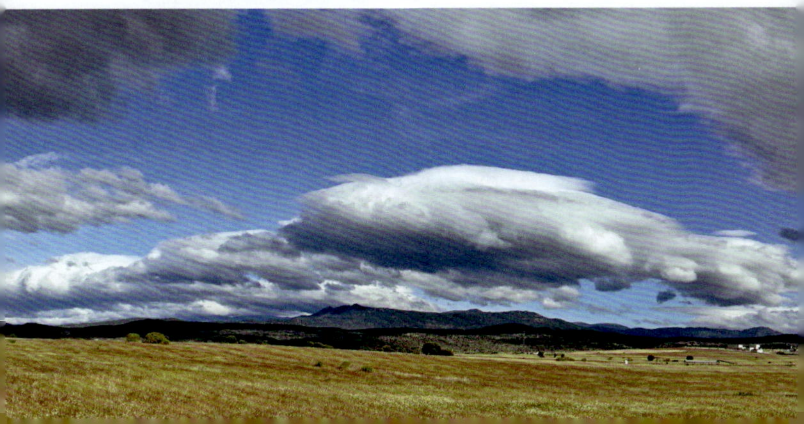

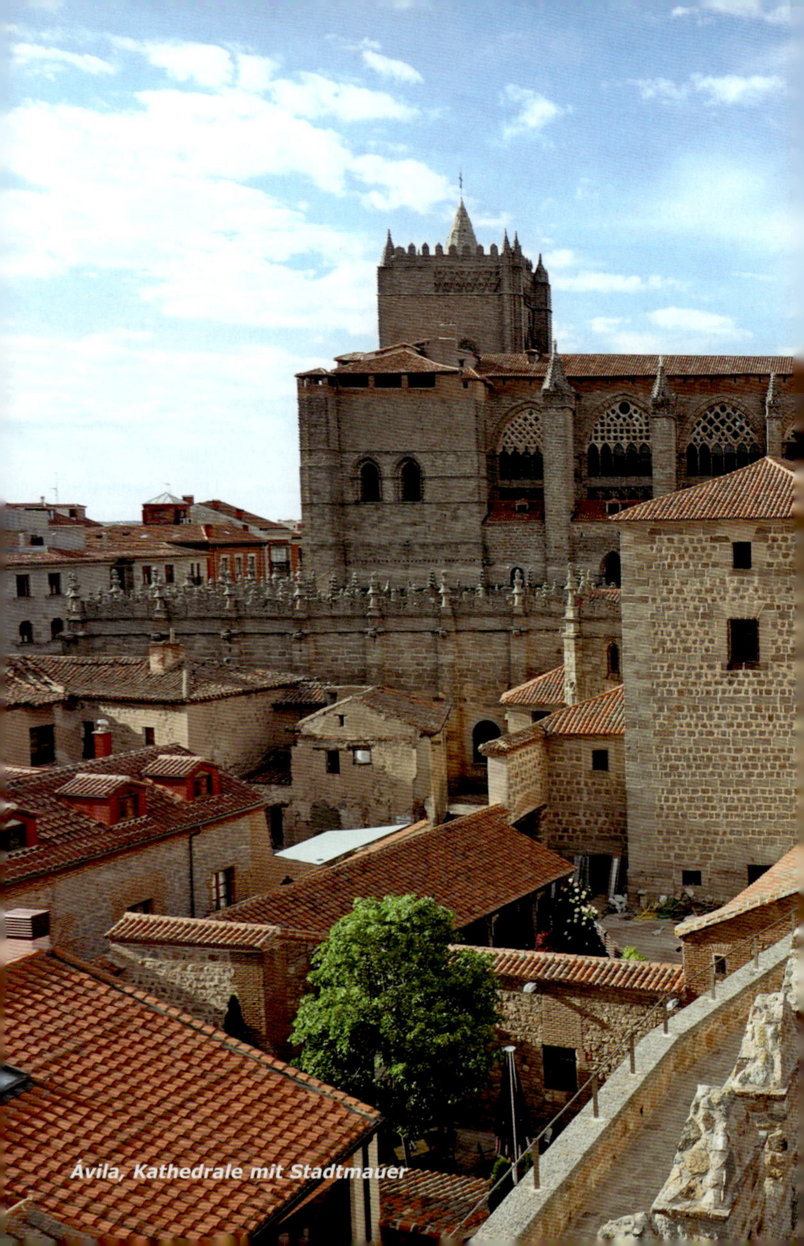

Ávila, Kathedrale mit Stadtmauer

Reise-Infos von A bis Z

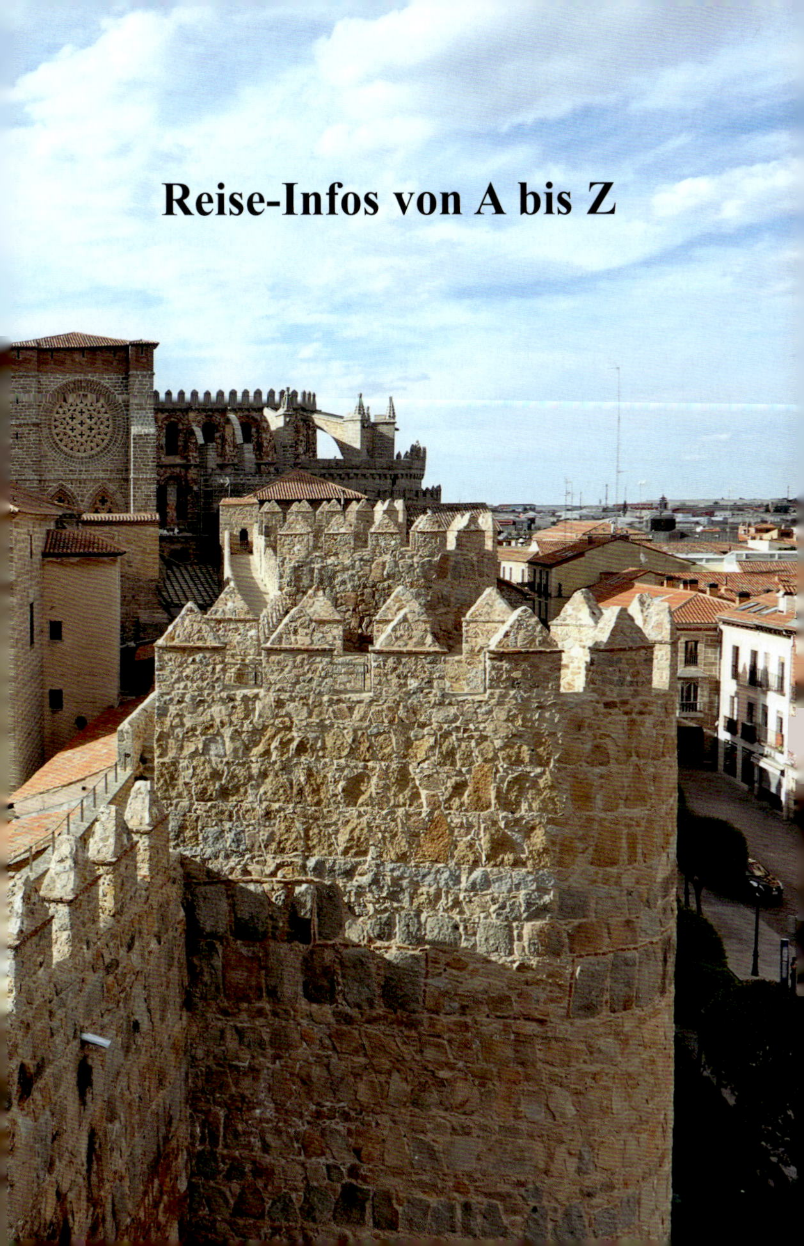

An- und Abreise

Die Entfernung von Frankfurt am Main nach Valencia beträgt etwa 1.600 km, nach Madrid 1.800 km und nach Santiago de Compostela 2.000 km. Sie können mit dem Flugzeug, Bahn, Bus oder Auto an- und abreisen. Informationen zu Verbindungen innerhalb Spaniens finden Sie in der Wegbeschreibung.

Valencia verfügt über einen internationalen Flughafen, der 2020 direkt aus Berlin, Köln/Bonn, Frankfurt, München, Stuttgart, Wien und Zürich angeflogen wird. Neben Lufthansa, Austrian und Swissair fliegen Ryanair oder Wizz Air nach Valencia und auch nach Madrid. Je nachdem, wie weit Sie wandern, bietet sich ein Rückflug aus Madrid oder Santiago de Compostela an. Valencia und Madrid sind aus allen größeren Übernachtungsorten am Weg per Bus und Bahn erreichbar.

Für die Anreise mit dem Zug müssen Sie zwischen 17 und 25 Stunden und einige Umsteigestopps einplanen. Auskunft über die Züge gibt Ihnen die Deutsche Bahn (www.bahn.de) oder das spanische Eisenbahnunternehmen Renfe (www.renfe.com).

Mit dem Fernbus sind Sie über einen Tag unterwegs und sollten mit Umsteigestopps rechnen. Auskunft erteilen Flixbus (www.flixbus.de) oder Eurolines (www.eurolines.de). Bitte beachten Sie, dass Sie in Spanien bei Fernbussen Sitzplätze reservieren müssen.

Für die Anreise mit dem Auto ist ebenfalls mit mehreren Tagen zu rechnen. Ein Parkplatz für die Zeit der Wanderung kostet in Valencia mindestens € 10/Tag. Es besteht die Option, außerhalb der Stadt umsonst zu parken, eine sichere Empfehlung kann hierzu aber nicht abgegeben werden.

Bitte erkundigen Sie sich bei den jeweiligen Gesellschaften nach den Bedingungen für die Fahrradmitnahme. Auf dem Markt erhalten Sie spezielle Fahrradkartons als Verpackung. Unter Radlern herrschen jedoch unterschiedliche Meinungen, ob diese sinnvoll sind oder nicht. In jedem Fall birgt der Transport immer das Risiko, dass etwas beschädigt wird, und es ist das Beste, darauf vorbereitet zu sein.

Ausrüstung

Wie so häufig im Leben gilt die Devise: so wenig wie möglich und so viel wie nötig. Bedenken Sie aber, dass jedes Gramm zu viel bei langen Etappen zur Qual wird. Abhängig von der körperlichen Verfassung liegt die kritische Kilozahl bei vielen Wanderfrauen und -männern darum um die 10 kg, sofern Sie kein Zelt mitnehmen. Bedenken Sie, dass Sie bei einigen Etappen noch Wasservorräte und den Tagesproviant addieren müssen.

Wichtig ist, dass Sie der Jahreszeit entsprechende Kleidung einpacken. Im Frühjahr und im Herbst kann es auf den Hochebenen und in den Bergen empfindlich kalt und stürmisch sein. Sie sollten in diesen Jahreszeiten daher mit isolierender Kleidung für Temperaturen bis 0 °C und Schutz gegen Wind und Regen ausgerüstet sein. Es kann aber auch über 30 °C heiß werden. Hier sind Shirts und Hosen gefragt, die den Schweiß vom Körper wegführen. Im Sommer oder Winter müssen Sie Ihre Kleidung der Hitze bzw. Kälte entsprechend weiter anpassen.

Ebenfalls ist die intensive Sonneneinstrahlung auch bei kaltem oder bewölktem Wetter zu beachten. Immerhin wandern Sie meistens auf Höhen zwischen 600 und 1.000 m. Je nach Hauttyp ist hier der passende Sonnenschutz erforderlich.

In den Übernachtungsmöglichkeiten haben Sie immer die Möglichkeit, eine Garnitur per Hand zu waschen. Darum sollten Sie von jedem Wäschestück nur zwei Exemplare mitnehmen und darauf achten, dass die ausgewählten Stoffe schnell trocknen.

Die Pilgerunterkünfte sind nicht beheizt und oft nur mit Matratzen ausgestattet. Ein Schlafsack mit Inlett, im Frühjahr und Spätherbst bis 5°C im Komfortbereich, und ein eigenes Handtuch sollten darum eingepackt werden. Wer ungern auf alten Matratzen schläft, kann sich auch eine eigene Isomatte mitnehmen.

Checkliste Ausrüstung

- ☐ Rucksack (an den Rücken angepasst) mit Regenschutz
- ☐ Schlafsack (je nach Jahreszeit)
- ☐ Isomatte (falls Sie auf dem Boden schlafen)
- ☐ Wanderstöcke oder Pilgerstab bei Bedarf
- ☐ Wanderschuhe (eingelaufen) und Pflegemittel
- ☐ Sandalen oder leichte Schuhe für den Abend
- ☐ Sonnenbrille, Kopfbedeckung, Sonnencreme

- ☐ in kalten Jahreszeiten je nach Kälteempfindlichkeit: Mütze, Schal, Handschuhe, lange Unterhose
- ☐ Hygieneartikel (Waschbeutel, Handtuch, Toilettenpapier, Waschpulver)
- ☐ Wasserflasche oder -system (mind. 2 l)
- ☐ 2x Unterwäsche, 2 T-Shirts, 2 Paar Wandersocken
- ☐ ein langärmliges T-Shirt oder Hemd
- ☐ 2 Wanderhosen (eine lange und eine kurze bzw. lange mit abnehmbaren Beinen)
- ☐ isolierende Oberbekleidung: Jacke, Pullover oder Fleece
- ☐ Bekleidung zum Schutz gegen Regen und Wind
- ☐ Schlafsachen (bei Bedarf)
- ☐ Nähzeug, Schnur, Taschenmesser, Stirnlampe, Ohrenstöpsel
- ☐ Mobiltelefon und Kamera mit Ladegeräten
- ☐ Schreibutensilien

Checkliste Reiseapotheke

- ☐ persönliche Medikamente
- ☐ Schmerztabletten
- ☐ Pflaster für Blasen und Wunden
- ☐ Wunddesinfektionsmittel
- ☐ Mullbinde
- ☐ Durchfallmedikament
- ☐ Fußsalbe
- ☐ Insektenschutzmittel
- ☐ Magnesiumtabletten gegen Muskelkrämpfe (bei Bedarf)

Checkliste Dokumente und Zahlungsmittel

- ☐ Personalausweis
- ☐ Pilgerausweis
- ☐ Jugendherbergsausweis
- ☐ Europäische Krankenversicherungskarte
- ☐ Impfpass und bei Allergien Informationen zur Notfallbehandlung
- ☐ Telefonnummern zum Sperren der Zahlungskarten oder des Mobiltelefons
- ☐ Reisetickets
- ☐ Girocard (EC-Karte) und Kreditkarte

Diplomatische Vertretungen

- (D) **Deutsche Botschaft**, Calle de Fortuny 8, 28010 Madrid, +34/915 579 000, www.madrid.diplo.de, info@madrid.diplo.de, Mo-Fr 9:00-12:00 (nach Terminvereinbarung)
- ♦ **Deutscher Honorarkonsul Valencia**, Rechtsanwalt Gaspar Ripoll Ruiz de la Escalera, Avenida Marqués de Sotelo 4, 3°, 9A, 46002 Valencia, +34/963 106 253, valencia@hk-diplo.de, Mo-Fr 9:00-13:00
- (A) **Österreichische Botschaft**, Paseo de la Castellana 91/9°, 28046 Madrid, +34/915 565 315, www.aussenministerium.at/madrid madrid-ob@bmeia.gv.at, Mo-Fr 10:00-13:00
- (CH) **Schweizer Botschaft**, Calle Núñez de Balboa 35A, 7°, Edificio Goya, 28001 Madrid, +34/914 363 960, www.eda.admin.ch/spain, madrid@eda.admin.ch, Mo-Fr 9:00-13:00

Einkaufen

Ihren Tagesproviant können Sie in Lebensmittelgeschäften vor Ort einkaufen. Zu beachten sind dabei die Öffnungszeiten: Kleinere Läden haben meistens von 13:00 bis 17:00 Mittagspause. Samstags sind sie nur vormittags geöffnet und an Sonn- und Feiertagen geschlossen. In großen, von Touristen frequentierten Orten können Sie Geschäfte entdecken, die sonntags geöffnet haben. Vor allem Vegetarier sollten vorausschauend kaufen, da die Auswahl an frischem Obst und Gemüse in kleinen Dorfläden gering ist. Wenn Sie einen Ort spät erreichen oder früh verlassen, sind Tankstellen für das Nötigste eine Alternative. Wasserflaschen zum Mitnehmen erhalten Sie auch in Bars oder Cafés.

Essen und Trinken

Sofern Sie Ihren Proviant nicht selbst einkaufen, ist es wichtig, die Essgewohnheiten Spaniens zu berücksichtigen. Was vielen Pilgern Probleme bereitet, sind das für unsere Gewohnheiten knappe Frühstück und das späte Abendessen. Dazu müssen Sie wissen, dass Spanier bis zu fünfmal am Tag essen:

Das Frühstück (*el desayuno*) wird zwischen 7:00 und 10:00 eingenommen. Wann geöffnet ist, klären Sie am besten bereits abends ab. Für Spanier besteht es oft nur aus einer einzigen Tasse Kaffee. Dazu werden üblicherweise Croissants oder Weißbrot (*tostada*) mit Marmelade (*marmelada*) und Butter (*mantequilla*), ein *pan tomata*, ein Stück getoastetes Brot mit Olivenöl und Tomaten als Aufstrich, oder einfach nur ein Stück Gebäck gereicht. Am Wochenende oder an Feiertagen essen Spanier gerne *churros*, eine spanische Spezialität aus frittiertem Teig, die in eine dickflüssige Schokoladenmasse oder in Zucker getunkt wird.

Am Vormittag, zwischen 10:00 und 12:00, gibt es den sogenannten *pincho*. Das sind kleine Sandwiches, Tapas oder (im Norden Spaniens) die berühmten *pintxos*. Dabei handelt es sich um Brotscheiben, die mit verschiedenen Wurstarten belegt sind.

Das Mittagessen, *la comida* oder *el almuerzo*, wird zwischen 13:30 und 15:30 eingenommen und ist für gewöhnlich die Hauptmahlzeit des Tages. Viele Restaurants bieten dann ihr *menú del día* an. Dabei können Sie aus einem festgelegten Menü eine Vor- und eine Hauptspeise auswählen. Sofern Sie sich nicht mit einem Mittagessen aufhalten wollen, bieten *bocadillos*, belegtes Stangenweißbrot, oder *tapas* eine Alternative.

Abhängig davon, wann das Mittagessen beginnt und endet, variiert der Zeitpunkt des Nachmittagssnacks *la merienda* zwischen 17:00 und 18:30. Dieser besteht aus einem kleinen Sandwich, etwas Obst, einem Kaffeestückchen/Teilchen oder sogar nur aus einem heißen Getränk.

Entsprechend beginnt das Abendessen (*la cena*) normalerweise nicht vor 21:00 und viele Restaurants öffnen erst kurz vorher. Das Essen ist leichter als das Mittagessen und besteht oft aus Salat, Sandwiches oder Ähnlichem. Sie erhalten aber auch das *menú del día*, das meist die günstigste Variante darstellt.

Auf der Iberischen Halbinsel ist es in vielen Gegenden unüblich, getrennt zu zahlen. Falls Sie zu mehreren essen gehen, sollten Sie das berücksichtigen. Trinkgeld ist in Spanien freiwillig. Normalerweise rundet der Gast den zu zahlenden Betrag auf.

Auf Ihrer Wanderung werden Sie auf eine Vielzahl von kleinen Bars stoßen, die den Dorftreffpunkt darstellen. Hier erhalten Sie auf Anfrage meist eine Kleinigkeit zu essen oder eine der leckeren Tapas. Zu einem Getränk wird oft eine Beilage serviert. Der Übergang zwischen zu zahlenden Tapas und solchen, die zum Getränk gereicht werden, ist fließend und von Bar zu Bar unterschiedlich.

Elektrizität

Die Netzwerkspannung beträgt in Spanien wie im gesamten EU-Raum 230 Volt Wechselstrom. Da die flachen Europanormstecker und die Schukostecker in die spanischen Steckdosen passen, sind für Deutsche und Österreicher keine Steckeradapter mehr notwendig. Für Schweizer Bürger ist dieser unter Umständen erforderlich.

Etappen

In diesem Buch sind keine Etappen, sondern Wegstrecken zwischen einzelnen Übernachtungsmöglichkeiten beschrieben. Das hat den Vorteil, dass jeder Pilger die Tagesetappe seiner Geschwindigkeit und Kondition entsprechend individuell zusammenstellen kann. Bis auf wenige Ausnahmen erreichen Sie eine Übernachtungsmöglichkeit nach spätestens 25 km. Lediglich vor Toledo ist eine Strecke von über 30 km zu bewältigen. Hier sind der Wegbeschreibung Busverbindungen und Telefonnummern von Taxiunternehmen beigefügt.

Geld

Im Januar 2002 wurde in Spanien der Euro als Währung eingeführt. Der Umtauschkurs zum Schweizer Franken schwankte in den letzten zwei Jahren zwischen CHF 1,1 und 1,2 je € 1. Ein flächendeckendes Netz an Geldautomaten gewährt Ihnen die Sicherheit, nicht zu viel Bargeld mitnehmen zu müssen. Benötigt wird dieses in Bars, kleinen Restaurants, Hotels und als Spende in den Pilgerunterkünften. Erkundigen Sie sich bei Ihrer Hausbank nach Telefonnummern, um bei Bedarf Ihre Giro- und Kreditkarte sperren zu lassen.

GPS-Track

Zwar ist der Camino de Levante ausreichend markiert, auf einigen Teilstrecken ist der GPS-Track aber nützlich, um Zweifel zur Wanderstrecke auszuräumen. Sie können den Track zum beschriebenen Weg kostenlos von der Internetseite des Verlags (💻 www.conrad-stein-verlag.de) herunterladen.

Damit die Kilometerangaben im Buch mit dem übereinstimmen, was Ihr Gerät anzeigt, müssen Ihr Startpunkt und der Ausgangspunkt des Tracks identisch sein. In den überwiegenden Fällen ist dies der beschriebene Hauptplatz im Zentrum des Ortes, da oft mehrere Übernachtungsmöglichkeiten existieren.

Bitte beachten Sie, dass sich die Kilometerangaben verschiedener GPS-Geräte bei längeren Distanzen voneinander unterscheiden können. Für die Aufzeichnungen zu diesem Buch wurde ein Garmin GPSmap 64s verwendet. Zudem kann Ihr persönlicher Weg durch Besuche von Sehenswürdigkeiten oder Einkaufsmöglichkeiten von den aufgeführten Kilometerangaben abweichen. Rechnen Sie deshalb zur Vorsicht immer mit 2-3 km mehr als im Buch angegeben.

📖 **GPS** *Grundlagen · Tourenplanung · Navigation* von Michael Hennemann, Conrad Stein Verlag, Basiswissen für draußen, ISBN 978-3-86686-495-5, € 9,90

Hunde

Sollten Sie mit Hund unterwegs sein, erkundigen Sie sich bitte vorab bei der Reservierung der gewählten Unterkunft, ob Tiere erlaubt sind. In Pilgerherbergen ist das in der Regel nicht der Fall. Aber wie so oft kommt es auf die einzelnen Menschen an.

Während der Etappen werden Sie immer wieder von lautem Hundegebell begleitet. Meistens sind die Tiere angekettet oder befinden sich auf einem eingezäunten Grundstück. In den Ausnahmefällen, in denen Hunde doch frei herumlaufen, sind diese überwiegend harmlos oder halten einen respektvollen Abstand zu Wanderstöcken – so lauten die Erfahrungen, die ich während meiner Wanderung 2019 mit anderen Pilgern ausgetauscht habe.

Informationen

Der Weg befindet sich in stetigem Wandel. Deshalb ist es wichtig, dass Sie sich vor Ihrer Abreise über den aktuellen Stand informieren. Der Conrad Stein Verlag veröffentlicht Updates auf seiner Internetseite (☞ Updates). Weitere Informationen geben Ihnen die vielen Jakobusgesellschaften, von denen unten pro Land jeweils eine aufgeführt ist.

Im Internet finden Sie für Ihre Region eine entsprechende. Am aktuellsten ist der Verlauf des Camino de Levante von der Jakobusgesellschaft in Valencia dokumentiert. Die Website ist mittlerweile auch ins Englische übersetzt worden.

- **Valencia**: Asociación de Amigos del Camino de Santiago, Carrer Jerónimo Muñoz, 32 Bajo, 46007 Valencia, ☏ +34/963 859 982, www.vieiragrino.com, info@vieiragrino.com, Mi 10:00-13:30 und Fr 17:00-20:30
- **Deutschland**: Deutsche St.-Jakobus-Gesellschaft, Tempelhofer Straße 21, 52068 Aachen, ☏ +49/(0)2 41/510 00 62, www.deutsche-jakobus-gesellschaft.de, info@deutsche-jakobus-gesellschaft.de
- **Österreich**: Sankt Jakobs Bruderschaft, Stangaustraße 7, 2392 Sulz im Wienerwald, ☏ +43/(0)22 38/82 70, www.jakobsbruderschaft.at, office@radolf.at
- **Schweiz**: Schweizerische Vereinigung der Freunde des Jakobsweges, Sekretariat Deutschschweiz, Affolterstr. 24, 4542 Luterbach, ☏ +41/(0)32/682 25 50, www.jakobusweg.ch

Klima und Reisezeit

Das Klima in den Provinzen, die Sie durchwandern, ist vielfältig: Es reicht vom mediterranen Klima der Region Valencia mit milden Wintern und – im Gegensatz zum südlicheren Spanien – angenehmen Sommern bis zu einem eher kontinentalen Klima im Landesinneren mit kalten Wintern und heißen, trockenen Sommern. Nicht zu vernachlässigen ist bei den gefühlten Temperaturen der mitunter kräftige Wind.

Für Ihre Wanderung sind daher die Monate April und Mai sowie September und Oktober zu empfehlen. Auf den Hochebenen sollten die Tagestemperaturen während dieser Monate im Durchschnitt zwischen 15 und 25 °C und die Nachttemperaturen zwischen 5 und 10 °C liegen. Im Frühjahr haben Sie den Nachteil, dass Sie eher einige Regentage erleben können, während das Wetter im Herbst stabiler ist. Dafür ist die Landschaft im April und Mai nicht so ausgedörrt. Rechnen Sie in jedem Fall mit Winden bis hin zu Stürmen, die immer wieder die Temperaturen zwischen dem Meer und dem Landesinneren ausgleichen.

Das mediterrane Klima der Region Valencia ermöglicht auch in den Monaten März und November ein angenehmes Wandern.

Wer Kälte oder Hitze mag, kann in den übrigen Monaten des Jahres ebenfalls pilgern. Zu beachten ist allerdings, dass die meisten Unterkünfte weder Heizung noch Klimaanlage haben. Auch müssen Sie im Winter berücksichtigen, dass die Tage kürzer sind.

Landkarten

Kartenmaterial für die Region ist rar. Hilfreich sind die Internetseiten des spanischen geografischen Instituts „Instituto Geographico Nacional" (IGN) (💻 www.ign.es). Sie können Karten unter „Tienda virtual" bestellen oder unter „Centro de Descargas" herunterladen.

Allerdings empfiehlt es sich nicht, Wanderkarten auf Papier mitzunehmen, da Sie zu viele einzelne Blätter für den Wegverlauf tragen müssten. Abhilfe leistet hier die Internetseite 💻 www.waymarkedtrails.org.

Dort sind der Camino de Levante und weitere Pilgerwege unter „hiking" hinterlegt. Bei der örtlichen Suche nach Unterkünften ist auch Google Maps hilfreich.

☺ Die Kartenempfehlungen wurden von der Geobuchhandlung Kiel überprüft. 💻 www.geobuchhandlung.de

Literaturtipps

Aufschlussreich neben den handelsüblichen Reiseführern sind:

- 📖 Camino de Levante GR 239 – de Valencia a Santiago, Comunidad Valenciana, Asociación de Amigos del Camino de Santiago, ISBN 987-84-616-5464-2. Die gleichen Informationen wie im Buch finden Sie auf 💻 www.vieiragrino.com.
- ♦ Eine Reisereportage von Bernd Koldewey für den Streckenabschnitt von Valencia bis Almansa finden Sie unter 💻 www.via-jakobsweg.de/camino-de-levante.html.
- ♦ Lesereise Kastilien – Spaniens magische Mitte, Claudia Diemar, ISBN 978-3-7117-1016-1, Picus Verlag

Medizinische Versorgung

Gesetzliche Krankenkassen übernehmen im europäischen Ausland die Kosten einer Behandlung durch öffentliche Ärzte und Krankenhäuser. Notwendig dafür ist die Europäische Krankenversicherungskarte (EHIC). Bei längeren Krankenhausaufenthalten sollten Sie Ihre Krankenversicherung informieren. Einen Rücktransport zahlen die gesetzlichen Versicherungen meist nicht. Ob eine zusätzliche private Auslandskrankenversicherung in Europa sinnvoll ist, müssen Sie selbst entscheiden.

Bei privaten Krankenkassen sind Ihrerseits Vorauszahlungen zu erbringen, die später nach dem Einreichen der notwendigen Belege erstattet werden.

Arztpraxen finden Sie überwiegend in größeren Orten. Das Netz an Apotheken ist in Spanien dicht. Öffnungszeiten sind in der Regel werktags zwischen 9:30 und 13:30 sowie zwischen 16:30 und 20:00. Samstag ist zumindest vormittags geöffnet und in den Schaufenstern finden Sie meist einen Aushang für die Notfallapotheken.

Die Notfallnummer ist europaweit die ☎ 112.

Pilgerausweis

Den Pilgerausweis, den *Credencial del Peregrino*, erhalten Sie bei den Jakobusgesellschaften im Heimatland oder bei der Asociación de Amigos del Camino de Santiago (☞ Informationen). Er ist die „Eintrittskarte" für die Pilgerunterkünfte und belegt den Reiseverlauf. Die Pilgerschaft wird offiziell anerkannt, sofern Sie mindestens die letzten 100 km zu Fuß oder die letzten 200 km mit dem Fahrrad vor Santiago de Compostela zurückgelegt haben. Auf diesem Abschnitt ist der Pass sogar morgens und abends abzustempeln. Den Stempel (*sello*) mit Datum erhalten Sie auf dem Camino de Levante in den Unterkünften, z. B. Herbergen, Hostals oder Hotels, sowie im Rathaus oder bei der *policía local.*

Post

Eine Post (*Correos*) finden Sie in jedem größeren Ort auf dem Camino. Die Öffnungszeiten sind von Ort zu Ort unterschiedlich. Üblicherweise ist sie an Werktagen zwischen 8:30 und 14:30, in Postzentralen von Provinzhauptstädten sogar bis 20:30 geöffnet.

Radfahrer

Der Camino de Levante ist für Radpilger hervorragend geeignet. Geringe Steigungen und überwiegend separat von Straßen geführte breite Wege werden jeden

Biker begeistern. Einzig der Wind kann hin und wieder die Freude trüben. Das Fahrrad sollte außerdem lange Schotterpisten aushalten können. Auch ist ein ausreichend bestückter Reparatursatz mit Werkzeug, Schlauch etc. ein Muss. Für Streckenabschnitte, die für Radfahrer nicht geeignet sind, werden in der Wegbeschreibung alternative Routen zum Ausweichen vorgestellt.

Wie im Kapitel „An- und Abreise“ bereits dargestellt, stellt die Fahrradmitnahme im Flugzeug in der Regel kein Problem dar. In spanischen Zügen ist diese jedoch unterschiedlich geregelt. Während es bei Regionalzügen mit Fahrradabteil keiner Reservierung bedarf, ist in allen übrigen für Fahrräder freigegebenen Zügen eine Voranmeldung erforderlich. Bitte informieren Sie sich hierzu an den Informationsschaltern der Bahnhöfe oder im Internet unter 💻 www.renfe.com. In Bussen ist eine vorherige Reservierung ebenfalls empfehlenswert. Ansonsten sind Sie vom guten Willen des Busfahrers abhängig. Radfahrer, die allein unterwegs sind, genießen hier sicherlich einen Vorteil.

Sprache

Ausgesprochen hilfreich – vor allem in ländlichen Regionen – sind Spanischgrundkenntnisse. Eine Unterkunft in Spanisch telefonisch reservieren oder nach dem Weg fragen zu können, kann Ihnen einiges Kopfzerbrechen ersparen. Wenn ein kleiner Sprachkurs für Sie keine Option ist, können Übersetzungs-Apps mit Sprachfunktion im Notfall helfen.

Telefon und Internet

Die Netzabdeckung für Mobiltelefone ist auf der gesamten Strecke des Camino de Levante annähernd lückenlos. Sofern Sie innerhalb Spaniens telefonieren, benötigen Sie keine Vorwahl, sondern geben direkt die aus neun Ziffern bestehende Telefonnummer ein. Ins europäische Ausland wählen Sie vorab die übliche Zahlenkombination: nach Deutschland +49, nach Österreich +43 und in die Schweiz +41.

In Pensionen und Hotels erhalten Sie meist kostenlosen Zugang zum Internet. In den Pilgerunterkünften ist das nicht der Fall. Hier müssen Sie bei Bedarf auf das örtliche Telefonnetz ausweichen.

Trinkwasser

Um einem Flüssigkeitsmangel vorzubeugen, sollten Sie auf Ihren Etappen immer 1-2 l Trinkwasser mit sich führen. Trinken Sie regelmäßig und nicht erst dann, wenn Sie durstig sind. Die Trinkwasserversorgung unterwegs ist durch Lebensmittelgeschäfte, Bars und Tankstellen gewährleistet. Beachten Sie aber bitte, dass die meisten Läden am Sonntag und Bars am Montag geschlossen haben. Brunnen am Wegesrand gibt es zwar, die Wasserqualität ist jedoch oft nicht nachvollziehbar. Streckenabschnitte mit einer Distanz von über 15 km, auf denen Sie unterwegs nicht einkehren oder kein Trinkwasser kaufen können, sind in der Wegbeschreibung am Anfang mit einem Hinweis gekennzeichnet.

Unterkunft

Fast in jedem Übernachtungsort am Weg finden Sie eine Pilgerherberge oder eine Möglichkeit, in einem Sportzentrum zu übernachten. In der Regel können Sie dort nur für eine Nacht bleiben. Voraussetzung hierfür ist der Pilgerausweis. Den Schlüssel erhalten Sie bei der Policía Local oder im Rathaus des Ortes. Die Herbergen sind unterschiedlich ausgestattet. Die Beschaffenheit reicht von einem einfachen Matratzenlager bis zu einem netten Apartment mit Küche und Bad. Unterkünfte, in denen Sie gemeinsam mit Obdachlosen untergebracht sind, sind mittlerweile selten.

In jedem Fall sollten Sie einen Schlafsack und ein Handtuch mitbringen. Auch eine Isomatte ist praktisch, wenn Sie die meist älteren Matratzen nicht nutzen möchten. Als Gegenleistung wird oft eine Spende erwartet. Da sich die Qualität ändert und jeder eine andere Vorstellung von einer zufriedenstellenden Unterkunft hat, mache ich in der Wegbeschreibung keine Angaben zum Niveau der Ausstattung.

Darüber hinaus ist bei jedem Übernachtungsort eine Auswahl von Pensionen und Hotels mit Kontaktdaten und Preisen (für eine Übernachtung mit Frühstück, sofern nicht anders angegeben) aufgeführt. Alle Informationen beziehen sich auf das Jahr 2019. Sollten Sie einmal keine Unterkunft finden, fragen Sie im Rathaus, in der Touristeninformation, in der Policía Local oder in einer Bar nach. In der Regel erhalten Sie dort immer freundliche Hilfe.

Bitte achten Sie darauf, für Übernachtungen an Wochenenden und Feiertagen frühzeitig zu buchen, da einige Orte auch von spanischen Kurzurlaubern frequentiert werden. Die Osterwoche und die Sommermonate Juli und August sind ebenfalls übliche Ferienzeiten in Spanien.

Am anderen Morgen sollten Sie den Herbergsschlüssel an dem vorher vereinbarten Ort hinterlegen. Sofern Sie in einer Pension übernachten, klären Sie vorab ab, wann Sie aufbrechen möchten. So laufen Sie nicht Gefahr, bei Tagesanbruch vor einer verschlossenen Haustür zu stehen.

Updates

Der Conrad Stein Verlag veröffentlicht Updates zu diesem Wanderführer, die direkt vom Autor oder von Lesern des Buches stammen. Sie finden sie auf der Internetseite des Verlags (www.conrad-stein-verlag.de), wenn Sie dort diesen Buchtitel aufrufen. Der links abgebildete QR-Code führt Sie direkt zur richtigen Seite.

Verkehrsmittel am Weg

Das Netz an regionalen öffentlichen Verkehrsmitteln am Camino de Levante ist gut ausgebaut, richtet sich aber nach den jeweiligen Landesgrenzen und verknüpft die Randbezirke mit den Provinzhauptstädten. So können Sie beispielsweise von der Estación del Norte in Valencia bis Moixent mit der Regionalbahnlinie C2 alle größeren Ortschaften am Camino problemlos erreichen.

www.renfe.com

Später müssen Sie auf unterschiedliche Busanbieter ausweichen. Überregional besitzen alle größeren Städte einen Bahn- oder Busanschluss nach Madrid oder Valencia. Detaillierte Informationen zu den einzelnen Bahn- und Busverbindungen finden Sie in der Wegbeschreibung bei den jeweiligen Orten. Beachten Sie dabei bitte, dass manche Strecken nicht jeden Tag bedient werden und Websites sowie Anbieter sich im Laufe der Zeit ändern können.

Wegbeschreibung

In der Region Valencia sind alle Namen von Straßen, Alleen und Plätzen auf Valencianisch als *carrer, avinguda* und *plaça* aufgeführt. Vor Ort finden Sie aber hin und wieder auch die spanischen Bezeichnungen *calle, avenida* oder *plaza*.

Bei den Entfernungsangaben wurden zwei Formate verwendet: „Bei km XY" umfasst die gesamte Entfernung zwischen dem Startpunkt der GPS-Aufzeichnung des jeweiligen Abschnitts bis zu dem dargestellten Punkt. („Bei km 18,3 überqueren Sie die Autobahn A-3.") „Nach XY m" gibt die Teilentfernung ab dem zuvor dargestellten Vorkommnis an. („300 m, nachdem Sie die Straße überquert haben, biegen Sie nach links ab.")

Bitte beachten Sie auch die Informationen zum ☞ GPS-Track.

Wegmarkierungen

Die Kennzeichnung des Camino de Levante ist meist ausreichend, aber von Abschnitt zu Abschnitt unterschiedlich eindeutig oder sichtbar. Ab der Stadtgrenze von Valencia erfolgt die Markierung über gelbe Pfeile für den Jakobsweg und weiß-rote Streifen für den GR 239, dessen Verlauf identisch mit dem des Camino de Levante ist.

Im Stadtgebiet Valencias finden Sie die Zeichen der Jakobsmuschel im Boden eingelassen. Außerhalb der Stadt entdecken Sie neben den oben aufgeführten Markierungen auch die kleinen Säulen der Via Augusta, die auf Teilstrecken bis Xàtiva zusammen mit dem Camino verläuft. Zwischen Albacete und Toledo sind es die Wege der „Ruta de Don Quijote" und des „Camino de Sureste", die immer wieder parallel verlaufen. Vor Zamora schließt sich dann der GR 14 dem Camino in Teilstrecken an.

In vielen Städten sind die Markierungen durch Kacheln mit dem Jakobswegzeichen an Häusern oder gelben Pfeilen auf Gehsteigen schwer zu verfolgen oder fehlen gänzlich. Achten Sie daher bitte vor allem am Ortsausgang auf die Markierung. Meist steht hier ein offizielles Schild des GR 239 mit Kilometerangaben.

Der Camino de Levante

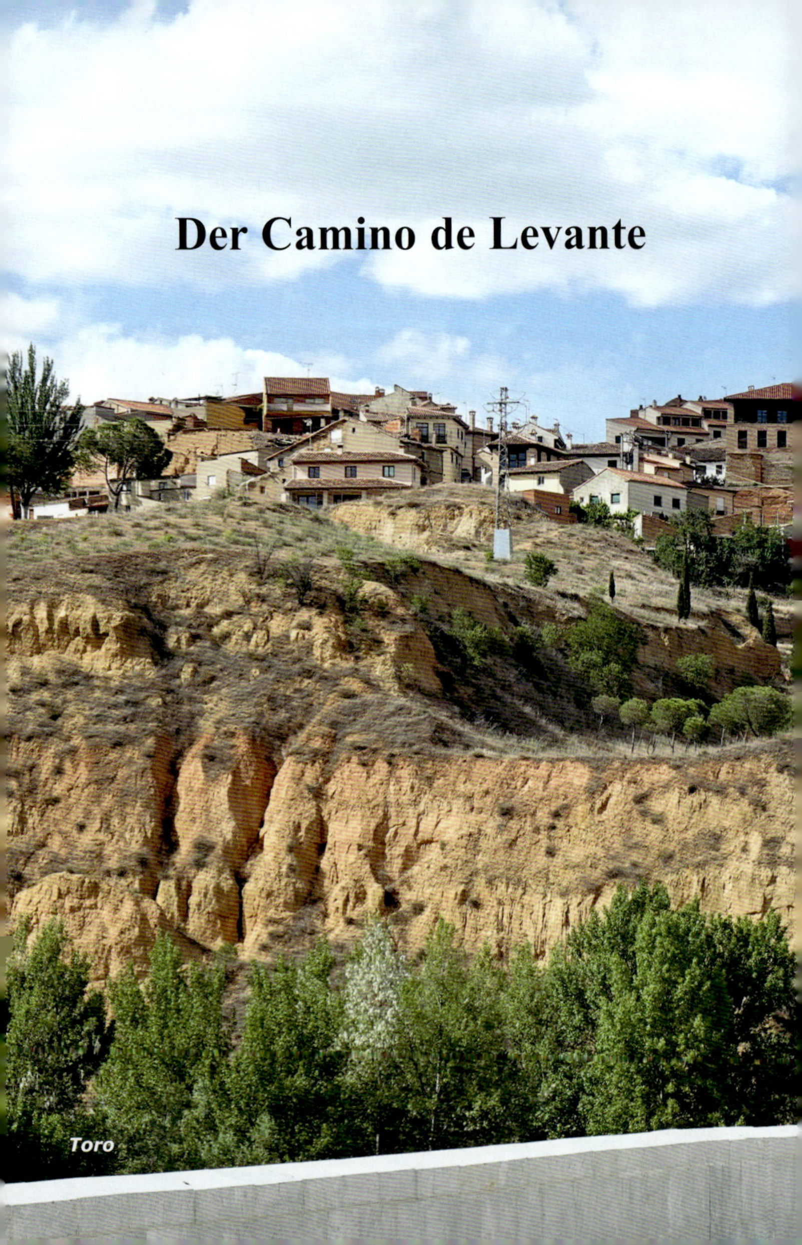

Toro

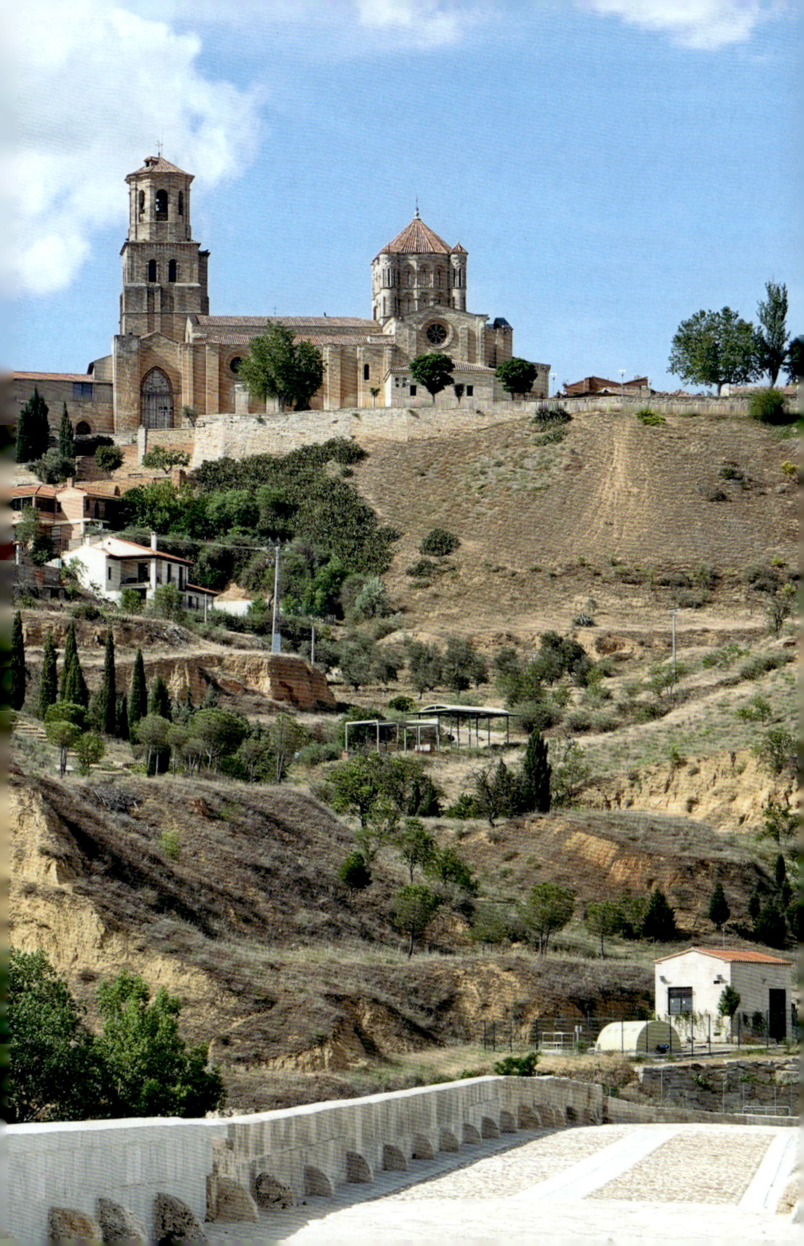

Valencia

⇧ 15 m, 780.000 Ew.

Touristeninformationen: Plaça de l'Ajuntament, 1, ☏ 963 524 908, und Carrer de la Pau, 48, ☏ 963 986 422, Mo-Sa 9:00-18:50, So 10:00-13:50, www.visitvalencia.com, www.valenciaturisme.org, www.tribunaldelasaguas.org, infoturistica-aeropuerto@visitvalencia.com, infoturistica-ayuntamiento@visitvalencia.com, patronato.turismo@diva.es

♦ Pilgerinformation: Asociación Amigos del Camino de Santiago Comunidad Valencia, Carrer Jerónimo Muñoz, 32 Bajo, ☏ 963 859 982, Mi 10:00-13:30 und Fr 17:00-20:30, www.vieiragrino.com, info@vieiragrino.com

Jugendherberge: Center Valencia, Carrer Samaniego, 18, ☏ 963 914 915, www.center-valencia.com, info@center-valencia.com, Etagenbett im Schlafsaal ab € 10, DZ ab € 40

Pensión Alicante, Carrer de Ribera, 8, ☏ 963 512 296, www.pensionalicante.es, pensionalicante@gmail.com, EZ/DZ ab € 30

♦ Hostal Moratín, Carrer de Moratín, 15, ☏ 963 521 220, www.hostalmoratin.es, pmoratin2019@hotmail.com, EZ ab € 30, DZ ab € 45

♦ Hotel Turia, Carrer del Profesor Beltrán Báguena, 2, ☏ 963 470 000, www.hotelturia.es, reservas@hotelturia.es, EZ/DZ ab € 45

♦ Hostal Antigua Morellana, Carrer d'En Bou, 2, ☏ 963 915 773, www.hostalam.com, info@hostalam.com, EZ ab 60 €, DZ ab € 70

✞ Kathedrale, Plaça de Almina de la Reina, ☏ 963 918 127, www.catedraldevalencia.es, Mo-Sa 10:00-18:30, So 14:00 bis 18:30, Führung € 7

♦ Basilica de la Virgen de los Desamparados, Plaça de la Verge, ☏ 963 919 214, basilicadesamparados.org, Mo-So 7:00-14:00 und 16:00 bis 21:00

⌘ Seidenbörse (Lonja de la Seda), Carrer de la Llotja, 2, Mo-Sa 9:30-19:00, So 9:30 bis 15:00 Eintritt € 2

♦ Wissenschaftsmuseum (Museo de las Ciencias Príncipe Felipe), Avinguda del Professor López Piñero, ☏ 961 974 686, www.cac.es, Mo-So 10:00-18:00, Juli und Aug. bis 21:00, Eintritt € 8

♦ Aquarium (Oceanográfico), Avinguda del Professor López Piñero, ☏ 961 974 686, www.cac.es, Mo-So 10:00-18:00, Juli und Aug. bis 21:00, Eintritt € 30 (Kinder € 23)

⌘ Fallas-Museum (Museo Fallero), Plaça Monteolivete, 4, ☏ 963 525 478/46 25, Mo-Sa 10:00-19:00, So 10:00-14:00, Eintritt € 2

Mercado Central, Plaça de la Ciutat de Bruges, ☏ 963 829 100, www.mercadocentralvalencia.es, Mo-Sa 7:30-15:00

Regionalbahnhof Estación del Norte neben der Stierkampfarena in der Carrer de Xàtiva, mehrmals täglich Züge der Linie C2 Richtung Xàtiva und Moixent

Busbahnhof Estación de Autobuses de Valencia, Carrer de Menéndez Pidal, 11, Busse in alle Richtungen in Spanien, ☏ 902 119 814 www.hife.es, Flixbusse in viele deutsche Städte, www.flixbus.de

Direktflüge nach Berlin, Köln/Bonn, Frankfurt, München, Stuttgart, Wien und Zürich (☞ Reise-Infos von A bis Z, An- und Abreise), Transfer Flughafen–Innenstadt: Metrolinien 3 und 5 (etwa € 5), Buslinie 150 (etwa € 2), Taxi (etwa € 25), www.aena.es/en/valencia-airport/public-transport.html

Nicht unbegründet wird die mit knapp 790.000 Einwohnern drittgrößte Stadt Spaniens als ein „auf die Erde gefallenes Stück Himmel" bezeichnet: Ein mildes Klima und 300 Sonnentage im Jahr lassen das Leben vor allem in Parks, auf Promenaden und in Straßencafés stattfinden. Die verwinkelten kleinen Altstadtgässchen überraschen mit einer Vielzahl von Plätzen, Kirchen und Märkten. Eine lebendige Museumskultur beeindruckt durch ein eigenes, neu entworfenes Stadtviertel. Und das ohrenbetäubende Frühlingsfest „Fallas" im März sprüht voll valencianischer Lebensfreude.

Obwohl Valencia einen Hafen und eine Strandpromenade besitzt, ist sie keine Küstenstadt. Schon in ihrer Gründungsphase wählten die Römer eine frühere Insel im Fluss Turia, einige Kilometer von der Küste entfernt, als Siedlungsgebiet aus.

Unter den Mauren entwickelte sich „Balansiya" zu einer durch Landwirtschaft und Handel geprägten Metropole. Das ausgeklügelte Bewässerungssystem und das damit verbundene „Tribunal de las Aguas", das Wassergericht, hat hier seinen Ursprung. Noch heute werden jeden Donnerstag um 12:00 an der Puerta de los Apóstoles der Kathedrale von acht schwarz gekleideten Herren Zwistigkeiten um Wasserrechte beigelegt. Dem kastilischen Adligen und spanischen Nationalhelden El Cid gelang es 1094, die Stadt für kurze Zeit wieder unter christliche Kontrolle zu bringen. Nur acht Jahre später fiel sie an die maurische Herrschaft zurück, bis 1238 König Jaime I. von Aragon die Mauren nach fünfmonatiger Belagerung endgültig vertrieb.

Im 15. Jahrhundert entwickelte sich Valencia zu einem der größten Mittelmeerhäfen und zu einem bedeutenden Handels- und Finanzzentrum. Valencianische Banken ermöglichten die Finanzierung der Fahrten Christoph Kolumbus' in die Neue Welt. Ein wesentlicher Wirtschaftszweig war damals auch die Seidenweberei. So gilt die Seidenbörse als einer der schönsten gotischen Zivilbauten Europas. Noch heute können Sie traditionelle Seidenkostüme in vielen Geschäften und während der Umzüge der Fallas bewundern. Außerdem stand in Valencia die erste Druckerpresse auf der Iberischen Halbinsel, die 1478 die Bibel in einer romanischen Sprache vervielfältigte.

Während des Spanischen Erbfolgekriegs zwischen 1701 und 1714 schlug sich die Stadt auf die Seite Karls von Österreich und erhielt Unterstützung von englischen Truppen. Nach dem Sieg der Franzosen in der Schlacht von Almasa 1707 und der anschließenden Etablierung einer zentralen Monarchie verlor die Stadt jedoch ihre bisherigen Privilegien.

Im Spanischen Bürgerkrieg (1936–1939) gehörte Valencia zu dem von den Republikanern kontrollierten Gebiet und war ab November 1936 anstelle des unmittelbar in der Kampfzone gelegenen Madrids Regierungssitz der Republik.

Nach einem verheerenden Hochwasser im Jahr 1957 entschied sich die Stadt gemäß dem valencianischen Lebensmotto „Pensat y Fet" („Gesagt, getan") kurzerhand, den Flusslauf des Turia in den südlichen Teil der Stadt umzulegen und das alte Flussbett in eine Park- und Freizeitanlage umzuwandeln.

Das Herz der Stadt bilden die beiden Plätze Plaça de la Reina und Plaça de la Mare de Deu mit der Kathedrale und der Basilica de la Virgen de los Desamparados.

Die Kathedrale von Valencia wurde im 13. Jahrhundert auf den Grundmauern einer Moschee errichtet und diese wiederum auf den Ruinen eines alten römischen Tempels. Häufige Umgestaltungen führten dazu, dass die drei Kirchenportale aus unterschiedlichen Epochen stammen: Das älteste (Puerta del Palau) ist romanischen, die Puerta de los Apóstoles gotischen und der Haupteingang, die Puerta de los Hierros, barocken Ursprungs.

Die Basilica de la Virgen de los Desamparados bewahrt die Figur der „Heiligen Jungfrau der Schutzlosen" auf, die vom Papst 1885 zur Schutzpatronin Valencias erklärt wurde. Zu ihren Ehren werden während der Fallas eine riesige Marienstatue aus Blumen auf der Plaça de la Mare de Déu aufgebaut und Blumenumzüge durch die ganze Stadt ausgerichtet.

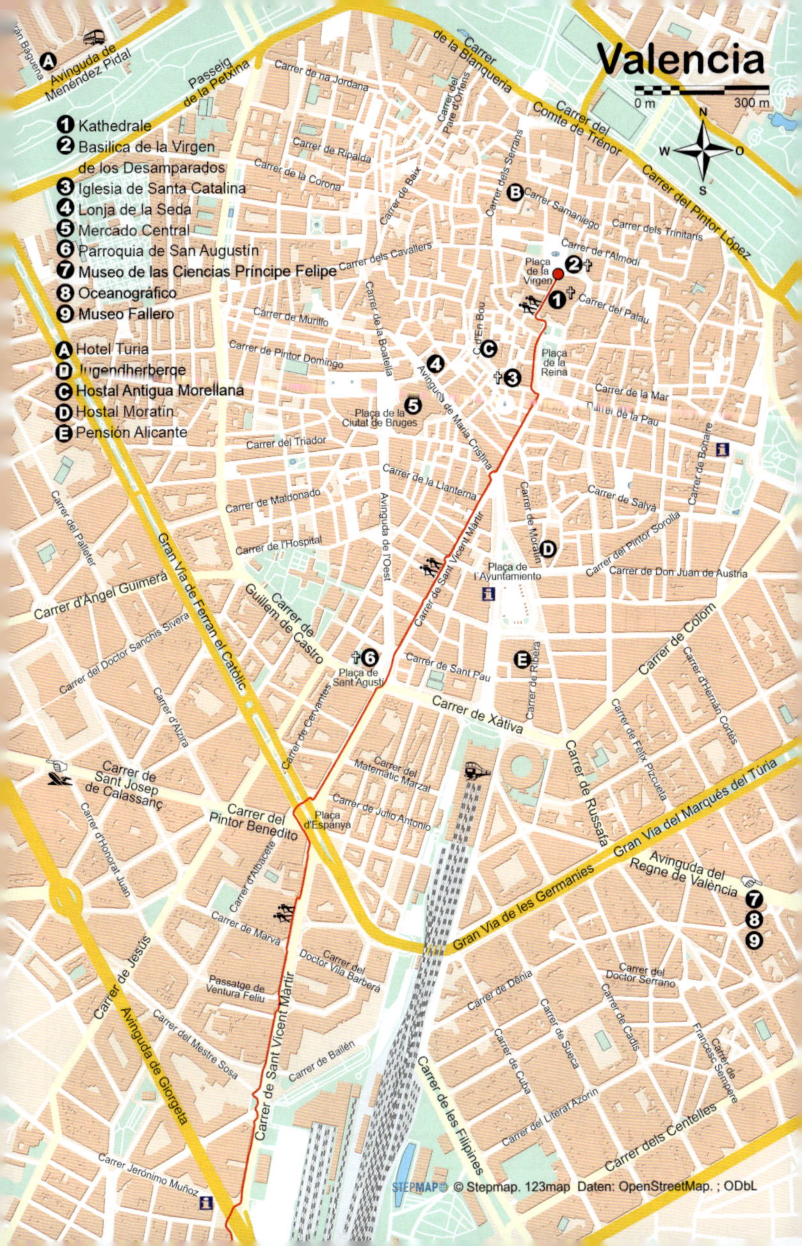
Valencia
0 m
300 m
N
W
O
S
1 Kathedrale
2 Basilica de la Virgen de los Desamparados
3 Iglesia de Santa Catalina
4 Lonja de la Seda
5 Mercado Central
6 Parroquia de San Augustín
7 Museo de las Ciencias Príncipe Felipe
8 Oceanográfico
9 Museo Fallero
A Hotel Turia
B Jugendherberge
C Hostal Antigua Morellana
D Hostal Moratín
E Pensión Alicante
Avinguda de Menéndez Pidal
Passeig de la Petxina
Carrer de na Jordana
Carrer de la Blanqueria
Carrer del Pare d'Orfens
Carrer del Comte de Trénor
Carrer del Pintor López
Carrer de Ripalda
Carrer de la Corona
Carrer de Baix
Carrer dels Serrans
Carrer Samaniego
Carrer dels Trinitaris
Carrer de l'Almodí
Plaça de la Virgen
Carrer del Palau
Carrer dels Cavallers
Carrer de Murillo
Carrer de Pintor Domingo
Carrer de la Boatella
C. d'En Bou
Plaça de la Reina
Avinguda de María Cristina
Plaça de la Ciutat de Bruges
Carrer de la Mar
Carrer de la Pau
Carrer de Bonaire
Carrer del Triador
Carrer de la Llanterna
Carrer de Maldonado
Carrer de Salva
Carrer de Moratín
Carrer del Pintor Sorolla
Carrer de l'Hospital
Avinguda de l'Oest
Carrer de Sant Vicent Màrtir
Plaça de l'Ayuntamiento
Carrer de Don Juan de Austria
Carrer del Palleter
Carrer d'Àngel Guimerà
Gran Vía de Ferran el Catòlic
Carrer de Guillem de Castro
Carrer del Doctor Sanchis Sivera
Plaça de Sant Agustí
Carrer de Sant Pau
Carrer de Ribera
Carrer de Colom
Carrer d'Hernán Cortés
Carrer de Xàtiva
Carrer d'Alzira
Carrer de Cervantes
Carrer del Matemàtic Marzal
Carrer de Russafa
Carrer de Fèlix Pizcueta
Carrer de Sant Josep de Calassanç
Carrer del Pintor Benedito
Plaça d'Espanya
Carrer de Julio Antonio
Gran Via del Marqués del Túria
Carrer d'Honorat Juan
Carrer d'Albacete
Avinguda del Regne de València
Gran Via de les Germanies
Carrer de Marvà
Carrer del Doctor Vila Barberà
Carrer de Dénia
Carrer del Doctor Serrano
Carrer de Jesús
Passatge de Ventura Feliu
Carrer de Sueca
Carrer de Cadis
Carrer de Cuba
Carrer de Francesc Sempere
Avinguda de Giorgeta
Carrer del Mestre Sosa
Carrer de Ballén
Carrer de les Filipines
Carrer del Literat Azorín
Carrer dels Centelles
Carrer Jerónimo Muñoz
STEPMAP © Stepmap. 123map Daten: OpenStreetMap. ; ODbL

Der Mercado Central ist ein Juwel aus dem Modernismo, dem spanischen Jugendstil. Seit dem Beginn des 20. Jahrhunderts werden auf dem quirligen Markt auf über 8.000 m^2 Früchte, Gemüse, Fleisch und Fisch feilgeboten.

„La Ciudad de las Artes y las Ciencias“, die von dem valencianischen Architekten Santiago Calatrava entworfene „Stadt der Künste und der Wissenschaften“, beherbergt ein Opernhaus, ein naturwissenschaftliches Museum, das größte Aquarium Europas, einen botanischen Garten und einiges mehr.

Valencia – Silla ➲ 15,5 km

Der Camino de Levante beginnt auf der Plaça de la Virgen an der Puerta de los Apóstoles der Kathedrale von Valencia. Vor der Pforte finden Sie die erste Wegmarkierung: ein im Boden eingelassenes Zeichen des Camino de Levante. Die Spur der Jakobsmuschel wird Sie aus der Stadt begleiten.

Mit der Pforte im Rücken pilgern Sie nach links durch die Carrer del Micalet zur Plaça de la Reina. Diese überqueren Sie geradeaus und sehen rechter Hand die ✝ Iglesia Santa Catalina mit ihrem barocken, sechseckigen Turm. Anschließend biegen Sie in die Carrer de Sant Vicent Màrtir in Richtung Plaça de l´Ayuntamiento ein.

➪ Kurz vor der Plaça haben Sie die Chance, einen kurzen Abstecher nach rechts durch die Avinguda de Maria Cristina zum sehenswerten Mercado Central zu nehmen, um sich Verpflegung für den Weg zu kaufen.

Wieder zurück laufen Sie nicht auf die Plaza del Ayuntamiento, sondern folgen weiter halb rechts der Carrer de Sant Vicent Màrtir 3,5 km stadtauswärts. Schon nach 600 m sehen Sie die ✝ Parroquia de San Augustín. Die in ihr verehrte Statue Virgen de Gracia soll – der Legende nach – ein Pilger geschnitzt haben.

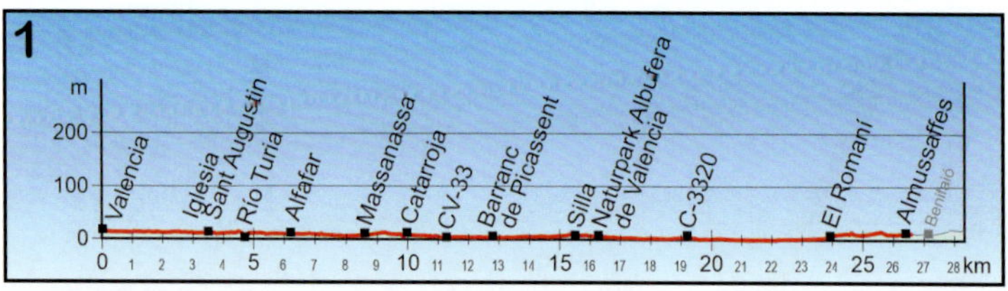

Über viele Seitenstraßen und Plätze hinweg immer der Carrer de Sant Vicent Màrtir und den Jakobswegzeichen im Boden folgend spazieren Sie weiter, stadtauswärts. Bei km 3,6 queren Sie die Avinguda del Doctor Tomás Sala sowie die Avinguda de Fernando Abril Martorell und kommen nach etwa 450 m an einen Kreisverkehr. Ab hier folgen Sie der Carrer José Soto Micó geradeaus. Nach 350 m überqueren Sie auf der rechten Straßenseite auf einem Fußgängerweg die Autobahn und den Río Turia.

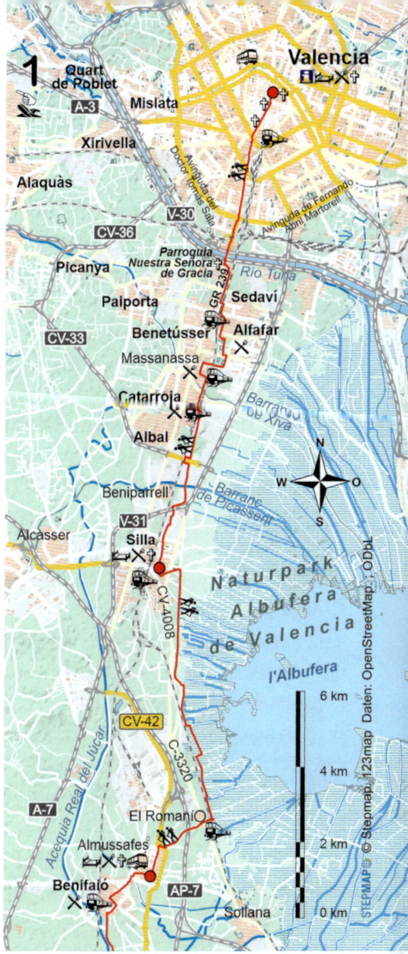

Hier endet die Wegmarkierung mittels der in den Boden eingelassenen Jakobsmuscheln und wird durch an Häusern angebrachte Keramikjakobsmuschel, gelbe Pfeile und weiß-rote Streifen des GR 239 ersetzt. Hin und wieder tauchen kleine sandfarbene Säulen mit einem Rad als Zeichen der Via Augusta auf.

Auf der anderen Seite der Brücke angelangt, folgen Sie der Avinguda Real de Madrid nur 100 m, bis Sie auf der rechten Straßenseite die ✝ Parroquia Nuestra Señora de Gracia sehen. Hier biegen Sie nach links in die Carrer Concepción Arenal ab. Nach 100 m führt Sie ein kleiner Fußgängerweg rechts zwischen Häusern hindurch. Ab jetzt orientieren Sie sich an der Bahnlinie.

Sie können dem Bahndamm auf beiden Seiten stadtauswärts folgen. Wenn Sie auf der linken Seite laufen wollen, gehen Sie über die Carrer Molí de Pala, durch eine Unterführung auf die andere Trassenseite und dann weiter an der Bahnlinie entlang. ☝ Wichtig ist, dass Sie hier immer an der Bahnstrecke bleiben, denn es gibt einige irreführende Markierungen. Rechtsseitig folgen Sie der Carrer Giménez y Costa nach rechts und biegen dann nach 100 m links in die Carrer Pico Calderón ab. Auf dieser bleiben Sie für 50 m und wandern dann nach rechts auf einen Feldweg, der an den Gleisen durch eine Art Schrebergartenanlage hindurchführt. Auf beiden Seiten der Bahnlinie erreichen Sie nach 800 m den Vorort **Alfafar** ⇧10 m, 21.000 Ew. (km 6,2).

Wenn Sie auf der rechten Seite gegangen sind, überqueren Sie bei km 6,3 an einem kleinen Übergang mit Schranke die Bahntrasse. Auch linksseitig laufen Sie bis zu diesem Bahnübergang. Dann folgen Sie weiter parallel zu den Gleisen der Avinguda Vinvente Blasco Ibañez 250 m bis zu einem kleinen Kreisel. Hier biegen Sie schräg links in die Carrer San Sebastiá ein und erreichen die Plaça País Valencia mit der bunten Església de la Mare de Déu del Do und dem Rathaus.

Sie überqueren den Platz und folgen der Carrer del Sol – auch über einen Kreisverkehr hinweg – 500 m stadtauswärts, bis Sie auf ein Sportzentrum stoßen. Dieses müssen Sie umrunden. Dazu wenden Sie sich nach links, in der Ferne sehen Sie ein riesiges IKEA-Gebäude. Nach 150 m biegen Sie rechts in den Camí Cementri ein und folgen ihm, bis Sie hinter einen Friedhof gelangen. 100 m entfernt auf der linken Seite bemerken Sie einen Kreisel. Vor diesem überqueren Sie die Straße und laufen auf der Carrer del Poliesportiu weiter bis zum nächsten Kreisverkehr. Hier biegen Sie nach rechts in die Carrer de la Séquia del Segón Braç ab und sehen die 300 m entfernte Bahnlinie. Diese unterqueren Sie mithilfe eines separat geführten Fußweges.

Nun sind Sie in **Massanassa** ⇧10 m, 9.000 Ew. angekommen (km 8,6). Der Name leitet sich von dem arabischen Manzil ab und bedeutet „Gasthaus". Hier führt der Weg über den Kreisel und die Carrer Josep de Alba in den Vorort hinein. Nach 150 m biegen Sie links in die Carrer de l`Orba ab und erreichen nach 300 m über die Calle del Furs die Plaça Constitució. Diese überqueren Sie und laufen nach links in die Carrer Major, die nach 100 m ihren Namen in Carrer de la Creu umwandelt, wieder zurück zur Bahnlinie.

Nach 200 m stoßen Sie auf die Gleise und einen Parkplatz. Linker Hand befindet sich der Bahnhof. Hier spazieren Sie nach rechts durch die kleine Allee Carrer Dr. Joan Peset parallel zur Bahnstrecke stadtauswärts. Am Ende der Straße wandern Sie geradeaus auf einem Fußgängerweg unter zwei Autobahnbrücken durch und über den Barranco de Xiva hinweg nach **Catarroja** ⇧10 m, 28.000 Ew. (km 9,9).

Hinter der Brücke erreichen Sie einen Kreisverkehr und folgen der Carrer Ronda de l´Estació 500 m geradeaus bis zum Bahnhof von Catarroja. Vor diesem unterqueren Sie mittels eines Fußgängertunnels die Bahngleise. Auf der anderen Seite wenden Sie sich hinter der Treppe nach rechts in den Camí Vell de Russafa. ☝ Folgen Sie nicht dem Fahrradweg nach links. Sie laufen auf der Straße 600 m durch eine Ansammlung von Hallen hindurch immer parallel zur Bahnlinie bis zu einem kleinen Kreisel hinter einer Tankstelle bei km 11,1. Diesen überqueren Sie geradeaus in eine kleine Landstraße. ☝ Vorsicht, Verkehr! Nach 500 m kommen Sie erneut zu einer Ansammlung von Industriehallen, durchqueren diese wieder und stoßen nach weiteren 200 m auf den Autobahnzubringer CV-33.

Hier wenden Sie sich nach rechts, den Gleisen zu, und unterqueren die CV-33 bei km 11,9. Nun folgen Sie der asphaltierten Straße parallel zur Autobahn nach links und biegen in die erste Straße rechts, den Camino Viejo de Silla, der später zum Camí Vereda wird, ab. Wieder laufen Sie durch eine Ansammlung von unschönen Hallenkomplexen. Über eine Brücke mit blauem Geländer passieren Sie bei km 12,8 den ausgetrockneten Flusslauf des Barranc de Picassent und gelangen zur Autobahn V-31. Hier folgen Sie den Wegzeichen nach rechts parallel zur V-31 und unterqueren diese anschließend bei km 13,6.

Danach laufen Sie geradeaus wieder in ein Gewerbegebiet mit Industriehallen und über einen Platz, der wie eine asphaltierte Trabrennbahn gestaltet ist. Wenn Sie diesen passiert haben, stoßen Sie rechter Hand wieder auf einen Kreisel, der Sie in die Avinguda de Beniparrell mit weiteren Industriehallen führt. Nach 350 m haben Sie es geschafft und die Straße wird zur Carrer de Valencia, die Sie nach **Silla** (Ortseingang bei km 14,7) leitet. Sie folgen ihr 800 m immer geradeaus in die Innenstadt, bis Sie auf der Plaça del Poble zwischen der ✝ Iglesia Nuestra Señora de los Ángeles und dem Rathaus mit seinem arabischen Wehrturm stehen (km 15,5).

Iglesia Nuestra Señora de los Ángeles in Silla

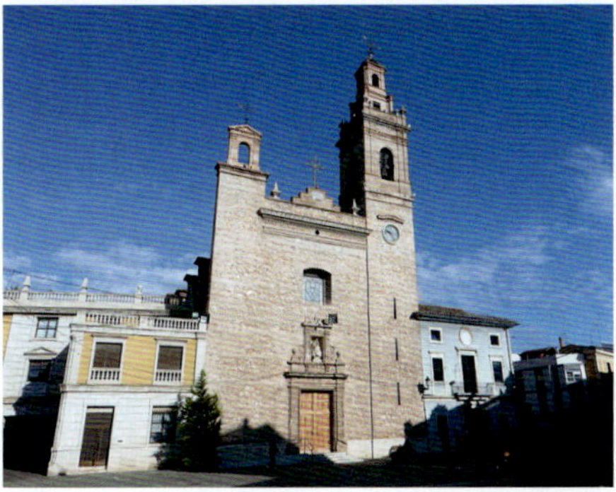

Silla

⇧10 m, 18.000 Ew.

Hostal Moreno, Avinguda d´Alacant, 80, 46460 Silla, ☏ 961 201 141, www.hostalmoreno.com, hostalmoreno@hostalmoreno.com, EZ € 39, DZ € 45

♦ Pensión Puerto, Carrer del Port, 58, www.pensionpuerto.com, juanpuerto58@gmail.com, ☏ 961 201 020, 629 382 994, EZ € 45, DZ € 45

⊙ Rathaus, Plaça del Poble, 1, ☏ 961 20 01 16, www.silla.es

⊙ Policía Local, Avinguda Picassent, 1, ☏ 961 211 718

Linie C2 nach Valencia und Moixent

Sehenswert ist neben der Kirche Nuestra Señora de los Ángeles der maurische Turm (Mo-Fr 9:00-14:00), der früher Bestandteil einer Burg war. Diese und weitere Festungen in der Region, wie z. B. die von Benifaió, deren verbliebenen Turm Sie auch auf Ihrer Wanderung sehen werden, bildeten zusammen einen Verteidigungsgürtel um Valencia.

Silla – Almussafes

➲ 10,9 km

Mit dem Rücken zur Kirchenpforte an der Plaça del Poble stehend laufen Sie geradeaus in die Carrer de Sant Roc. Nach 200 m biegen Sie in die erste Straße links ab, die Calle del Port, und laufen durch diese bis zur Landstraße CV-4008. Dort folgen Sie der Wegmarkierung auf der anderen Seite geradeaus in einen Fußweg, der Sie nach 300 m zu einem Haus mit der Aufschrift „Motor El Salvador Silla 1944“ führt. Hier biegen Sie rechts auf eine kleine, asphaltierte Landstraße ab und folgen ihr vorbei an einem Umspannwerk, durch Gemüse- und Obstplantagen sowie Bewässerungssysteme in den Naturpark Albufera de Valencia. Hier können Sie das erste Mal die Gedanken schweifen lassen. In der Ferne sehen Sie hin und wieder die Kräne des Hafens von Valencia.

Die frühere Meeresbucht und heutige Süßwasserlagune mit Überschwemmungsgebiet Albufera ist eines der wichtigsten Feuchtgebiete Spaniens. In dem heute zum Vogelschutzgebiet und Naturpark erklärten Raum wird Reis angebaut. Den Reis brachten die Mauren nach Spanien. Der spanische Name *arroz* zeugt davon. Da sich im 13. Jahrhundert die Malaria verbreitete, wurde der Anbau in anderen Reisregionen Spaniens eingeschränkt und nur noch auf dem Gebiet des Nationalparks zugelassen. Heute sind auch Andalusien, Katalonien und die Extremadura wichtige Reisanbaugebiete (☞ Land und Leute, Region Valencia).

Der asphaltierten landwirtschaftlichen Straße folgen Sie 3 km, bis Sie auf die C-3320 und später auf eine Bahnlinie stoßen. Sie wandern auf dem Sträßchen weiter und bleiben bei der ersten Bahnüberführung links neben den Gleisen. Nach 4 km gelangen Sie an die zweite Bahnbrücke und überqueren diese Richtung El Romani. Hier finden Sie einen Wegweiser der Via Augusta und den Bahnhof.

Sie laufen nach **El Romaní** ⇧10 m, 330 Ew. (km 8,3) hinein und überqueren die Landstraße C-3320 geradeaus in die Carrer Molí Romaní, die Sie aus dem Ort hinausführt und nach 500 m die Autobahn AP-7 nach Alicante überquert. Sie laufen nun über die Landstraße CV-42 750 m nach Almussafes. Am Ortseingang halten Sie sich rechts, auf einen großen Kreisel zu. An diesem biegen Sie links auf der Carrer Valencia, die später zur Carrer Major wird, in den Ort ein. Sie passieren einige Bars und Geschäfte, bis Sie nach 800 m auf die Plaça Major gelangen (km 10,9).

Almussaffes 9.000 Ew., ⇧15 m

Hotel Residencia Isabel, Carrer San Vicente, 31, 961 795 950, www.hotelresidenciaisabel.com, reservas@hotelresidenciaisabel.com, EZ € 35, DZ € 45 (ohne Frühstück)

♦ Hotel Bartos, Carrer Lira Almussafense, 13, 961 782 222, www.hotelbartos.com, reservas@hotelbartos.com EZ ab € 75, DZ ab € 85

Rathaus, Paseo del Parque S/n, 961 782 050, www.almussafes.es, www.benifaio.es

Policía Local, Calle Santa Creu, 1, 961 781 983

Bahnhof in Benifaio (ca. 1 km), Linie C2 nach Valencia und Moixent

Auch hier macht sich die maurische Vergangenheit der Region bemerkbar: Der Name Almussafes stammt von dem arabischen Wort Mazafs ab, was so viel wie „Zoll" bedeutet. Dominiert wird der Platz von dem maurischen Wehrturm Torre de Racef und der später erbauten Iglesia San Bartolomé.

Almussafes – Algemesí ➲ 13,4 km

Von der Plaça Major nehmen Sie die Carrer del Castell, die später zur Carrer Salvador Bostella wird, und folgen ihr 500 m hinaus aus der Stadt bis zu einem großen Kreisverkehr. An diesem biegen Sie nach links in die Carrer Almussafes ab und sehen rechter Hand eine BP-Tankstelle.

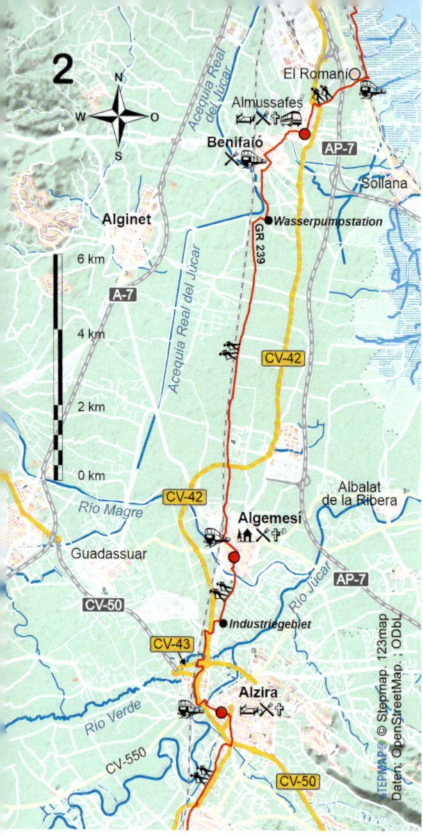

Sie sind in nun **Benifaió** ⇧ 20 m, 12.000 Ew. (km 0,7). Sie folgen der Straße immer geradeaus. Nach einem Kreisel und einem Park mit Kinderspielplatz kommen Sie an einen zweiten Kreisverkehr. Hier wird die Straße zur Carrer Major. An dieser laufen Sie geradeaus, bis Sie nach 650 m zur Plaça Major gelangen und ein skurriles, modernes Rathaus sehen, welches sich neben der Iglesia San Pedro an einen arabischen Turm schmiegt.

Hier biegen Sie links in die Carrer Santa Bárbara ab, passieren den Mercat Municipal und stoßen nach 300 m auf einen Kreisel, an dem Sie nach rechts in die Avinguda Germanies abbiegen. Dieser folgen Sie 300 m bis zur Plaça Blasco Ibáñez, wo sich linker Hand eine Brunnenanlage befindet. Sie queren den Platz und biegen hinter dem Brunnen in die Carrer Pintor Segrelles ein, die Sie aus der Stadt führt. Ab hier folgen Sie den gelben Pfeilen und den weiß-roten Streifen des GR 239 als Markierungen des Camino de Levante. Ab und zu gesellt sich auch eine kleine sandfarbene Säule mit einem Rad als Zeichen der Via Augusta hinzu. Abzweigungen, die mit einem gelben oder weiß-roten Kreuz gekennzeichnet sind, sind falsch. Orientierung bietet die Bahnlinie rechts von Ihnen, die Sie bis nach Algemesí begleiten wird.

Bei km 3,5 gelangen Sie an eine Wasserpumpstation mit der Aufschrift „Acequia real del Jugar“. Hier ist die Markierung verwirrend. Bitte halten Sie sich rechts und laufen Sie durch eine 90-Grad-Kurve zu einer Brücke über die Bahn. Diese überqueren Sie aber nicht, sondern wandern links an ihr vorbei.

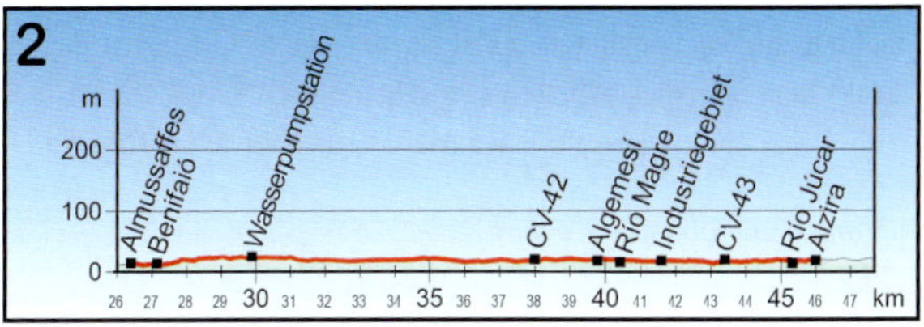

Nun pilgern Sie immer parallel zur Bahnlinie weiter und überqueren einige Landstraßen. Bei km 10,6 unterqueren Sie die Straße CV-42 und bei km 11,8 erreichen Sie den Ortsrand von Algemesí. Entlang der Avinguda del Santíssim Crist de la Agonia – immer parallel zu den Gleisen – gelangen Sie in die Stadt hinein und treffen schließlich im spitzen Winkel auf die Ronda del Calvari. Dieser folgen Sie weiter in die Stadt, bis Sie zur Plaça de l´Estació kommen und rechter Hand den Bahnhof sehen. Vor dem Platz wenden Sie sich nach links in die Carrer dels Arbres und erreichen nach 400 m die Plaça Mercat. Auf der Carrer Mossén Blanch gehen Sie weiter und biegen nach 100 m rechts in die Carrer de Valencia ab. Dieser folgen Sie, bis Sie auf die ✝ Iglesia de Sant Jaum Apóstol d'Algemesi und die Plaça Major mit dem Rathaus treffen (km 13,4).

Algemesí ⇧30 m, 28.000 Ew.

Alberge Municipal de peregrinos, Carrer Nou del Convent, 74, 6 Schlafplätze. Bitte informieren Sie 48 Std. vor Ihrem Eintreffen das Museum Valencia de la Festa in der Carrer Nou del Convent, 71 schräg gegenüber der Herberge (☏ 962 018 630, Di-Sa 11:00-14:00 und 17:30-19:30). Wenden Sie sich außerhalb dieser Zeiten an die lokale Polizei.

Rathaus, Plaça Major, 3, ☏ 962 019 000, www.algemesi.es

Policía Local, Calle San Nicolás de Bari, 56, ☏ 962 019 009

Linie C2 nach Valencia und Moixent

Anfang September feiert die Bevölkerung von Algemesí das Kirchweihfest zu Ehren der „Mare de Déu de la Salut“, einer der Gesundheit geweihten, schwarzen Jungfrauenstatue aus dem 13. Jahrhundert. Von Generation zu Generation werden die Traditionen der Theater-, Tanz- und Musikdarbietungen unter den Einwohnern weitergegeben und bei den drei Prozessionen am 7. und 8. September marschieren mehr als 1.400 Menschen in eigens hierfür hergestellten

Trachten mit. Sie beginnen pünktlich mit einem Glockenschlag und führen mit Musik, Tanz und spektakulären Menschentürmen, „Muixeranga" genannt, von der Basilika San Jaime über die Plaça Mayor zur Kapelle La Troballa.

Algemesí, Jakobusdarstellung

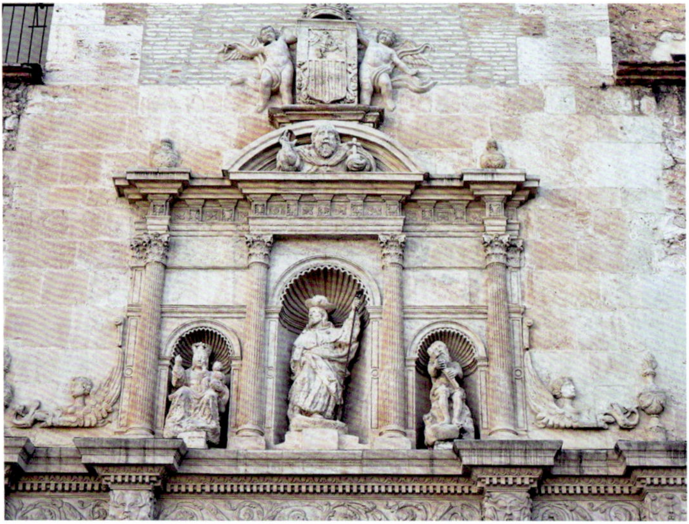

Algemesí – Alzira ➲ 6,2 km

Zwischen Kirche und Rathaus wenden Sie sich in die Placeta del Carbó und biegen anschließend hinter dem Rathaus leicht rechts in die Carrer de Berca, die Sie nach 150 m zur ✞ neugotischen Kapelle La Troballa (Hallazgo) führt. Der Legende nach wurde sie an der Stelle errichtet, wo im 13. Jahrhundert ein Bauer die schwarze „Jungfrau der Gesundheit" in einer Mulde am Fuße eines Maulbeerbaumes fand. Sie passieren die Kirche und gelangen auf die Plaça del Organist Cabaniles, hinter der Sie nach links in den Park de Salvador Castell abbiegen. Sie überqueren zwei Kreisel und sehen rechter Hand eine Fußgängerbrücke über den Rio Magre. Über diese laufen Sie und gelangen in die Partida Berca Polígono, die Sie vorbei an einer Schule aus der Stadt leitet.

Nachdem Sie 1,2 km durch Orangenplantagen gewandert sind, stoßen Sie auf ein 2019 noch unbebautes Industriegebiet. Hier biegen Sie zunächst rechts ab und nehmen anschließend die zweite Straße nach links. In der Ferne sehen Sie einen „Cash and Carry"-Markt, auf den Sie zugehen. Vor diesem biegen Sie jedoch nach rechts ab, gelangen an einen Kreisverkehr, den Sie linksherum passieren, und überqueren so die Landstraße CV-42. Anschließend wandern Sie in Richtung einer Bahnbrücke, biegen aber vorher links in eine kleine Seitenstraße ab. Sie passieren einen Schrottplatz und später ein „Hotel para Mascotas", eine Tierpension. Nach weiteren 700 m biegen Sie auf einen Schotterweg nach rechts ab, um bei km 3,6 zusammen mit der Bahnlinie die CV-43 zu unterqueren. Sie folgen dem Weg parallel zur Landstraße CV-42, unterschreiten bei km 4,4 erneut eine Brücke und gelangen nach 800 m zu einer Veranstaltungshalle und einem Kreisel.

Hier gehen Sie 100 m geradeaus, bevor Sie vor einem weiteren Kreisverkehr die Straße queren. Der Wegmarkierung folgend laufen Sie parallel zum Fluss Júcar nach links und unterqueren eine Autobrücke, die über den Flusslauf gespannt ist. Auf der nächsten Brücke, einer roten Stahlbrücke, überqueren Sie das Gewässer und biegen gleich darauf rechts in die Carrer Ronda de Algemesí ab. Dieser folgen Sie bis zum Haus der Guardia Civil. Vor dem Haus biegen Sie links in die Carrer Major Santa Maria ein, die später zur Carrer Santa Lúcia und zur Carrer Sant Roc wird und Sie vorbei an der alten maurischen Stadtmauer aus dem 9./10. Jahrhundert zur Plaça del Carbo mit dem aus dem 16. Jahrhundert stammenden Rathaus führt (km 6,2).

Alzira ⇧ 30 m, 44.500 Ew.

- Hotel Casa Blava, Avinguda Adrián Campos Súñer, s/n, ☏ 962 417 414, www.casablavaalzira.com, info@casablavaalzira.com, EZ € 55, DZ € 75
- ♦ Hotel Avenida Plaza, Avinguda Santos Patronos, 36, ☏ 962 411 108, www.avenida-plaza.com, info@avenida-plaza.com, EZ € 55, DZ € 67
- ⊙ Rathaus, Carrer Sant Roc, 6, ☏ 962 400 450, www.alzira.es
- Linie C2 nach Valencia und Moixent

Willkommen in Alzira! Auch dieser Name ist maurischen Ursprungs und stammt von dem Namen *Al-Yazirat Suquar* ab, was so viel wie „Insel" oder „isoliertes Land" bedeutet. Erst 1242 wurde der Ort durch Jakob I. von Aragón zurückerobert. Unter den Römern führte die Via Augusta über zwei Brücken in die Stadt, die leider zu Beginn des 20. Jahrhunderts abgerissen wurden. Auch die Bewohner von Alzira feiern gerne ausgiebig, unter anderem im März die Fallas – ähnlich denen in Valencia –, die Karwoche und am dritten Maisonntag das Blumen- und Fruchtopferfest für die Ortspatronin Virgen del Lluch.

Alzira – Xàtiva ➲ 26,8 km

Von der Plaça del Carbo und dem Rathaus folgen Sie 60 m der Calle Sant Roc weiter zur Plaça Constitución in der Innenstadt. Am Ende des Platzes nehmen Sie die linke Straße, die Carrer Major Santa Maria, biegen nach 100 m rechts in die Carrer Faustí Blasco und nach 30 m wieder links in die Carrer Calderon Barca. 50 m weiter erreichen Sie die Avinguda Sants Patrons. Diese queren Sie über einen Zebrastreifen und passieren ein Doppelmonument zu beiden Seiten des Überganges. Hinter den Statuen wenden Sie sich rechts in die Avinguda Sants Patrons.

Kurz darauf, nach 100 m, laufen Sie halb links in die Avinguda Sucro und gelangen auf die Plaça de la Societat Musical de Alzira mit einem Kinderspielplatz. Hier nehmen Sie schräg links die Carrer Colon und erreichen nach 350 m die Plaça de Sant Judes Tadeu mit ihrem Brunnen. Diesen überqueren Sie und kommen an einen kleinen Kreisverkehr. Hier laufen Sie geradeaus, unter einer Autobrücke der Landstraße CV-50 durch und über einen ausgetrockneten Flusslauf hinweg. Nach 50 m biegen Sie rechts in die Carrer Ben Jafacha und nach 150 m schräg links in die Carrer de la Partida de Materna ab, der Sie 300 m durch ein Industriegebiet folgen. Bei km 1,6 wandern Sie in eine kleine Landstraße, die an einer Mauer und später an Industriehallen entlangführt, und folgen ihr, bis Sie bei km 3,2 an einen Kreisel mit einer Tankstelle gelangen. An diesem gehen Sie rechtsherum und erreichen den Ortseingang von **Carcaixent** ✕ BANK ⇧ 20 m, 4.500 Ew. (km 3,3), einer lang gezogenen Straßen-

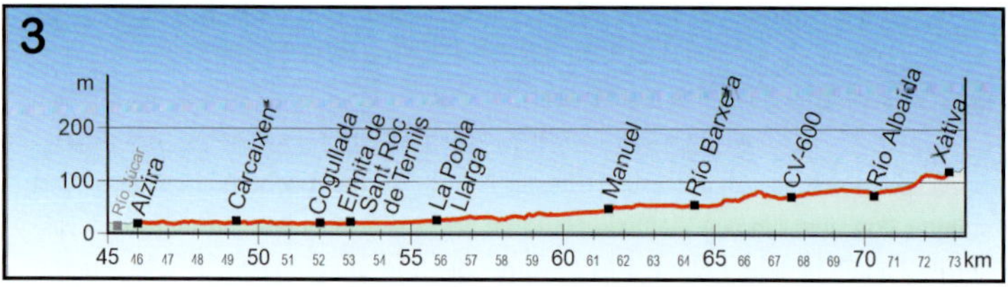

an der Via Augusta lag. Sie wurde zur Wiege des valencianischen Orangenanbaus, nachdem Priester Monzo – so sagt man – im 18. Jahrhundert den ersten Orangenbaum gepflanzt hatte.

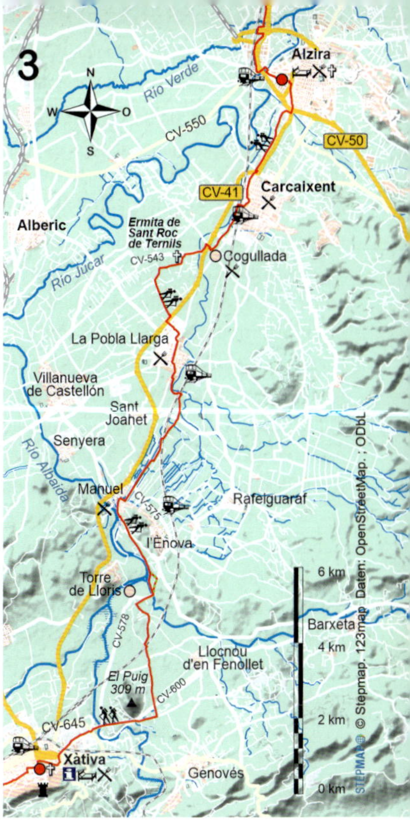

Nach dem Kreisverkehr halten Sie sich rechts in Richtung eines Dia-Supermarktes, an dem Sie vorbeigehen, und biegen in die Carrer Sant Isidre ein, die bald zur Carrer de Sant Christofol wird. Dieser Straße folgen Sie 650 m, bis Sie nach links durch die Carrer Pintor Sorolla zur ✝ Iglesia de la Asunción und zur Plaça Major laufen. Anschließend gehen Sie um die Kirche herum zur Plaça Miguel Hernández, die Sie schräg rechts über die Carrer de Sant Llorenç verlassen. Dieser folgen Sie 100 m, bevor Sie nach rechts in die Carrer General Pirm einbiegen, eine Straße überqueren und auf eine Bahnunterführung treffen. Durch diese laufen Sie hindurch, um unmittelbar danach scharf links auf einem kleinen Weg zum Bahndamm aufzusteigen. Der Camino führt Sie nun rechts der Bahngleise durch ein Industriegebiet mit der Firma Wild. Nach 1 km gelangen Sie an einen Kreisel. Diesen überqueren Sie geradeaus in eine Nebenstraße, die Sie zu der kleinen Ansiedlung **Cogullada** ✕ 🍷 ⇧ 20 m, 350 Ew. führt (km 6). In der Kirche soll eine Leinwandspende von Papst Paul III. aufbewahrt werden, die ein Pilger hierherbrachte. Zwei urige Bars laden zu einer Rast ein.

Vor der zweiten Bar d`Ells biegen Sie nach rechts in die Carrer de Ravalet ein und überqueren auf einer Fußgängerbrücke die Landstraße CV-41. Auf der anderen Seite laufen Sie (parallel zur CV-41) an der CV-543 weiter, bis Sie bei km 7,1, vor der ✝ spätromanischen Ermita de Sant Roc de Ternils, in eine kleine landwirtschaftliche Straße links abbiegen.

Ab jetzt folgen Sie den gelben Pfeilen durch Orangenplantagen, bis Sie wieder zur CV-41 kommen. Zwar gibt es hier eine Unterführung durch einen Tunnel, doch dieser ist nach Regenfällen überflutet, so dass Sie die Straße doch überqueren müssen. Nun passieren Sie wieder ein nicht bebautes Industriegebiet und erreichen über zwei Kreisel hinweg eine Shell-Tankstelle. Sie befinden sich jetzt in **Pobla Llarga** ✕ 🍷 🛒 BANK 🚌 🚆 ⇧ 30 m, 4.500 Ew. (km 9,8).

Schräg gegenüber der Tankstelle führt Sie die Carrer Vall in die Stadt hinein. Nach 500 m passieren Sie das Rathaus und folgen geradeaus der Carrer Major bis zur Plaça la Glorieta. Oberhalb des Platzes stößt die Carrer Major auf die Carrer Lorenzo Santa Maria. Auf dieser wandern Sie 400 m, bis nach links die Carrer Pintor Estruch abzweigt und Sie abbiegen. Am Ende der Häuser wenden Sie sich nach rechts auf ein kleines Sträßchen und genießen einen überwältigenden Panoramablick auf die umliegenden Berge und Orangenplantagen.

An den Gleisen der neuen Schnellbahnlinie Valencia – Alicante entlang wandern Sie weiter. Sie unterschreiten die Bahngleise und gelangen bei km 12,8 an einen Kreisel, den Sie geradeaus überqueren. 700 m nach dem Kreisverkehr unterqueren Sie wieder die Bahnlinie nach rechts und gehen von nun an auf das Dörfchen **Manuel** ✕ 🍷 🛒 BANK 🚆 (weit außerhalb) ⇧ 50 m, 2.500 Ew. zu, das Sie nach weiteren 2 km und einer Unterführung unter der Landstraße CV-575 hindurch erreichen (km 15,5).

Nach den ersten Häusern biegen Sie rechts in die Carrer de l´Abat Pia ab, die Sie nach 170 m zur Plaça del Sol führt. Dort laufen Sie links in die Carrer Juan Moreno und folgen dieser stadtauswärts. Sie gabelt sich nach 350 m. Linker Hand sehen Sie das ehemalige Bahnhofsgebäude. Hier steigen Sie links eine Treppe zu den früheren Bahngleisen hinauf, wo heute ein kurzer roter Radweg verläuft. Diesen überqueren Sie, halten sich dann rechts (auf den ehemaligen Bahnhof zu) und laufen auf der Carrer Bonavista weiter, bis Sie zu einem früheren Bahnübergang gelangen. Hier folgen Sie der Wegmarkierung in einen Schotterweg, der zwischen der ehemaligen Bahnstrecke und der Straße verläuft und Sie zu einem mit Schilf bewachsenen Bach führt. Bei km 18 erreichen Sie eine Weggabelung.

🚲 Radpilger nehmen hier den linken Weg, der Sie nach 250 m auf die Landstraße CV-578 leitet.

Wanderer können nach rechts abbiegen und weiter dem Bach folgen. Nach 600 m stoßen auch Sie auf die CV-578, in die Sie nach rechts einbiegen. Nach 250 m gelangen Sie an einen Feldweg, auf dem Sie nach links zu einer Anhöhe hinaufgehen.

Oben angekommen wenden Sie sich nach links in eine kleine, asphaltierte Straße. Dieser folgen Sie und biegen bei einer Halle mit rund gebogenem Dach rechts ab. Auf der Anhöhe bewundern Sie einen alten Baum und wandern dann hinunter zu den Bahngleisen. Von dort können Sie einen herrlichen Ausblick auf den 300 m hohen Tafelberg El Puig und das entfernte Xàtiva mit seiner Burg genießen.

Nun überqueren Sie die neue Schnellbahnlinie und folgen den gelben Pfeilen rechts hinunter in die Orangenplantagen und weg von den Gleisen. Sie laufen jetzt 1,5 km immer geradeaus, bis Sie bei km 22,3 an die Landstraße CV-600 gelangen. Diese überqueren Sie und pilgern auf einer asphaltierten Nebenstraße weiter, bis Sie vor einer Säule der Via Augusta stehen. Hier biegen Sie nach rechts ab und wandern 600 m zur CV-600. Leider müssen Sie ab hier 2 km auf der Landstraße nach Xàtiva laufen.

Sie passieren mehrere Hallen und spazieren auf einer Brücke über den Río Albaida, bevor Sie auf einen Kreisel stoßen. Diesen queren Sie und laufen geradeaus weiter in die Stadt, bis Sie zu einer Unterführung kommen. Hier nehmen Sie rechter Hand den separat geführten Fußweg unter der Bahnlinie hindurch, passieren ein Stadion und gelangen wieder an einen Kreisverkehr. An diesem laufen Sie linksherum und kommen zu dem Park der Plaça de España. Die Anlage steigen Sie nach links in Richtung einer großen Säule hinauf. Dort gehen Sie nach rechts hinauf, zu einem Brunnen, und erreichen anschließend die Plaça Font Vinticinc Xorros.

Sie überqueren den Platz und sehen ein grünes Verkehrsschild zur Plaça San Pere. Diesem folgen Sie durch die Calle San Pere in die Altstadt von Xàtiva. Nach wenigen Metern gabelt sich die Straße. Hier laufen Sie nach rechts und passieren die Plaça San Pere mit ihrer Kirche. Sie spazieren durch das Gässchen weiter und kommen zur Plaça Alexandre mit dem Geburtshaus von Papst Alexander VI. Geradeaus wandern Sie in die Carrer de l´Angel, kommen an einem Polizeigebäude und dem Justizpalast vorbei und erreichen anschließend die Plaça de la Trinitat. Geradeaus gehen Sie in die Carrer Montcada, biegen nach 70 m links in die Carrer Mossén Uríos ab und laufen 150 m hoch bis zur Plaça de la Seu/Plaça de Calixt. Dort finden Sie die im 16.und 17. Jahrhundert erbaute ✞ Stiftskirche Basilica O Seu (km 26,8).

Xàtiva

⇧110 m, 29.000 Ew.

Touristeninformation, Avinguda de Selgas, 2, ☎ 962 273 346, www.xativaturismo.com, touristinfo_xativa@gva.es, Di-Fr 10:00-17:00, Sa/So 10:15-14:00

Hostal Casa del Cigroner, Carrer de Sant Domènec, 26, 675 786 041, www.casadelcigroner.com, info@casadelcigroner.com, EZ ab € 40, DZ ab € 50, auch Mehrbettzimmer

♦ Hotel Vernisa, Academico Maravall, 1, ☎ 962 271 011, www.hotelvernisa.com, reservas@hotelvernisa.com, EZ € 52, DZ € 62, Frühstück € 4

♦ Hotel Restaurant Mont San, Subida al Castillo de Xativa, ☎ 962 275 081, 658 962 659, www.mont-sant.com, reservas@mont-sant.com, EZ/DZ ab € 95

⊙ Rathaus, Avinguda Jaume I, 35, ☎ 962 289 800, www.xativa.es

⊙ Policía Local, Avinguda Cavaller Ximén de Tovía, 9, ☎ 962 049 899

⌘ Museo del Almodi, Carrer de la Corretgeria, 46, ☎ 962 276 597, www.xativaturismo.com/val/museu-almodi/, Di-Fr 10:00-14:00 und 16:00-18:00, Sa vormittags

tägl. nach Albacete und Valencia

Xàtiva, Església de Sant Feliu de Xàtiva und Burg

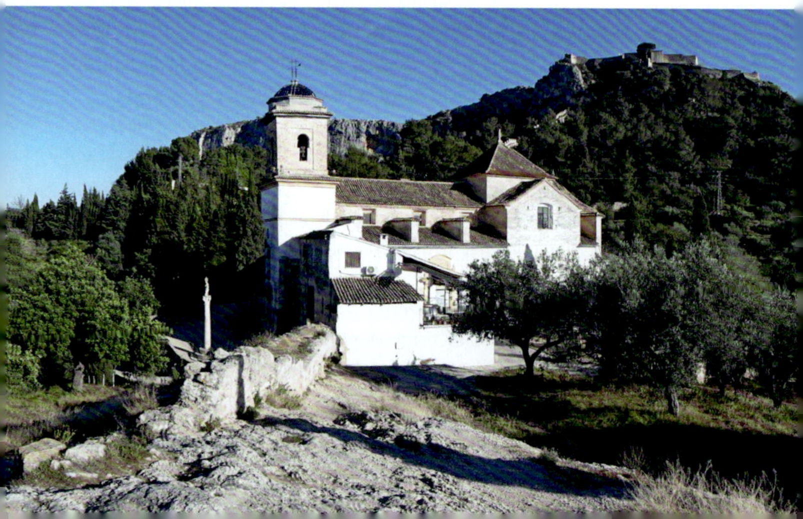

Weithin sichtbar thront auf dem Kamm der Sierra Vernissa über Xàtiva eine riesige Burg mit vier befestigten Toren und dreißig Türmen, die das Ergebnis einer Verknüpfung einer iberisch-römischen Festung mit einer maurischen ist. Die Mauren waren es auch, die die erste Papierfabrik Europas in Xàtiva errichteten.

Ende des 16. Jahrhunderts wurde hier der spanische Maler José de Ribera geboren. Auch die Familie Borgia, aus der die beiden Päpste Calixtur III. und Alexander VI. hervorgingen, residierte in Xàtiva.

Im Rahmen des Spanischen Erbfolgekrieges Anfang des 18. Jahrhunderts befahl Philipp V. nach seinem Sieg in der Schlacht von Almansa, den Ort niederzubrennen und in San Felipe umzubenennen, weil sich Xàtiva zuvor auf die Seite der Habsburger geschlagen hatte. Als Erinnerung daran hängt das Porträt des Königs im Museo del Almodi verkehrtherum. Im August feiert Xàtiva eines der ältesten Feste der Region, dessen Ursprung bis auf die Rückeroberung der Stadt durch die Christen zurückgeht. Neben dem Verkauf von Tieren und regionalen Produkten bietet das Volksfest „Feria de Agosto" ein umfassendes Zusatzprogramm mit Konzerten, Theateraufführungen, Wettbewerben, regionaler Folklore, Feuerwerk und natürlich Stierkämpfen.

Xàtiva – Canals ➲ 7,8 km

Sie stehen an der Plaça de la Seu/Plaça de Calixt mit der Basilika im Rücken und sehen an der Hausecke rechts von Ihnen ein Kachelbild mit dem heiligen Felix, dem Schutzheiligen von Xàtiva, sowie eine Kachel für die Via Augusta und die Jakobsmuschel des Camino de Levante. Diesen Kacheln folgen Sie in die Carrer de la Corretgeria und gehen 300 m bis zur Plaça de Santa Tecla. Hinter ihr biegen Sie links in die Carrer Almas/Carrer les Animes ab, die Sie nach 100 m zur Plaça San Jordi führt. Diese überqueren Sie diagonal und biegen in die Carrer Blanc ein. Nach 400 m trifft sie auf die Carrer Camí la Bola. Dort halten Sie sich links. Im weiteren Verlauf wird die Straße zur Carrer Aben Ferri. Nach 450 m sehen Sie linker Hand eine Schule. Hinter dieser steigen Sie links eine flache Fußgängertreppe hinauf und gelangen zur Carrer Geògraf Estrabó. Dieser Straße folgen Sie nach rechts immer am Hang des Berges entlang aus der Stadt hinaus.

Nicht verwirren lassen! Die Straße ändert einige Male ihren Namen und wird schließlich zur Via Augusta. Nach 700 m erreichen Sie **Novetlè** ⇧130 m, 900 Ew. (km 3) mit dem Hotel San Diego (Carrer Joan Fuster, 1, ☎ 962 288 267, 608 344 220, www.hotelsandiego.es, info@hotelsandiego.es, EZ € 39, DZ € 45, DBZ € 59).

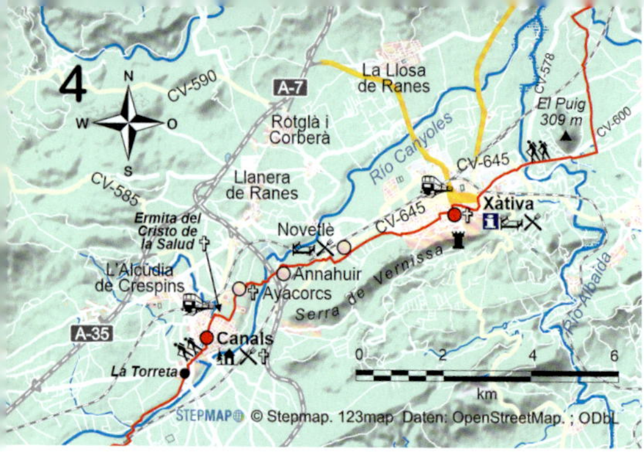

Am Hang, oberhalb des Dorfes, passieren Sie Novetlè mittels der Carrer de la Bola und der Via Augusta. 300 m nach dem Ort gehen Sie dann rechts – vorbei an einer Halle – hinunter zur Landstraße. Linker Hand sehen Sie einen

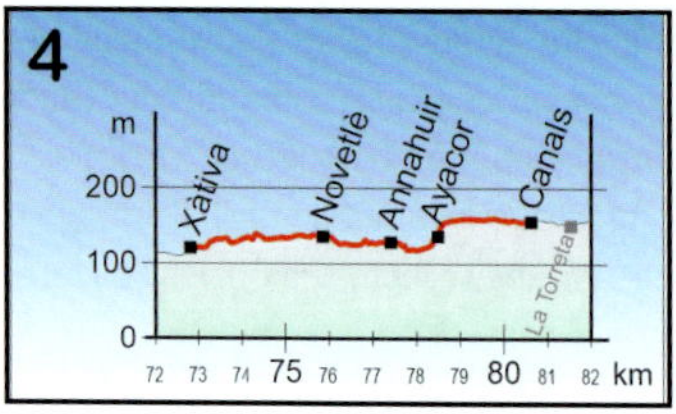

Kreisel, um den Sie rechts herumlaufen. Sie überqueren die CV-645 und biegen dann in eine kleine Landstraße rechts Richtung Bahnstrecke ein. Allerdings wandern Sie nicht unter der Bahn hindurch, sondern biegen gleich links in eine Seitenstraße ab. Sie laufen zunächst parallel zur Bahnlinie, überqueren diese dann aber nach 300 m. So erreichen Sie einen Kinderspielplatz und das kleine Örtchen **Annahuir** ⇧120 m, 100 Ew. (km 4,6), das Sie auf der Carrer del Sol durchqueren. Der Wegmarkierung folgend unterqueren Sie danach die Autobahn A–7 und passieren wenig später eine befahrbare Furt durch den Río Canyoles.

Anschließend führt Sie die kleine Betonstraße hinauf nach **Ayacor** ☕ 🛒 ✞ ⇧150 m, 1.600 Ew. (km 5,7). Sie biegen nach links in die Carrer Major ein und gelangen zur Plaça Juan Carlos mit der ✞ Jakobskirche aus dem 18. Jahrhundert, einem Brunnen und einer Bar. Den Platz überqueren Sie geradeaus und gelangen zu einem kleinen Park mit Kinderspielplatz am Rande des Ortes. Hier biegen Sie nach rechts in die Straße Urb. Mirabolvens ab und stoßen nach 150 m auf eine kleine Landstraße. In diese zweigen Sie nach links ab und erreichen nach 650 m **Canals**. Hier sehen Sie rechter Hand einen von Zypressen gesäumten Kreuzweg, der zur ✞ Ermita del Cristo de la Salud führt. Diese passieren Sie und kommen 350 m weiter zur Avinguda de Jaume I, der Sie nach links in die Stadt folgen. Vorbei an einem Park gelangen Sie zum Mercat Municipal de Canals, in dem sich im ersten Stock die Pilgerherberge befindet. Nach 500 m erreichen Sie die Plaça Pont del Riu (km 7,8). (Hier zweigt nach rechts die Avinguda Vicente Ferri ab, wo Sie bei der Policía Local den Schlüssel für die Herberge erhalten.)

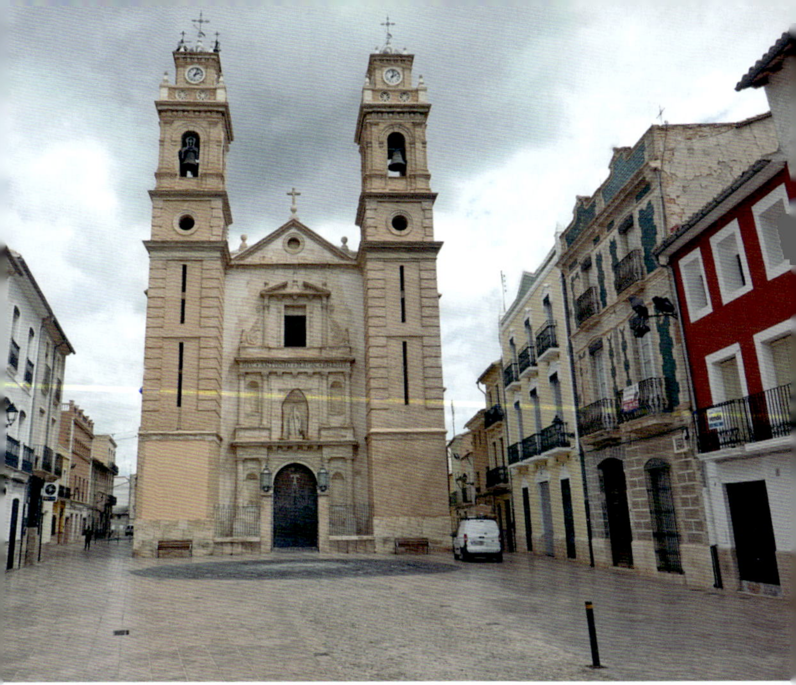

Canals, Església de Sant Antoni Abat

Canals

160 m, 13.600 Ew.

Pilgerherberge über dem Mercat Municipal, 4 Schlafplätze. Kontaktieren Sie die Policía Local.

Rathaus, Plaça de la Vila, 9, ☏ 962 240 126, www.canals.es

Policía Local, Avinguda Vicent Ferri, 6, ☏ 962 244 422

Der Bahnhof liegt zwischen Canals und l`Alcudia. 2019 wurde die Strecke erweitert, es gab Busersatzverkehr. Zukünftig soll die Linie C2 nach Moixent, Xàtiva und Valencia fahren.

In Canals wurde am 31. Dezember 1378 Alonso de Borgia, der spätere Papst Calixtus III. (1455-1458), geboren. An den Resten des damaligen Borgia-Palastes führt der Camino de Levante im kommenden Abschnitt vorbei.

Jedes Jahr – vom 16. bis zum 18. Januar – wird das Fest des heiligen Antonio mit einem riesigen Feuerspektakel gefeiert.

Canals – Moixent ➲ 20,7 km

Hinter der Plaça Pont del Riu gehen Sie durch die Carrer Sant Roc nach links und biegen am Ende der Straße nach rechts in die Carrer de Nauselva ab. Hinter der nächsten Häuserecke biegen Sie wieder nach rechts in die Carrer Verge del Remei ein, über die Sie nach 50 m zu der kleinen Plaça del Gramàtic Gil gelangen. Den Platz überqueren Sie und laufen weiter über die Carrer Beat Nicolau Factor zur Plaça Major mit der ✞ Església de Sant Antoni Abat.

Geradeaus gehen Sie in die Carrer Salvador und biegen nach 250 m an einem Kreisverkehr in die Carrer de la Torreta ab. Dieser folgen Sie nur 100 m, um dann nach links in die Carrer Calixte III abzuzweigen. Nach 150 m sehen Sie rechter Hand die Reste des Borgia-Palastes mit dem maurischen Turm La Torreta.

Nach einer Gabelung, an der Sie sich weiter schräg rechts in der Carrer Calixte III halten, erreichen Sie die Plaça de l´Institut. Diese überqueren Sie diagonal und kommen über die Avinguda de les Moles an das Ortsende. Dabei passieren Sie einige Industriehallen und den Friedhof.

Bei km 2,9 erreichen Sie linker Hand eine befahrbare Furt durch den Río Canyoles, die Sie durchqueren, um auf der anderen Seite dem kleinen, asphaltierten Sträßchen zu den Bahngleisen zu folgen. Diese unterqueren Sie, gehen nach rechts und kommen nach 250 m an eine weitere Unterquerung, die Sie wieder auf die rechte Seite der Bahnstrecke führt. In der Ferne sehen Sie den Ort Montesa mit den Ruinen einer Templerburg am Hügel liegen.

☞ Durch die intensive Bewässerung der Plantagen ist das Grundwasser gesunken und der Flusslauf des Río Canyoles führt nur bei andauerndem Regen Wasser. Bitte rechnen Sie damit, dass Sie bei Hochwasser durch diese und kommende Furten waten müssen. Wassertaugliche Sandalen sind dabei hilfreich.

Bei km 6 kommen Sie an die zweite befahrbare Furt. Dahinter biegen Sie nach links ab, halten sich bei einer ersten Gabelung weiter links und an der nächsten, bei einer Mauer mit Zaun, rechts. Die Markierungen waren 2019 etwas verblichen. An der folgenden Kreuzung laufen Sie geradeaus weiter. Bei km 7,3 unterqueren Sie wieder die Bahnlinie. Sie folgen nun einem kleinen Sträßchen auf der linken Seite der Gleise, welches hin und wieder geschottert ist. Sie passieren drei Möglichkeiten, die Bahnstrecke zu queren, bleiben aber immer auf ihrer linken

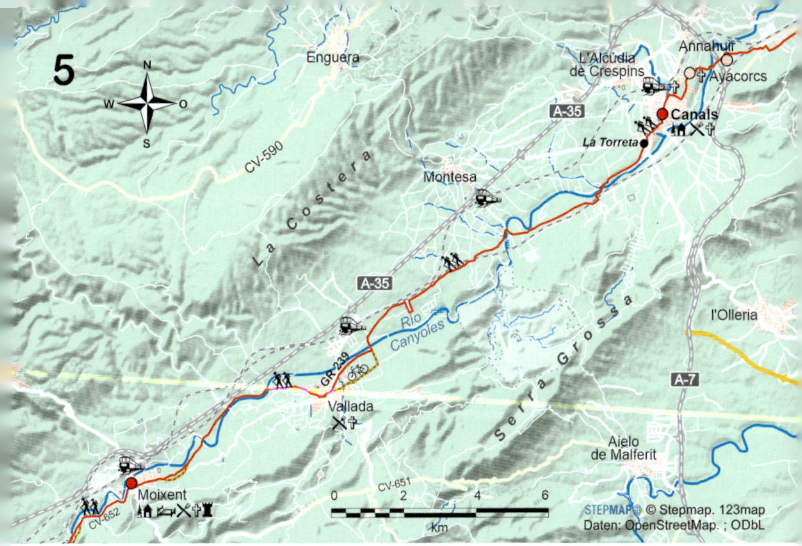

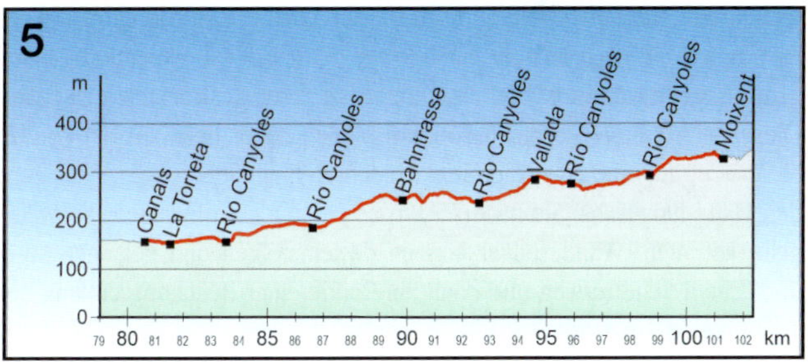

Seite. Bei km 12 kommen Sie erneut an eine befahrbare Furt und sehen vor sich ein rotes Haus. Direkt vor dem Haus biegen Sie rechts in einen geschotterten Feldweg ein, der später zu einem Trampelpfad wird.

Vorsicht, 2019 gab es eine irreführende Wegmarkierung, die die Abzweigung zu früh markierte.

Radpilger nehmen besser die Straße nach Vallada. Hierzu fahren Sie weiter den Hang hinauf und biegen dann rechts Richtung Ort ab. Auf der Plaça de Major mit dem Rathaus treffen Sie dann auf den offiziellen Pilgerweg.

Wanderer gelangen nach 500 m auf dem Pfad wieder auf eine asphaltierte Straße und gehen an einer Kläranlage und später an Industriehallen vorbei. Nach 1,2 km kommen Sie an einen Kreisel mit einem offiziellen Wegschild des GR 239. Ab hier folgen Sie der Avinguda del Molinets 350 m in den Ort, bis Sie einen kleinen Platz mit Brunnen, einigen Bars und einem Supermarkt erreichen. Hier biegen Sie schräg rechts in die Carrer de la Mare de Déu de Gràcia und gelangen zur Plaça Major mit dem Rathaus von **Vallada** ✕ 🛒 🍷 BANK 📯 ✝ 🚌 🚆 (3 km außerhalb, 2019 nicht in Betrieb, Busersatzverkehr) ⇧ 290 m, 3.000 Ew. (km 13,9). 2019 existierte keine Unterkunft, obwohl diese in einigen Wegbeschreibungen angegeben war.

Am Ende des Platzes gehen Sie nach links und kommen zur ✝ Pfarrkirche San Bartolomé. Vor der Kirche wenden Sie sich nach rechts in die Carrer del Mig und später an einer Gabelung mit einer weißen Mauer schräg rechts hinunter in die Carrer Santa Teresa, die Sie aus der Stadt leitet. Sie bleiben auf dem asphaltierten Sträßchen und kommen bei km 15,3 an eine Weggabelung. Hier halten Sie sich rechts, auf eine befahrbare Furt zu, die Sie nach 400 m durchqueren. Nach der Furt laufen Sie nach links in einen Weg, der zunächst asphaltiert ist und später Schotterstellen aufweist, in Richtung einer lang gestreckten Eisenbahnbrücke. Diese unterqueren Sie nicht, sondern biegen davor links ab. Bei km 18 stoßen Sie erneut auf eine Furt, die Sie nach schräg links überqueren. Hier geht es nun den Hang hinauf, bis Sie nach 750 m an einen nicht offiziellen Wegweiser (blau-gelb) kommen. Wanderpilger können diesem folgen und gelangen so zunächst über einen Schotterweg und dann am Rande einer Böschung entlang über einen Trampelpfad zur Stadt.

🚲 Radpilger sollten hier auf der Straße bleiben und bei der kommenden Straßenkreuzung rechts zum Städtchen hin abbiegen. Am Ortsanfang treffen Sie wieder auf den Wanderweg.

Am Ortseingang von **Moixent** biegen Sie noch vor dem Kreisverkehr schräg links in die Avinguda de Bellus ab, die nach einer Kreuzung zur Carrer Arrabal und später zur Carrer Major wird. Nach 600 m erreichen Sie die Plaça Major mit dem Rathaus. Die lokale Polizei, bei der Sie den Schlüssel für die Herberge erhalten, finden Sie ein Stückchen weiter. Dazu gehen Sie hinter dem Platz durch die Carrer la Cadena hinab zur Plaça Hispanidad (km 20,7). Wer am Abend noch

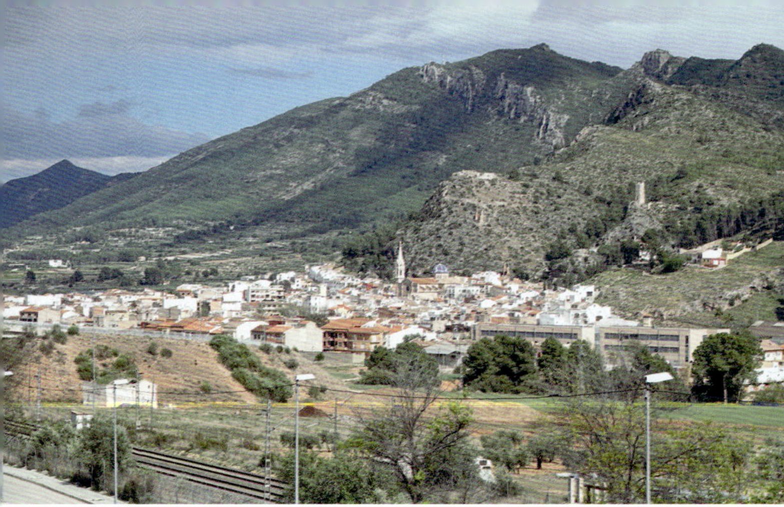

Moixent

genügend Kraft hat, kann hinter der Kirche San Pedro Apostol, welche sich bergwärts wenige Meter von der Plaça Major entfernt befindet, die Treppen zur maurischen Burg aus dem 12. Jahrhundert erklimmen und sich mit einem wunderbaren Blick über die Stadt belohnen.

Moixent

⇧ 340 m, 4.500 Ew.

- Pilgerherberge, Carrer Santa Reliquia, 1, 6 Plätze, Schlüssel bei der Policía Local
- Hotel MaKasa, Carrer Gregal, 1, Pol. Ind. Jaume I, ☏ 962 260 064, www.hotelmakasa.com, reservas@hotelmakasa.com, EZ € 45, DZ € 70, etwas außerhalb im Industriegebiet
- Rathaus, Plaça Mayor, ☏ 962 295 010, www.moixent.es
- Policía Local, Plaza de la Hispanidad, 3, 616 948 485
- tägl. nach Xàtiva und Almansa

In der Nähe von Moixent befindet sich einer der wichtigsten Fundorte spanischer Frühgeschichte: die iberische Siedlung La Bastia de les Alcuses aus dem 4. Jahrhundert v. Chr., in der bis zu 1.000 Menschen lebten. Der wichtigste Fund ist die 7,3 cm hohe Bronzestatue des „Kriegers von Moixent", die im Museu de Prehistoria in Valencia zu bewundern ist.

Moixent – La Font de la Figuera ➲ 18 km

Unterwegs gibt es keine Einkehr- oder Einkaufsmöglichkeiten.

Von der Plaça Hispanidad, wo Sie den Schlüssel für die Herberge bei der Polizei zurückgeben, verlassen Sie Moixent über die Avinguda de les Alcuses. Nach 400 m gelangen Sie an das Ortsende und wandern auf der kaum befahrenen Landstraße CV-652 weiter, bis Sie nach 2,5 km auf der rechten Seite die Hallen des Unternehmens Rattan-Deco sehen. An diesen laufen Sie vorbei und biegen kurz danach schräg rechts in eine kleine Landstraße ein, die zunächst asphaltiert ist.

Radpilger bleiben auf der CV-652, bis nach 1,5 km der Wanderweg wieder auf die Landstraße trifft.

Nach 460 m durchqueren Sie eine kleine Furt. Gleich danach gabelt sich der Weg. Hier biegen Sie links in den Schotterweg ab.

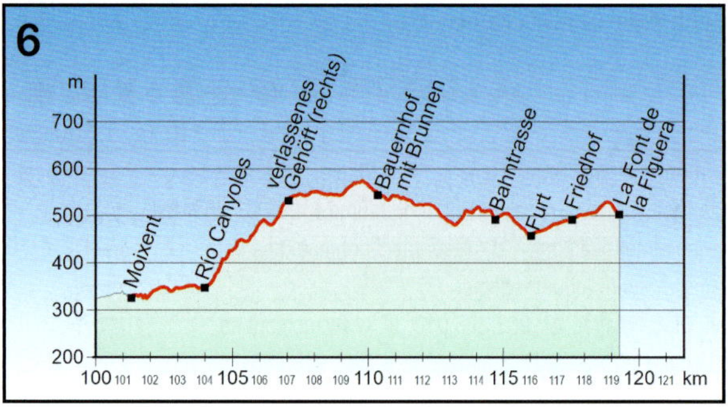

Wer in der Casa Rural La Bodega (Camí de La Bodega, 645 993 553, www.labodegacasarural.es, bodegacasarural@gmail.com, EZ € 45, DZ € 55) übernachten möchte, bleibt hier rechts auf dem asphaltierten Sträßchen.

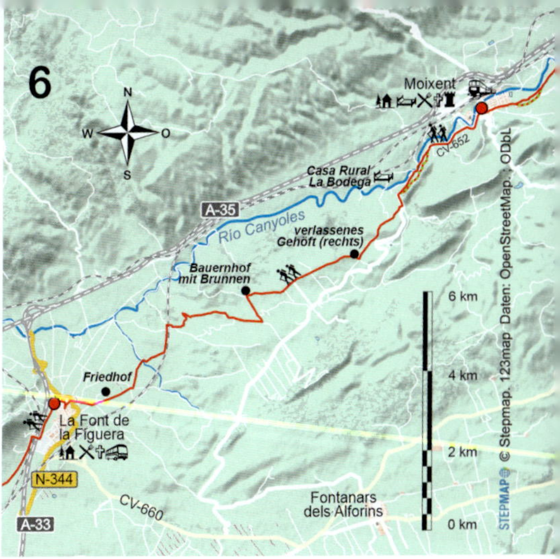

Kurz darauf gabelt sich der Weg erneut. Auch hier bleiben Sie links, laufen auf ein kleines Wäldchen zu und anschließend auf einem Pfad den Berghang hinauf. Oben gelangen Sie wieder auf die Landstraße CV-652. Dieser folgen Sie 250 m und biegen dann rechts in einen Betonweg ein, der später zu einem Schotterweg wird. Bei km 5,6 erreichen Sie auf einer Anhöhe eine Kreuzung, an der Sie rechter Hand ein verlassenes Bauernhaus sehen. Hier biegen Sie nach rechts ab und passieren das Gehöft.

Vorsicht, hier war die Wegmarkierung 2019 nicht eindeutig, da ein Schild umgefallen war.

Nach einem Bogen wandern Sie nun geradeaus an der Casa Rural Mas de Monserat vorbei, bis Sie bei km 9 an einen Bauernhof gelangen, vor dem sich ein kleiner überdachter Brunnen befindet. Hinter dem Gehöft biegen Sie an einem Strommast nach links ab und laufen auf ein kleines Pinienwäldchen zu, dessen Schatten zu einer Rast einlädt. Kurz nach dem Wäldchen biegen Sie nach rechts in einen Schotterweg ein, dem Sie vorbei an einem weiteren Bauernhof folgen. Hier gehen Sie an einer Kreuzung geradeaus weiter, bis Sie vor einem Gehöft mit Bäumen nach rechts in ein kleines Tal schwenken.

2019 war hier eine Wegmarkierung nur schwer erkennbar.

Unten angelangt biegen Sie nach links ab, bei der nach 1,2 km folgenden Weggabelung halten Sie sich wieder scharf links. Der Weg schlängelt sich an einem Haus vorbei und kommt nach 300 m zu einer Schatten spendenden Eiche mit Sitzbrettern.

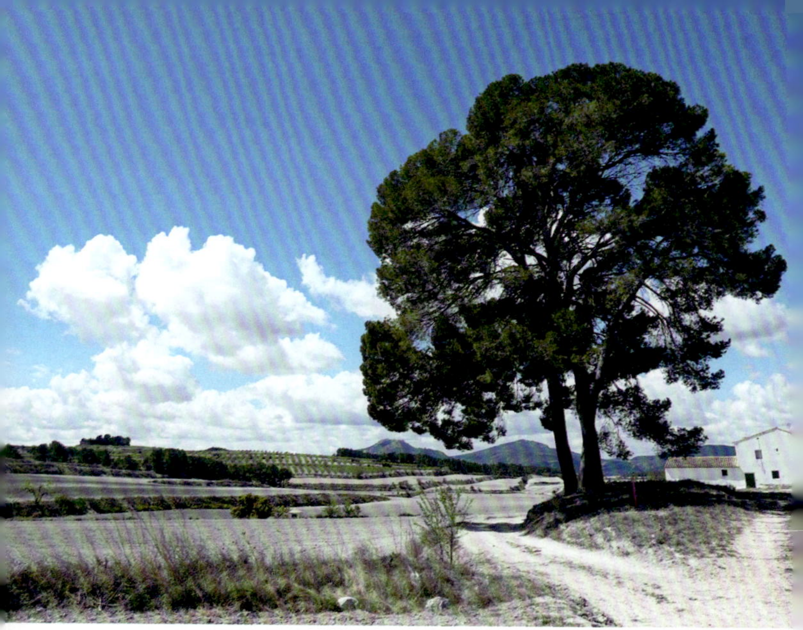

Auf dem Weg nach La Font de la Figuera

Anschließend überqueren Sie die Bahntrasse Valencia–Albacete bei km 13,3 und biegen nach links – parallel zu den Gleisen – ab. Diesen folgen Sie ein Stück, bis der Weg nach rechts in ein weites Tal abknickt, von der Bahnlinie weg. In der Ferne können Sie jetzt schon La Font de la Figuera erkennen. Bei einer Gabelung biegen Sie nach links ab und gelangen über eine Furt nach 800 m auf eine kleine, asphaltierte Landstraße, den Camí Cementeri. Hier wenden Sie sich nach rechts und laufen in einigem Abstand am Friedhof vorbei in den Ort, den Sie nach weiteren 1,5 km erreichen. Nachdem Sie einige Industriehallen passiert haben, überqueren Sie die Landstraße N-344 und kommen in die Carrer Arxidiaca Ros. An einer Gabelung vor einer Weinkellerei biegen Sie nach links in die Carrer Ontinyent ab und gelangen nach 150 m zur Plaça Major mit dem Rathaus, dem Restaurant Colon und einem Supermarkt. Das Gebäude der lokalen Polizei befindet sich an der linken Seite des Rathauses in einer Seitenstraße. Dort erhalten Sie die Schlüssel für das kleine Pilgerhäuschen, das am Ende der Carrer Portal de Valencia an einer Kreuzung gegenüber dem großen ehemaligen Waschhaus (Lavadero) und einer Weinkellerei liegt (km 18).

La Font de la Figuera

⇧ 550 m, 2.100 Ew.

Pilgerherberge, Carrer Portal de Valencia, 12 Schlafplätze, Schlüssel bei der Policía Local (am Wochenende vorher anrufen)

Rathaus, Plaça Major/Carrer Sant Joan, 1, ☏ 962 290 00, www.lafontdelafiguera.net,

Policía Local, Carrer Sant Joan, 1, 630 906 291

Museu Històric Etnològic La Costera, Carrer Moli, 55, ☏ 962 290 322, www.lafontdelafiguera.net/museu/, Mi-Sa 9:00-14:00

Taxibus zum Bahnhof von Moixent (fährt nach Bedarf: 607 321 422)

La Font de la Figuera ist der letzte Ort in der Provinz Valencia und verdankt seinen Namen einem Brunnen, der sich am Fuße eines gigantischen Feigenbaums befand. Sehenswert sind die Pfarrkirche aus dem 16. Jahrhundert und das ethnologische Museum.

La Font de la Figuera – Almansa

➲ 28,4 km

Unterwegs gibt es keine Einkehr- oder Einkaufsmöglichkeiten.

Zum Eingang des Pilgerhäuschens blickend nehmen Sie links die Travessia Barranc aufwärts Richtung Industriegebiet. Nach 1 km gelangen Sie an eine Brücke, die Sie über die Autobahn führt. Auf der anderen Seite angelangt folgen Sie der asphaltierten Straße nach links. Nach 1 km gabelt sich der Weg und Sie biegen nach rechts ab.

Nun geht es zunächst an Weinstöcken und Aprikosenbäumen vorbei und später durch ein kleines bewaldetes Tal bergauf (etwa 100 Höhenmeter), bis Sie bei km 5,6 auf einen Bauernhof stoßen. Hier wenden Sie sich nach links und folgen dem Schotterweg zunächst in einem Bogen, dann schnurgerade für 3,5 km (parallel zur Stromleitung), bis Sie bei km 9,6 auf die Bahnstrecke Alicante–Almansa stoßen. In der Ferne sehen Sie auf der Anhöhe Cerra de la Tea Windräder. Sie haben die Provinz Valencia verlassen und befinden sich in Kastilien.

Der Bahnstrecke folgen Sie nach rechts, bis Sie an eine Bahnbrücke kommen und in einem Bogen über diese hinüberlaufen. Auf der anderen Seite angekommen wandern Sie scharf rechts in eine Schotterpiste hinein und folgen den Wegweisern

„Camino de la Torre“ bzw. „Casas del Camillo“, bis Sie bei km 12,6 hinter einem Bauernhof wieder rechts abbiegen und hinunter zu den Bahngleisen laufen.

Diese unterqueren Sie und biegen dann links erneut auf eine Schotterpiste ab, die Sie weitere 2 km parallel zu den Gleisen auf der rechten Seite der Bahnlinie entlangführt. So gelangen Sie bei km 15,1 an eine Kreuzung, an der Sie sich links halten, wieder unter den Gleisen hindurch zu einem Bauernhof auf der anderen Seite. Vor diesem biegen Sie nach rechts in den Schotterweg ein, der Sie nach 2 km zu einer kleinen Ansammlung von Häusern führt. Davor wenden Sie sich der Wegmarkierung folgend nach links und gelangen an eine Landstraße, wo Sie rechter Hand eine Brücke und einen Kreisel sehen.

Auf diesen gehen Sie zu und überqueren anschließend bei km 18,6 die Autobahn A-31. Auf der anderen Seite gelangen Sie wieder an einen Kreisverkehr und nehmen den zweiten Abzweig nach rechts in eine breite, aber fast unbefahrene asphaltierte Landstraße. Diese führt Sie 800 m parallel zur Autobahn und verläuft dann in einem Bogen links zum Hang hinauf. Oben auf der Kuppe erkennen Sie das erste Mal in der Ferne Almansa mit seiner Burganlage. Sie laufen die Straße hinunter auf einige Industriehallen zu. Nachdem Sie eine Fotovoltaikanlage linker Hand passiert haben, biegen Sie zwischen Strommasten nach links zu der Firma Staco ab.

Vorsicht, hier ist die Wegmarkierung nur schwer zu erkennen.

Vor dem Unternehmen wenden Sie sich nach rechts und kommen auf einen Feldweg, der das 2019 brachliegende Gelände der Firma Vigalsa umgeht. Hinter dem Gelände stoßen Sie bei km 22,5 auf die Landstraße N-430, überqueren sie und gelangen auf einem Feldweg weiter im Zickzack über 500 m und einen Bewässerungskanal hinweg zum Camino de la Columna. In diesen biegen Sie nach links Richtung Almansa ein. Er führt Sie über 4,5 km immer geradeaus nach Almansa, vorbei an einem Klärwerk und weiteren Bewässerungskanälen. Die Burg von Almansa ist dabei ein guter Orientierungspunkt.

Bei km 27,8 stoßen Sie wieder auf die N-430 und sehen linker Hand einen Kreisel. Zu diesem gehen Sie und biegen nach rechts in die Calle Galileo ein. Sie laufen an einem Stadion und Sportanlagen vorbei, bis Sie nach 300 m auf die Calle San Juan treffen, der Sie zunächst nach links und dann schräg rechts in die Fußgängerzone folgen. An den Treppen, die hoch zur Burganlage führen, biegen Sie nach links auf die Plaza Santa María mit dem Rathaus und der ✞ Iglesia de la Asuncion ab (km 28,4).

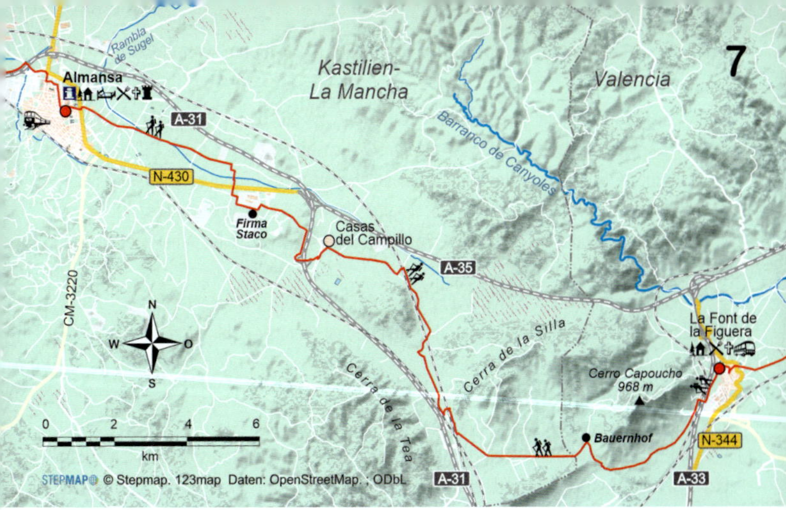

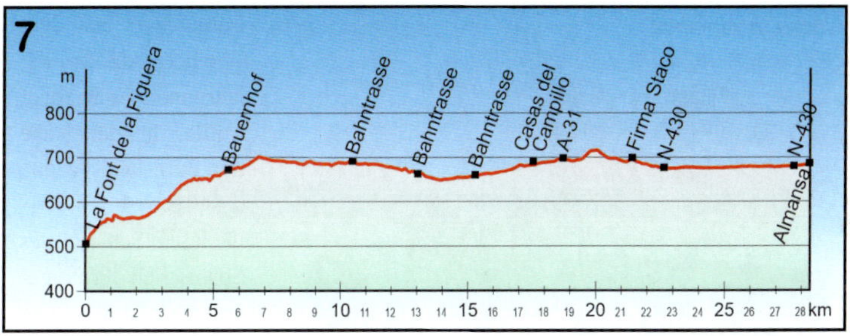

Almansa

⇧ 750 m, 25.000 Ew.

Touristeninformation, Calle la Estrella, 2, ☏ 967 344 771, www.turismoalmansa.es, belen@turismoalmansa.es, Mo-Sa 10:00-14:00 und 17:00-19:00, So vormittags

Pilgerherberge Esclavas de María, Calle Aniceto Coloma, 2, ☏ 967 34 15 57 (bitte vorher anrufen), gegen Spende (€ 7). Folgen Sie von der Plaza de Santa María der Calle Virgen de Belen 200 m bis zur Plaza de la Constitución und biegen Sie dann in die Calle Aniceto Coloma.

Hostal Casa Almántica, Calle Santa Lucía, 2, 655 867 659, www.casaalmantica.es, info@casaalmantica.es, EZ € 30, DZ € 42, DBZ € 51

EH, Encasa Hotel, Avenida Adolfo Suarez, 7, ☏ 967 343 419, 669 433 119, www.encasahotel.es, reservas@encasahotel.es, EZ € 33, DZ € 43, Frühstück € 5, 1,3 km weiter dem Pilgerweg stadtauswärts folgen, an einer Tankstelle

♦ Hotel Blu, Avenida de Ayora, 35, ☏ 967 340 009, www.hotelblu.es, info@hotelblu.es, EZ/DZ € 70, Frühstück € 10, 1 km weiter dem Pilgerweg stadtauswärts folgen

⊙ Rathaus, Plaza de Santa María, 2, ☏ 967 311 550, www.almansa.es

Buslinie Almansa–Alpera–Higueruela–Hoya Gonzalo–Chinchilla–Albacete, tägl. außer So, www.monbus.es

tägl. nach Albacete und Valencia

Der Name Almansa stammt vom arabischen *Al-Manzah* ab, was „Mirador" bzw. „Aussichtspunkt" bedeutet. Das beschreibt eindrucksvoll die von Weitem sichtbare maurische Burganlage auf dem Tafelberg, die im 15. Jahrhundert umgebaut wurde. In der Nähe der Burg fand Anfang des 18. Jahrhunderts die letzte Schlacht des Spanischen Erbfolgekrieges statt. Die unterhalb der Burg gelegene Pfarrkirche La Asunción besitzt eine sehenswerte Pforte aus dem 15. Jahrhundert. Das Rathaus daneben war einst die Residenz des Grafen von Cirat und weist ein Portal sowie einen Innenhof in maurischem Stil auf.

Burg in Almansa

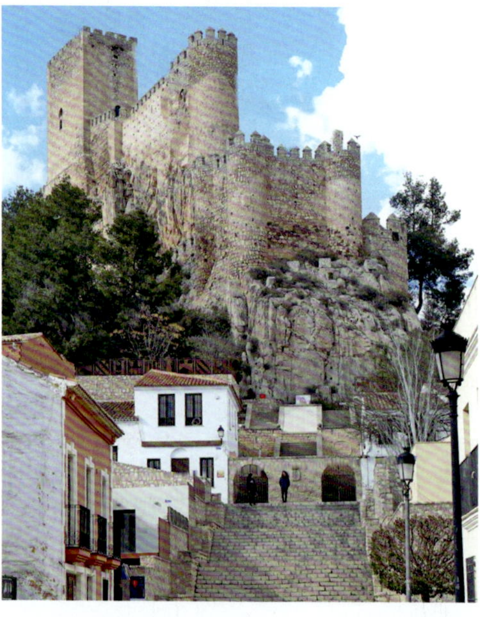

Almansa – Alpera

➲ 22,8 km

Die offizielle Route des Camino de Levante führt 40,3 km von Almansa direkt nach Higueruela. Da dies für viele Pilger zu weit ist, habe ich für dieses Buch die Variante über Alpera gewählt, die die Strecke in zwei Tagesetappen aufteilt. Wenn Sie direkt nach Higueruela wandern, sparen Sie gegenüber der hier beschriebenen Route 8,4 km.

Auf dieser Etappe gibt es keine Einkehr- oder Einkaufsmöglichkeiten.

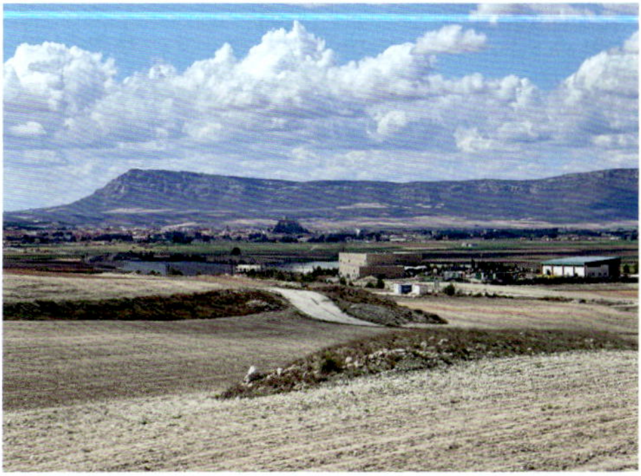

Blick auf Almansa

Mit dem Rathaus im Rücken laufen Sie nach rechts an der Iglesia de la Asunción vorbei und biegen dann unmittelbar hinter der Kirche rechts in die Calle de Aragón ein. Dieser folgen Sie für 800 m geradeaus über die Avenida José Hernandez de la Asunción hinweg, bis Sie an einen kleinen Park gelangen, in den Sie nach links einbiegen. Nach 300 m stoßen Sie auf die Avenida de Ayora.

Hier laufen Sie nach rechts weitere 200 m bis zu einem Kreisverkehr. An diesem halten Sie sich links und wandern 350 m an einer Landstraße entlang, bis Sie rechter Hand eine Schotterstraße sehen, die zur Autobahn A-31 führt. In diese biegen Sie ein und unterqueren die A-31 nach 200 m. Nun laufen Sie parallel zur A-31 nach links, passieren eine Autobahnauffahrt, kommen an einigen Bauernhöfen vorbei und durchqueren eine Furt, bevor Sie bei km 5,5 zu der kleinen Kapelle ✝ Ermita de San Antón gelangen. An der Weggabelung vor der Kirche biegen Sie nach links ab und überqueren eine Eisenbahnbrücke. Anschließend laufen Sie auf einer Schotterpiste den Berg hoch. Bei km 7,3 gelangen Sie an eine T-Kreuzung, an der Sie den Wegmarkierungen nach rechts folgen.

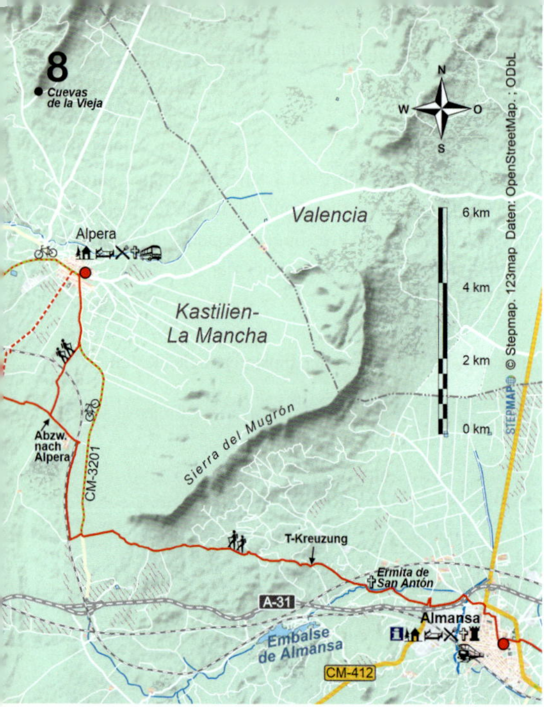

Nun geht es immer dem Hauptweg folgend durch eine raue und karge Landschaft über eine Anhöhe hinweg. Der Weg ist ausreichend markiert. Rechts von Ihnen steigt ein Ausläufer der Sierra del Mugrón bis auf 1.100 m auf, linker Hand öffnet sich zum ersten Mal die Weite der Mancha. Von der Anhöhe herabsteigend stoßen Sie bei km 14,3 auf die Landstraße CM-3201 nach Alpera.

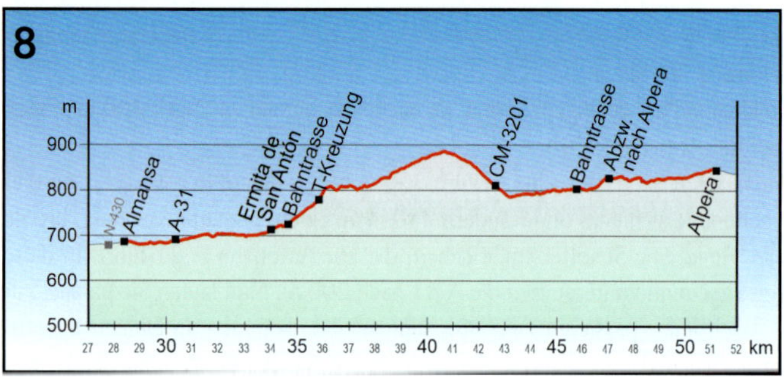

🚲 Radpilger können hier rechts die CM-3201 nehmen und erreichen so nach 7 km Alpera.

Wanderer überqueren die Straße und laufen auf einem Schotterweg hinunter zur Bahnstrecke. Vor dem Bahndamm biegen Sie jedoch nach rechts ab und gehen auf einem Feldweg, der später zum Pfad wird, rechter Hand an den Gleisen entlang. 2019 endete der Pfad im Feld und man musste 500 m querfeldein dem Bahndamm folgen. Nach 2,5 km gelangen Sie zu einer weiteren Brücke über die Bahnlinie.

➡ Wenn Ihnen das zu unbequem sein sollte, können Sie 2,5 km auf der Landstraße nach rechts Richtung Alpera gehen und dann bei der kommenden Brücke über die Bahnstrecke nach links abbiegen.

Hier überqueren Sie die Gleise und laufen auf eine Ansammlung von Häusern zu. Sie durchqueren die Häusersiedlung schräg nach rechts und gehen eine kleine Anhöhe hinauf. Hinter dieser stoßen Sie auf die Abzweigung nach Alpera und den Camino de Lana. Sie folgen nun diesem Weg durch Felder und über eine weitere Bahnbrücke hinweg 3,5 km bis nach Alpera, welches Sie in der Ferne schon sehen. Kurz vor Alpera stoßen Sie wieder auf die Landstraße CM-3201, der Sie auf einer parallel und separat geführten Schotterpiste in den Ort hinein folgen. Sie bleiben auf der CM-3201, der Avenida Maestro Colas, bis Sie zu einer Kreuzung kommen, an der die Allee Paseo Constitución nach links abzweigt. Hier nehmen Sie die Avenida Albacete geradeaus, die Sie in einem Rechtsbogen zur Plaza Gil Ruano führt, an der sich die Pilgerherberge befindet. (250 m von der Plaza entfernt, links entlang der Calle del Gral. García Trejo, entdecken Sie das Rathaus.)

Alpera ⇧ 850 m, 2.300 Ew.

Pilgerherberge, Calle del Gral. Gracía Trejo/Plaza Gil Ruano, 3 Schlafplätze. Den Schlüssel erhalten Sie werktags bis 14:30 im Rathaus. Danach rufen Sie bei Dolores Teruel an (660 120 556, 607 955 395).

Hostal/Restaurante El Cazador, Mejorada 3, ☏ 967 335 003, 616 646 057, www.hostalelcazador.es, info@hostalelcazador.es, EZ € 25, DZ € 40

Rathaus, Plaza Ayuntamiento, 6-8, ☏ 967 330 001, www.alpera.es, werktags bis 14:30 geöffnet

Buslinie Almansa–Alpera–Higueruela–Hoya Gonzalo–Chinchilla–Albacete, tägl. außer So, www.monbus.es

In den Cuevas de la Vieja in der Nähe von Alpera können Sie 170 steinzeitliche Felsmalereien von Jagd-, Tanz- und Kampfszenen bewundern.

Alpera – Higueruela ➲ 25,9 km

Unterwegs gibt es keine Einkehr- oder Einkaufsmöglichkeiten.

Radpilger können direkt die Straße Richtung Higueruela nehmen: Dazu fahren Sie auf dem Paseo Constitución aus dem Ort hinaus, kommen an einen Kreisel und biegen hier auf die Landstraße B-2 nach Higueruela (19 km) ab. Später stößt der Pilgerweg dann wieder auf Ihre Route.

Wanderer haben zwei Möglichkeiten, den Weg von Alpera fortzuführen. Zum einen können Sie vom Paseo Constitución in der Ortsmitte durch die Calle Ramón y Cajal, die zur Caterra Estación wird, 3 km zum Bahnhof gehen, links von diesem die Gleise überqueren und auf dem sich anschließenden Feldweg weiterlaufen, bis Sie auf den Camino de Levante treffen. Zum anderen können Sie wieder denselben Weg nehmen, auf dem Sie gekommen sind. Diese Variante liegt den Kilometerangaben und den GPS-Aufzeichnungen zugrunde.

Zurück auf dem Camino de Levante gehen Sie nach der Abzweigung einen kleinen Hügel hinauf. Nach 1,5 km stoßen Sie dann auf den Feldweg, der vom Bahnhof kommt. Bei km 7,3 gelangen Sie an eine große Kreuzung, an der Sie nach links abbiegen und auf Windräder zulaufen.

300 m vor diesen wenden Sie sich nach rechts und kommen bei km 8,6 zu den Casa de los Hondos, die Sie linker Hand passieren. Weiter folgen Sie den Wegmarkierungen immer geradeaus, bis Sie eine Bahnbrücke sehen, scharf rechts abbiegen und diese überqueren.

Auf der anderen Seite erreichen Sie bei km 13,8 die Landstraße B-2. Dieser folgen Sie nach links und bis nach Higueruela. Nach 1,7 km gelangen Sie an das große Gehöft Casillas de Marín de Arriba und später an eine Kreuzung. Hier wandern Sie geradeaus auf der wenig befahrenen Landstraße weiter. Nun pilgern Sie 8 km durch eine reizvolle Gegend mit Feldern, Weingärten und kleinen Wäldchen, bis Sie vor Higueruela auf die von Bonete kommende Landstraße CM-3209 treffen. Diese wird nach 1 km im Ort zur Avenida Constitución. Sie folgen der Straße vorbei am Rathaus den Berg hinauf bis zum Hostal La Posada.

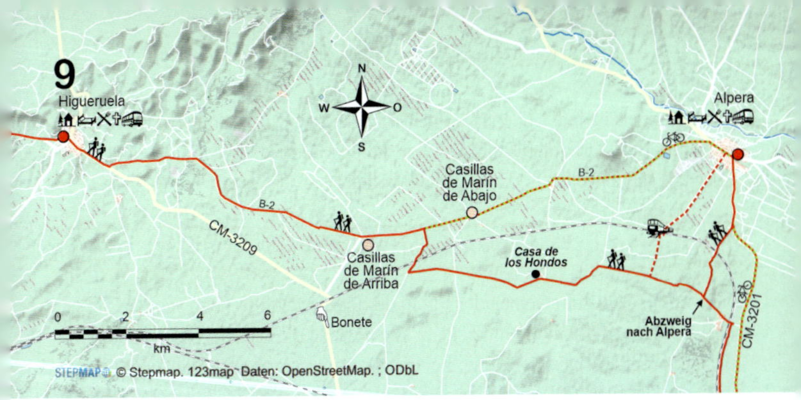

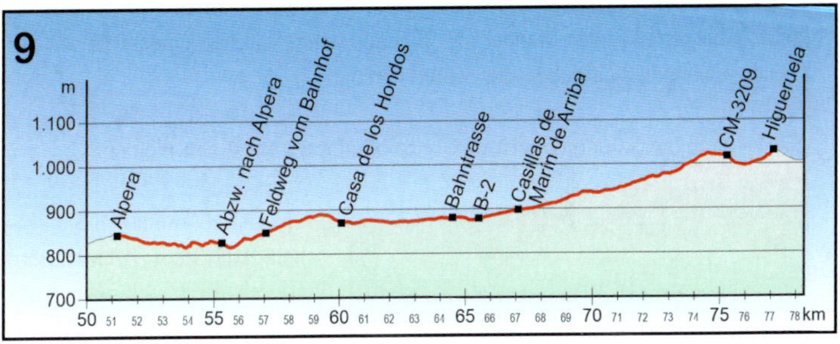

Die Pilgerherberge befindet sich im Gemeindehaus an der Plaza Mayor. Dazu nehmen Sie am Hostal die Calle la Posada, biegen dann in die Calle Travesía Plaza nach rechts ab und erreichen so nach wenigen Metern den Berg hinauf die Plaza Mayor (km 25,9).

Higueruela ⇧ 1.039 m, 1.200 Ew.

Pilgerherberge, Ecke Plaza Mayor/Calle Ramón y Cajal, 3 Schlafplätze. Den Schlüssel erhalten Sie werktags bis 15:00 im Rathaus, danach in der Bar-Hostal La Posada.

Hostal-Restaurante La Posada, Calle La Posada, 1, ☎ 967 285 013, www.laposadadehigueruela.com, laposada@lpdh.es, EZ € 25, DZ € 40

Rathaus, Avenida Juan Carlos I, 1, ☎ 967 287 180, www.higueruela.es

Buslinie Almansa–Alpera–Higueruela–Hoya Gonzalo–Chinchilla– Albacete, tägl. außer So, www.monbus.es

Higueruela ist mit 1.039 m der bisher höchste Punkt des Pilgerweges. Steigen Sie hinter der Pfarrkirche Santa Quiteria auf den Berg. Hier werden Sie mit einem überwältigenden Blick in die Mancha belohnt.

Higueruela – Hoya Gonzalo ➲ 10,5 km

Mit dem Rücken zum Gemeindehaus an der Plaza Mayor stehend wenden Sie sich nach rechts und überqueren den Platz. Sie nehmen die Calle La Solana und folgen dieser vorbei an einer Gabelung, bei der Sie sich rechts halten, aus dem Ort hinaus, bis Sie nach 600 m im spitzen Winkel auf die Landstraße B-2 nach Hoya Gonzalo stoßen. An der Straße entlang laufen Sie auf eine kleine Anhöhe zu. Bei km 1,9 biegen Sie, der Markierung folgend, schräg links in einen Feldweg ab. Dieser schlängelt sich neben der Straße entlang.

🚲 Radpilger können bis Hoya Gonzalo auf der Landstraße bleiben.

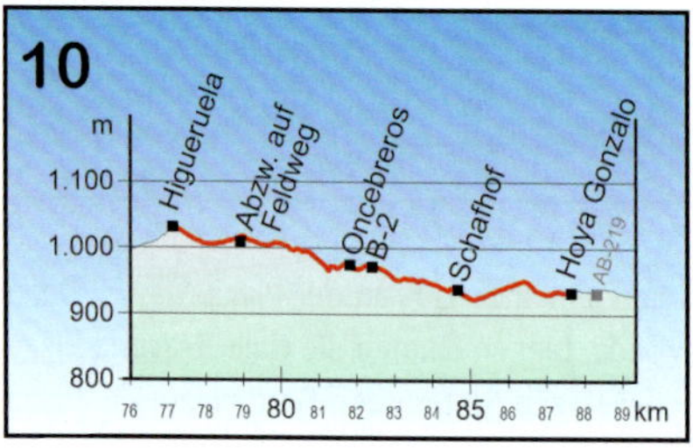

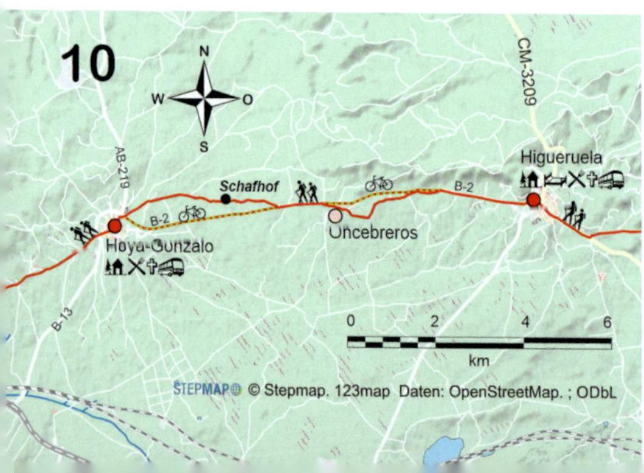

Nach 1,6 km laufen Sie zwischen zwei Stein-/Lehmhäusern hindurch und gelangen kurz danach an eine dreieckige Kreuzung. Hier war die Wegmarkierung 2019 kaum zu erkennen. Sie wenden sich nach rechts, durchqueren ein kleines Tal und laufen dann auf die Häuseransammlung von Oncebreros zu.

Vor der Siedlung biegen Sie bei km 4,7 schräg rechts auf einen kleinen Pfad ab, der Sie an dem Ort vorbeiführt. Bald darauf stoßen Sie auf einen Schotterweg und sehen links die

Casa Mancebo. An dieser wandern Sie geradeaus vorbei und gelangen nach 300 m wieder auf die Landstraße B-2.

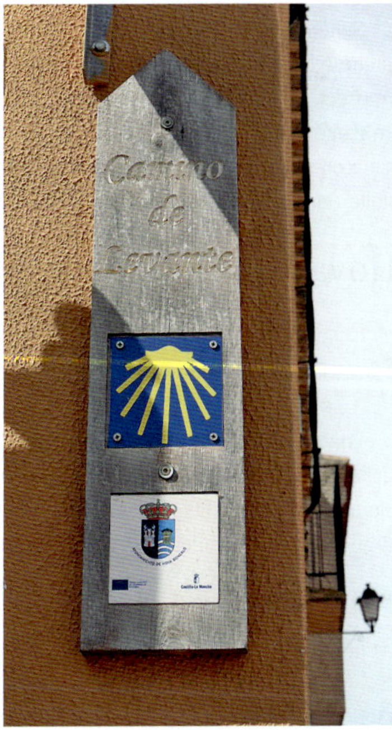

Wegweiser in Hoya Gonzalo

Nun laufen Sie 1 km an der B-2 entlang und biegen dann bei km 6,3 nach rechts in einen Schotterweg ab, der Sie in seinem Verlauf schräg von der Straße wegführt. Sie passieren einen Schafhof, erklimmen dem Hauptweg geradeaus folgend eine kleine Anhöhe und sehen von dort schon in einiger Entfernung Hoya Gonzalo liegen. Am Ortseingang überqueren Sie wieder die B-2 und gehen durch die Calle Proyecto 4 bis zur Calle Larga. Rechter Hand sehen Sie die Gemeindeherberge. Auf der Calle Larga laufen Sie in den Ort hinein und kommen zur Plaza Iglesia mit der ✝ Pfarrkirche, die der „Señora de los Remedios" geweiht ist. Für den Trinitarieroder, der Ende des 12. Jahrhunderts zum geistlichen Kampf gegen den Islam gegründet wurde, steht der Name als Synonym für die heilige Jungfrau Maria. Schräg links dahinter liegt die Plaza Constitución mit einigen Bars (km 10,5) und wieder ein Stück weiter erreichen Sie über eine kleine Straße nach links die Plaza Molina, wo sich das Rathaus befindet.

Hoya Gonzalo ⇧ 900 m, 670 Ew.

Gemeindeherberge, Calle Larga, 47, 8 Schlafplätze, € 10 p. P. Den Schlüssel erhalten Sie am Rathaus oder Sie fragen in einer der Bars danach.

Rathaus, Plaza de Molina, 4, ☏ 967 287 666, www.hoyagonzalo.es

Buslinie Almansa–Alpera–Higueruela–Hoya Gonzalo–Chinchilla– Albacete, tägl. außer So, www.monbus.es

Sehenswert ist die aus dem späten 16. Jahrhundert stammende Renaissancekirche Iglesia parroquial de Nª. Señora de los Remedios, (Pfarrkirche der lieben Frau der Heilmittel) mit drei Seitenschiffen und einem Altarbild aus dem Barock. Im Zuge eines Tourismusprojekts plant die Stadt einen Wegverlauf, der zu sogenannten chozos führt, Steinhütten aus den letzten Jahrhunderten, die als Viehställe oder als Schutz für Hirten genutzt wurden.

Hoya Gonzalo – Chinchilla de Monte Aragon

➲ 17,5 km

☝ Unterwegs gibt es keine Einkehr- oder Einkaufsmöglichkeiten.

Von der Plaza Constitución nehmen Sie der Wegmarkierung entsprechend die Calle Chinchilla stadtauswärts. Nach 200 m kommen Sie an eine Gabelung, wo Sie nach schräg rechts abbiegen, nach weiteren 200 m überqueren Sie die Landstraße AB-219 geradeaus in einen Schotterweg.

Weg zwischen Hoya Gonzalo und Chinchilla de Monte Aragon

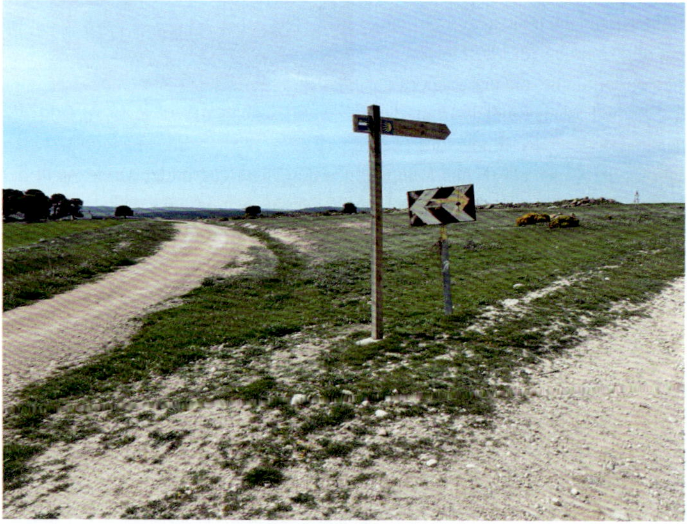

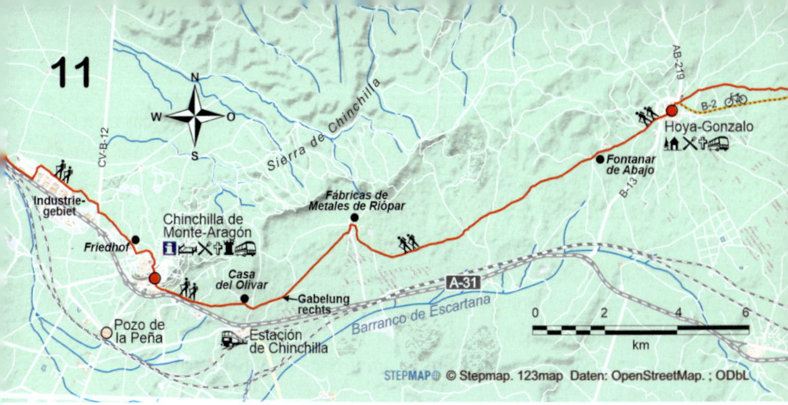

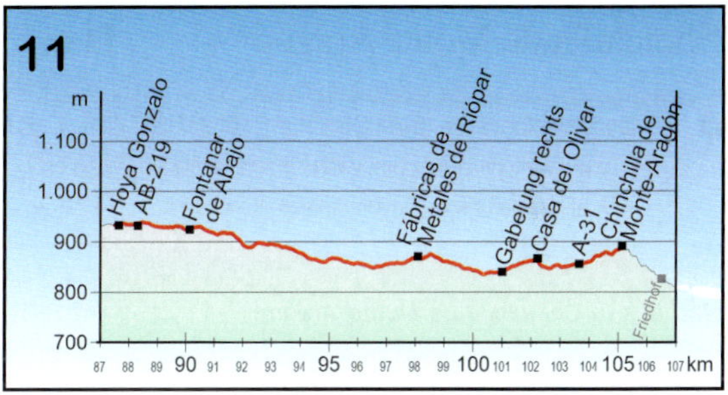

Nun pilgern Sie durch eine weitläufige Landschaft mit Feldern, Oliven- und Mandelbäumen und können den Blick über die Hochebene der Mancha schweifen lassen. Der Weg führt ausreichend markiert an einigen Bauernhöfen und einer Schäferhütte (Chozo) vorbei. Linker Hand sehen Sie in der Ferne die Autobahn A-31 und die Bahnlinie.

Bei km 10,3 gelangen Sie an einige Steineichen und stoßen auf die Häuseransammlung von Fábricas de Metales de Riópar. Vor dieser halten Sie sich links und kommen zu einer kleinen, asphaltierten Straße, in die Sie nach links einbiegen. Schon nach 50 m verlassen Sie sie aber nach schräg rechts in einen Feldweg und laufen anschließend nach rechts den Hang hinauf auf zwei Lagerhallen zu. Auf der Anhöhe angelangt wandern Sie hinunter durch Felder, bis Sie bei km 13,5 auf eine Gabelung stoßen. Hier nehmen Sie den rechten Weg und gelangen erneut auf eine Anhöhe. Sie überqueren nun eine Kreuzung geradeaus und kommen an einem weißen Bauernhaus mit einer kleinen Jakobsmuschel vorbei.

600 m weiter stoßen Sie auf die Autobahn und gehen parallel zu ihr zum Ort. Am Ortseingang erreichen Sie einen kleinen Kreisverkehr, von dem der Camino de Levante der Avenida de la Guardia Civil und späteren Calle Arenal am Berghang in den Ort folgt, bis Sie bei km 17,5 an einen kleinen Platz gelangen, an dem von unten die Avenida Constitución dazukommt.

Es gibt in Chinchilla de Monte Aragon keine offizielle Pilgerunterkunft, aber zwei Pensionen, die beide an der Avenida de Levante liegen. Dazu folgen Sie der Avenida Constitución den Berg hinunter zum Parque José Briones und zur Avenida de Levante. Alternativ biegen Sie am Kreisel am Ortseingang direkt auf die Avenida ein.

Chinchilla de Monte Aragon

⇧ 900 m, 4.200 Ew.

Touristeninformation, Calle Obra Pía 1, ☏ 967 260 001, 647 530 051, www.webchinchilla.com, www.turismocastillalamancha.es, oficinadeturismo@ayuntamientochinchilla.com, Mi-So 10:00-14:00, Do-Sa 17:00-20:00

Rathaus in Chinchilla de Monte Aragon

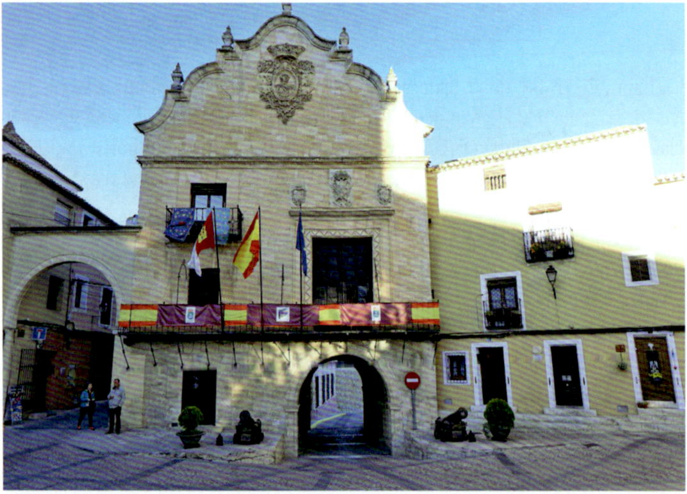

🛏 Hostal El Peñón, Avenida de Levante, gegenüber der Tankstelle Repsol, ☏ 967 260 058, 967 260 501, EZ/DZ mit Gemeinschaftsbad ab € 15, mit eigenem Bad ab € 25

♦ Hostal El Volante, Avenida de Levante, 46, ☏ 967 260 059, EZ/DZ mit Gemeinschaftsbad ab € 15

⊙ Rathaus, Fernando Núñez Robles, 2, ☏ 967 260 001

🚌 Buslinie Almansa–Alpera–Higueruela–Hoya Gonzalo–Chinchilla– Albacete, tägl. außer So, 💻 www.monbus.es

Unter der römischen Herrschaft nannte sich Chinchilla de Monte Aragon „Saltigi" und lag an einer wichtigen Straße nach Caesar Augusta, dem heutigen Saragoza. Auf dem Berg über der Stadt thront die alte maurische Burg Xerif El-Edrisi, die im 15. Jahrhundert restauriert wurde und zeitweise von Cesare Borgia bewohnt wurde. Wenn Sie oben auf der Burg stehen, verstehen Sie, warum die Mauren hier eine Festung errichteten: Man sieht weit über Albacete hinaus in die Mancha.

Das Städtchen ist geprägt von engen Gassen und einigen Herrenhäusern im Mudéjarstil. Sehenswert sind die gotische Kirche Santa Maria del Salvador an der Plaza de la Mancha und der Convent de Santo Domingo am gegenüberliegenden Tuffberg. Die in den Berg hineingehauenen Höhlenbehausungen wurden früher ebenfalls bewohnt.

Chinchilla de Monte Aragon – Albacete

➲ 16,8 km

✋ Unterwegs gibt es keine Einkehr- oder Einkaufsmöglichkeiten.

Sofern Sie in einem der Hostals übernachtet haben, steigen Sie durch die Avenida Constitución wieder den Berg hinauf zur Calle Arenal (Start des GPS-Tracks und der Kilometerzählung) und laufen an einer Bushaltestelle vorbei. Nach 250 m biegen Sie rechts in die Avenida Albacete ab. Entlang einer weiß getünchten Mauer folgen Sie ihr stadtauswärts. Hinter einer Verkehrsinsel gehen Sie geradeaus weiter in einem langen Bogen bergab um die Stadt.

Bei km 1,1 zweigen zwei Wege nach rechts ab. Sie nehmen den asphaltierten linken von beiden und laufen durch eine Allee zum Friedhof. Nach diesem wird die Straße zu einem Schotterweg, auf dem Sie geradeaus weitergehen.

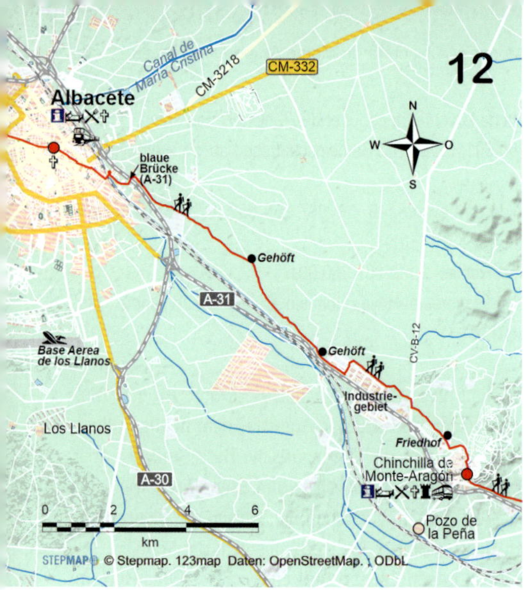

Wenn Sie Fluglärm hören, stammt dieser von der internationalen Luftwaffenbasis Base Aerea de los Llanos 4 km südlich von Albacete, die seit 1910 besteht und während des Spanischen Bürgerkrieges zeitweise von Rebellen genutzt wurde.

Bei km 2,7 stoßen Sie auf die Landstraße CV-B-12 und sehen vor sich einige weiße Industriesilos. Nur kurz biegen Sie rechts in die Straße ein, um nach 50 m schräg links in einen Feldweg zu wechseln, der Sie in einem Bogen von der Straße weg und hin zu einem Industriegebiet mit Hallen führt.

An diesen laufen Sie 1 km auf dem Feldweg entlang, bis Sie bei km 4,8 eine grüne Halle mit zwei Silos sehen. Hinter dem dazugehörigen Industriegelände biegen Sie links ein und stoßen auf eine asphaltierte Straße, der Sie in Richtung

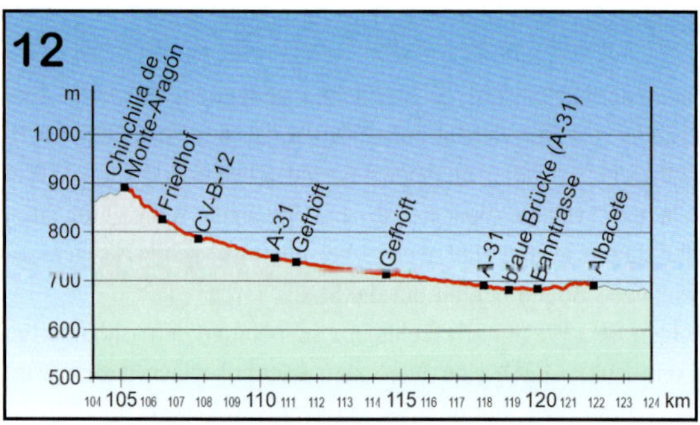

A-31 folgen. An Hallen vorbei wandern Sie parallel zur Autobahn nach rechts, bis Sie bei km 6,2 zu einem nach schräg rechts abzweigenden Schotterweg an einem von Mauern begrenzten Gehöft gelangen.

In diesen Weg biegen Sie ein und wandern an dem Bauernhof vorbei. Der Weg schlängelt sich in einiger Entfernung zur Autobahn und später zur Bahnlinie durch die Landschaft, bis Sie bei km 9,5 an ein anderes Gehöft und eine Weggabelung gelangen. Sie nehmen den linken Weg (geradeaus) und treffen bei km 12,9 wieder auf die Autobahn A-31.

Parallel zu ihr laufen Sie nach rechts weiter und stoßen nach 700 m bei einem Gehöft auf eine blaue Brücke, die Sie überqueren. Auf der anderen Seite kommen Sie an eine T Kreuzung, an der Sie sich rechts halten. Sie gelangen an eine weitere Überführung über die Bahnlinie, überqueren zwei Bahnstrecken und kommen an einen Kreisel in einem Neubaugebiet.

Hier biegen Sie rechts in die kleine Allee Calle San Pedro Richtung Stadt ab. Nach 500 m treffen Sie auf einen Park und hinter ihm auf einen großen, ovalen Kreisverkehr, in dessen Mitte sich eine gelbgrüne Kuppel befindet. Links von dieser sehen Sie eine Shoppingmall mit der Aufschrift „Primark". Neben dem Kaufhaus laufen Sie in die Calle Puerta de Chinchilla und überqueren nach 150 m eine Ampelkreuzung geradeaus in die Calle Herreros.

An der nächsten Kreuzung halten Sie sich rechts und erreichen einen dreieckigen Platz mit einem Kinderspielplatz. An diesem nehmen Sie die Calle Cruz, gehen auf ihr immer geradeaus in das Stadtzentrum, erreichen nach 600 m die Plaza del Altozano mit der Touristeninformation und nach weiteren 150 m die Plaza de la Catedral mit dem Rathaus und der ✞ Kathedrale Juan Bautista (km 16,8).

Albacete

BANK

⇧ 680 m, 173.000 Ew.

Touristeninformation, Plaza del Altozano, ☏ 967 630 004, 626 922 629, www.turismoenalbacete.com, www.turismocastillalamancha.es, info@oficinaturismoalbacete.es, Mo-Sa 10:00-14:00 und 16:00-20:00, So vormittags

Hotel Altozano, Plaza Altozano, 7, ☏ 967 210 462, www.hotelaltozano.es, reservas@hotelaltozano.es, EZ € 31, DZ € 35

♦ Hostal Atienzar, Calle del Carmen, 49, ☏ 967 210 595, hostalatienzaralbacete@hotmail.com, EZ/DZ € 35

Gran Hotel Albacete, Calle Marqués de Molin 1/Plaza Altozano, ☏ 967 193 333, www.abgranhotel.com, reservas@abgranhotel.com, EZ/DZ ab € 80

Rathaus, Plaza de la Catedral, 3, ☏ 967 596 100, www.albacete.es

Buslinie Almansa–Alpera–Higueruela–Hoya Gonzalo–Chinchilla–Albacete, tägl. außer So; Buslinie nach La Roda über La Gineta, tägl.; www.monbus.es

mehrmals tägl. sowohl nach Valencia (über Almansa und Xàtiva) als auch nach Madrid (über La Gineta, La Roda und Villacanas)

Albacete ist eine der fünf Provinzhauptstädte in der Region Kastilien-La Mancha und verdankt ihren Namen der Hochebene, in der sie liegt: Albacete hieß im Arabischen *Al-Basit*, „das flache Land". Die Kathedrale ist San Juan Bautista – so lautet der spanische Name für Johannes den Täufer – geweiht. Aufgrund ihrer 400-jährigen Bauzeit ist sie ein Sammelsurium von verschiedensten Baustilen.

Sehenswert ist auch die Pasaje de Lodares in der Calle Mayor, 30, die den großen Mailänder Passagen nachempfunden ist. Seit dem 15. Jahrhundert ist die Stadt überdies für ihre handwerklich gefertigten Messer und Dolche bekannt.

Albacete – La Gineta ➲ 20,5 km

Sie stehen an der Plaza de la Catedral zwischen der Kirche und dem Rathaus und sehen vor sich eine Bushaltestelle. Diese passieren Sie und folgen der Calle San Julián, die später zur Calle de la Feria wird, Richtung Plaza de Toros.

Kurz darauf treffen Sie auf die Molino de la Feria, zwei Windmühlen, die durch ein Wasserrad verbunden sind und für eine Messe im Jahr 1979 erbaut wurden. Geschmückt werden sie durch die Flaggen der Stadt Albacete und der Region Kastilien-La Mancha.

Hier gabelt sich die Straße und Sie laufen in den rechten Arm der Calle de la Feria, an der Stierkampfarena und einem Park vorbei. An einer Ampelkreuzung wandern Sie weiter geradeaus in die Avenida los Toreros. Linker Hand sehen Sie das Messegelände. Bei km 1,3 stoßen Sie auf einen großen Kreisel. Diesen überqueren Sie auf der rechten Seite und gehen geradeaus in die Calle Lérida, die Sie – vorbei an ulkigen Reihenhäusern und einem Park – nach 470 m zur Calle Virgen del Pillar führt.

Hier finden Sie eine Hinweistafel zur Ruta de Don Quijote. Die verschiedenen Wanderwege zu Ehren Don Quijotes, der berühmtesten Romanfigur der Gegend, werden Sie durch die Mancha begleiten.

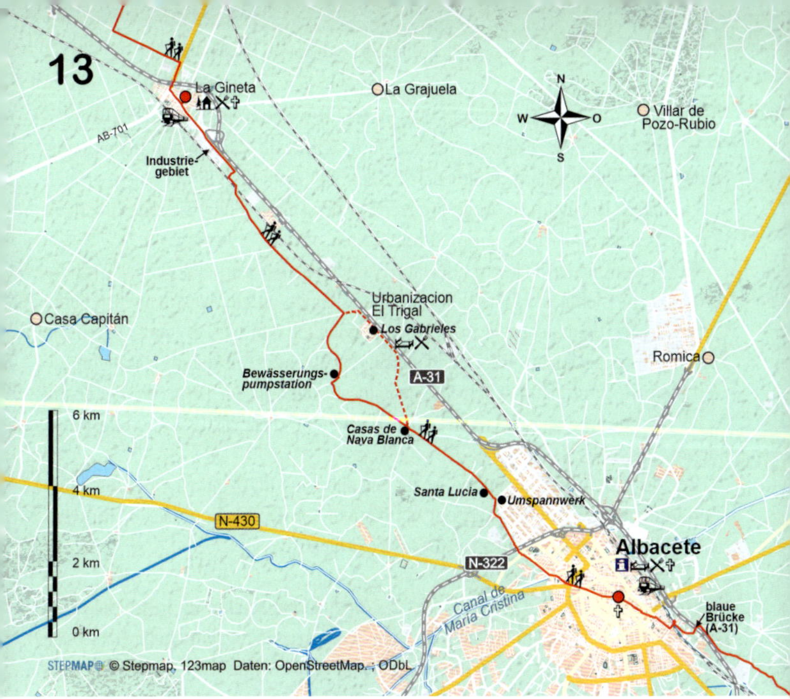

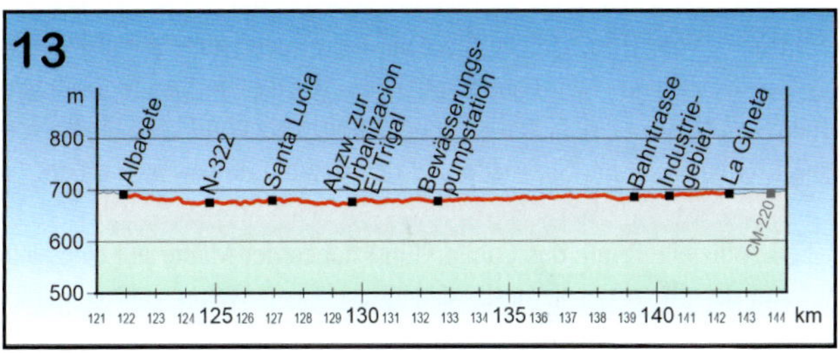

Linker Hand sehen Sie einen großen Kreisverkehr. An diesem biegen Sie schräg rechts in die Calle Constantino Romero ein und laufen 950 m über mehrere Kreuzungen durch ein spärlich bebautes Gebiet, bis Sie an einen Kreisel gelangen, an dessen rechter Seite sich der Supermarkt Mercadona und geradeaus eine Überführung über die Schnellstraße N-322 befindet (km 2,9).

Sie überqueren die Brücke und stoßen auf einen weiteren Kreisverkehr, an dem Sie geradeaus in einen Schotterweg wandern. Vorbei an Zäunen von Industriegeländen und -hallen gelangen Sie nach 1,1 km zu einem Gehöft mit einem grünen Tor, an dem sich mehrere Wege kreuzen. In der Ferne sehen Sie einen rostigen Wasserspeicher und einige große Strommasten.

Sie biegen in den Feldweg, der am Wasserspeicher vorbeiführt, nach schräg rechts ab, passieren ein Umspannwerk und kommen an ein Haus namens „Santa Lucia", hinter dem sich eine Schießanlage befindet (km 5). Ab jetzt pilgern Sie 2,8 km immer geradeaus über den Feldweg bis zu einer Ansiedlung mit mehreren Gehöften. Rechter Hand sehen Sie Strommasten und in der Ferne die Autobahn A-31. Da der Weg spärlich markiert ist, können Sie diese als Orientierungspunkt nutzen.

Bei der Gebäudeansammlung treffen Sie auf einen Platz mit einem Stromhäuschen und einer weißen Häuserfront mit blauem Tor. Rechts von diesem Tor wandern Sie direkt an der Mauer weiter ins Feld hinaus.

Wenn Sie in der Autobahnraststätte der **Urbanizacion El Trigal** einkehren oder übernachten wollen, können Sie hier schräg rechts weitergehen. Sie stoßen dann nach 2 km auf die Autobahn und laufen anschließend 700 m an der Servicestraße parallel zu ihr bis zum Hostal/Restaurante Los Gabrieles (☏ 967 215 161, 967 215 100, www.losgabrieles.com, EZ € 30, DZ € 40, ohne Frühstück). Vom Hostal folgen Sie dann weiter der Straße parallel zur Autobahn, bis Sie linker Hand einen Bauernhof sehen. Vor diesem biegen Sie schräg links in einen Schotterweg ein, laufen an dem Gehöft vorbei und kommen nach 450 m an eine Kreuzung, an der Sie wieder auf den Camino de Levante stoßen.

Die offizielle Route des Camino führt neben der Mauer auf eine kleine Anhöhe, von der Sie in der Ferne La Gineta erblicken. Weiter geht es geradeaus, bis Sie bei einer Weggabelung linker Hand ein Gehöft sehen. Hier nehmen Sie den rechten Weg und stoßen nach 480 m auf eine T-Kreuzung, bei der Sie nach rechts abbiegen, um nach 250 m an eine Bewässerungspumpstation zu gelangen.

Hinter dieser laufen Sie nach links in einen Feldweg, der Sie dem kreisrunden Bewässerungssystem entsprechend zunächst in einem Linksbogen und anschließend in einem Rechtsbogen in Richtung Autobahn führt. Rechts von sich sehen Sie die Urbanizacion El Trigal mit der Autobahnraststätte.

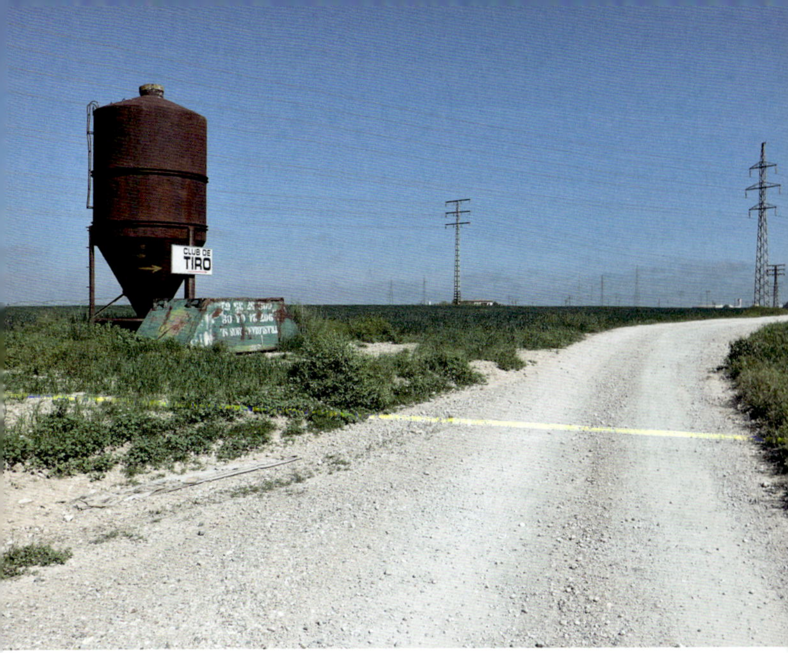

Schotterpiste zwischen Albacete und La Gineta

Bei km 12,7 erreichen Sie vor der Autobahn eine große Schotterkreuzung ohne Markierung und sehen rechter Hand ein Gehöft und vor sich eine Stromleitung. Hier treffen Sie wieder auf die oben beschriebene Alternative.

Dort biegen Sie nach links auf die Schotterpiste ab, parallel zur Autobahn und zur Stromleitung. Bald verläuft auch die Bahnstrecke Albacete–Madrid neben Ihnen und Sie erkennen ein Neubaugebiet und ein Industriegebiet auf der anderen Seite der Bahn. Bei km 17,3 überqueren Sie die Bahnlinie und stoßen auf die parallel zur Autobahn verlaufende Servicestraße.

Dieser folgen Sie vorbei an weiteren Industriehallen nach La Gineta. Nach einer Autobahnauffahrt und zwei Kreiseln, zwischen denen eine Tankstelle liegt, laufen Sie auf der Calle Camino Real geradeaus weiter in Richtung Kirchturm. Hinter einem kleinen Platz mit einer Bushaltestelle kreuzen Sie die Calle de la Iglesia, die Sie linker Hand zur Plaza Espana mit der ✝ Pfarrkirche San Martin und rechter Hand über eine kleine Seitenstraße nach links zur Plaza Mayor mit dem Rathaus führt (km 20,5).

La Gineta

⇧ 690 m, 2.500 Ew.

www.lagineta.es, www.turismocastillalamancha.es

Gemeindeherberge, Calle Fuensanta (neben dem Gebäude der Guardia Civil), Matratzenlager mit 2 Schlafplätzen, Dusche und Toilette. Den Schlüssel erhalten Sie im Rathaus oder bei der Policía Local (687 578 013). 2019 bekam man ihn auch bei Herrn Fernando (696 106 186). An Wochenenden vorher reservieren.

Rathaus, Plaza Mayor, 5, ☏ 967 275 002

tägl. nach La Roda und Albacete, www.monbus.es

tägl. nach La Roda und Albacete

Weithin sichtbar in der Ebene der Mancha ist der 46 m hohe Kirchturm der Gemeindekirche San Martín de Tours, der etwas hervorsteht. Früher befand sich in der Kirche ein Altar im plateresken Stil aus der spanischen Frührenaissance, der sich durch überreich verzierte Fassaden und filigrane Schmiedearbeiten auszeichnet. Der Altar wurde leider im spanischen Bürgerkrieg zerstört. Übrig geblieben ist das Bild „Cristo de la Buena Muerte“ (Christus des Guten Todes), welches den heutigen Hauptaltar schmückt.

La Gineta – La Roda

➲ 20,6 km

Unterwegs gibt es keine Einkehr- oder Einkaufsmöglichkeiten.

Von der Plaza Mayor biegen Sie mit dem Rathaus im Rücken in eine der Seitenstraßen nach links ein und kommen so wieder zur Calle Camino Real, der Sie nach rechts über mehrere Kreuzungen bis zur Landstraße AB-701 folgen. Hier biegen Sie nach rechts ab und gehen an der Cafeteria Los Chopos vorbei auf einen Kreisel zu. Diesen überqueren Sie geradeaus und laufen durch eine Unterführung unter der Autobahn A-31 hindurch. Wieder gelangen Sie an einen Kreisverkehr, an dem Sie in die Landstraße CM-220 in Richtung Tarazona/Cuenca wandern.

Nach 500 m biegen Sie links in eine Schotterpiste ab. Sie überqueren zwei Mal Pistenkreuzungen geradeaus. An der dritten Kreuzung wenden Sie sich nach rechts und nach 1 km nach links. Bei km 6,3 stoßen Sie auf die kleine, asphaltierte Landstraße C-10, der Sie 380 m nach rechts folgen, um dann wieder nach links in eine Schotterpiste mit dem Namen Camino Rural de Romanos einzubiegen.

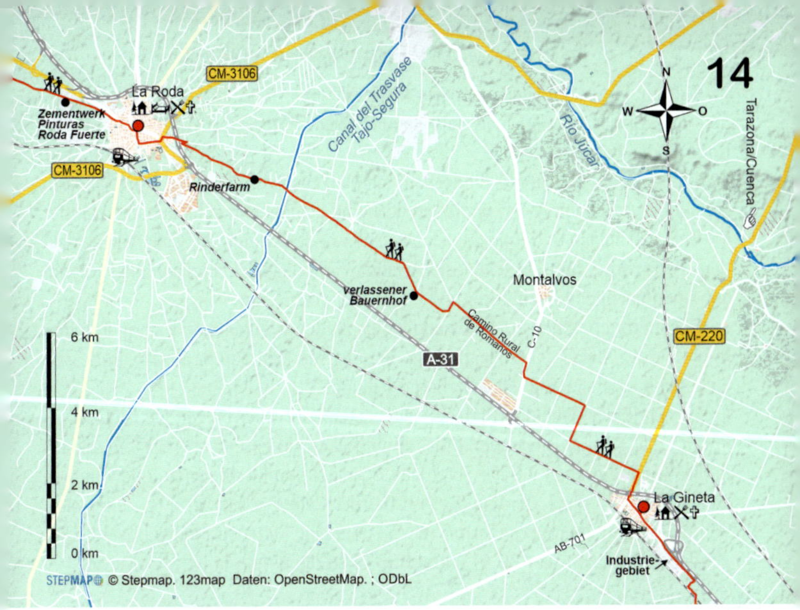

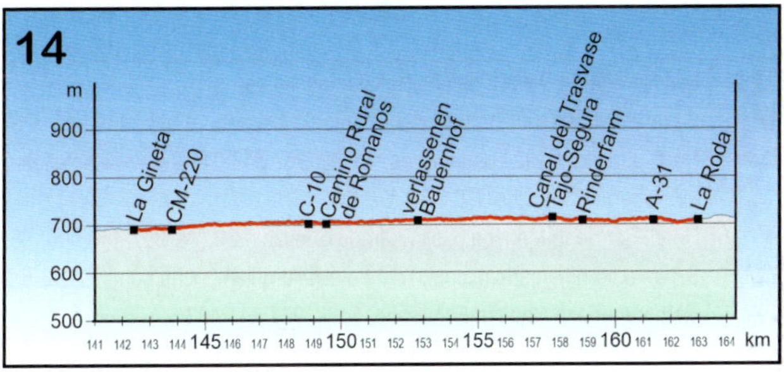

Diesem Weg folgen Sie 2,6 km immer geradeaus, bevor Sie bei km 9,3 nach links in einen Feldweg einbiegen, der Sie Richtung Autobahn führt. Schon nach 250 m wenden Sie sich nach rechts in einen unscheinbaren Weg, der Sie zu einem Pinienhain leitet. Später passieren Sie einen verlassenen Bauernhof. Sie bleiben auf dem Feldweg, der immer in etwa 1 km Abstand parallel zur Autobahn verläuft. Ein Schatten spendender Baum mit einem Betonblock als Sitzfläche lädt zu einer kleinen Rast ein. In einiger Entfernung sehen Sie Gehöfte.

Bei km 15,3 kommen Sie an ein Pinienwäldchen und überqueren den betonierten Lauf des Wasserkanals Tajo Segura. Hier entdecken Sie das erste Mal La Roda in der Ferne.

Sie passieren eine große Rinderfarm mit einigen Viehställen. Bei km 19 stoßen Sie auf die Autobahn A-31, überqueren sie und gelangen in ein Neubaugebiet mit Kreisel, Parkanlage und Kinderspielplatz. Sie wandern durch die Calle Valencia an dem Park vorbei und erreichen die Avenida Tarazona, der Sie nach links folgen, auf einen nachgebildeten Turm und einen Kreisverkehr zu.

Sie überqueren ihn geradeaus und laufen an der Avenida Juan Ramón Ramírez in die Stadt. Gleich linker Hand sehen Sie die Stierkampfarena Rodas, in dessen Nebengebäude sich die Pilgerherberge befindet.

Am Ende der Avenida gelangen Sie an einen Park. Hier biegen Sie nach rechts in die Calle Ramón Menendez Pidal ab und überqueren einen Kreisel geradeaus in die Avenida Ramón y Cajal. Jetzt laufen Sie auf den Kirchturm zu und kommen an einen kleinen Platz, der von der N–301, der Calle Los Mártires, begrenzt wird. Wenn Sie diese überqueren, erreichen Sie über eine Seitenstraße die oberhalb liegende Plaza Mayor (km 20,6) und weiter oben die ✞ Iglesia de El Salvador.

La Roda

710 m, 15.700 Ew.

- www.laroda.es, www.turismocastillalamancha.es
- Calle Medio día, 50, Herbergsvater Antonio Cebrián, 630 440 215, 5 Schlafplätze
- Hotel Juanito, Calle Los Mártires, 15, ☏ 967 548 041, www.hoteljuanito.com, über die Website, EZ € 30, DZ € 55
- ♦ Hotel Flor de la Mancha, Calle Alfredo Atienza, 139, ☏ 967 440 900, 967 440 555, www.flordelamancha.com, hotel@flordelamancha.com, EZ/DZ € 54
- ⊙ Rathaus, Plaza Capitán Escribano, 1, ☏ 967 441 403
- tägl. nach Minaya und Albacete, www.monbus.es
- tägl. nach Albacete

La Roda wurde im 8. Jahrhundert von den Mauren überrannt und gehörte später lange Jahre zu einem zwischen christlicher und maurischer Herrschaft wechselnden Grenzgebiet. Zerstörungen und Plünderungen kamen in dieser Zeit häufig vor. Erst zum Ende des 12. Jahrhunderts wurden die Mauren endgültig vertrieben. Über der Stadt thront die dreischiffige Hallenkirche Iglesia de El Salvador aus dem 16. Jahrhundert.

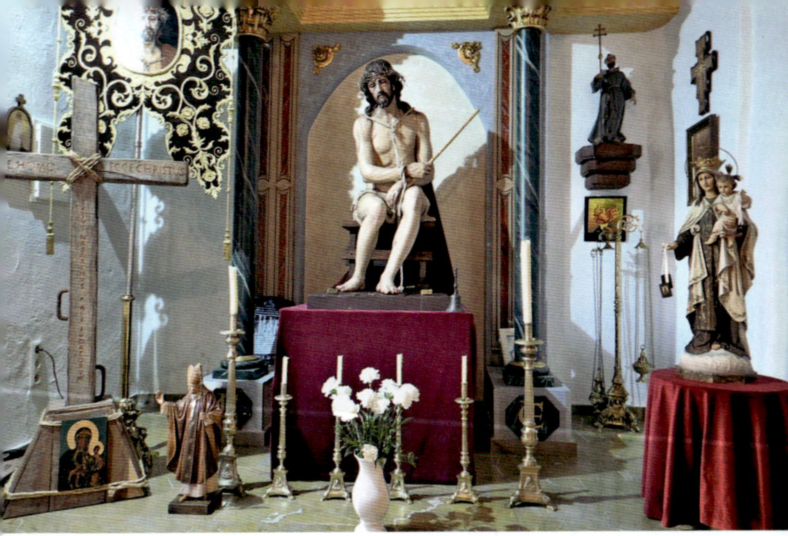

Ermita de Jesús Coronado de Espinas La Roda

Probieren sollten Sie die Spezialität des Ortes: „Miguelitos“, eine Art mit Sahne gefüllter Blätterteig, dessen Schöpfer und Konditor Manuel Blanco in La Roda geboren wurde.

La Roda – Minaya ➲ 16,1 km

Auf dieser Etappe gibt es keine Einkehr- oder Einkaufsmöglichkeiten.

Sie wandern über die Hauptstraße Calle Los Mártires aus La Roda hinaus, bis Sie in einiger Entfernung zwei Schornsteine sehen. Hier biegen Sie schräg links in die Calle Molino ein, die später zur Calle Misericordia wird. Sie kommen an Hallen und einem MercoCash-Supermarkt vorbei. Am Ortsende treffen Sie auf ein Hinweisschild der Ruta de Don Quijote und den Beginn des Camino Viejo de Minaya. Diesem folgen Sie. Schotter und Asphalt wechseln sich ab. Nach einigen Metern passieren Sie das Zementwerk Pinturas Roda Fuerte.

Immer parallel zur Landstraße N-301 pilgern Sie geradeaus nach Minaya. Sie passieren eine Fotovoltaikanlage und sehen in ein weites, von Landwirtschaft geprägtes Land. Der Weg ist ausreichend markiert und lädt dazu ein, die Gedanken schweifen zu lassen.

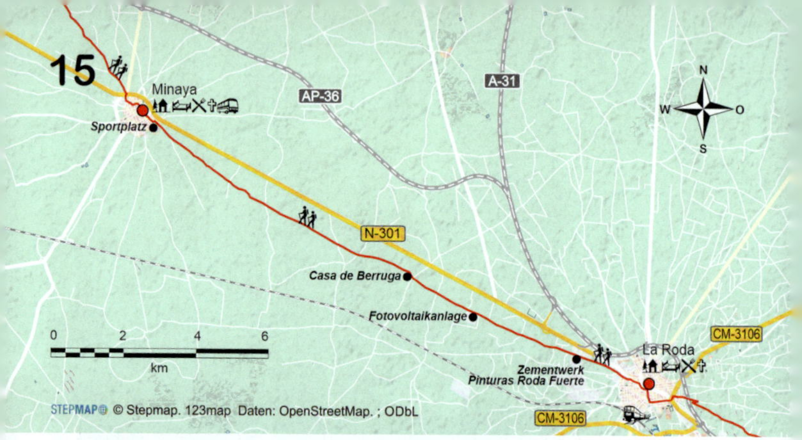

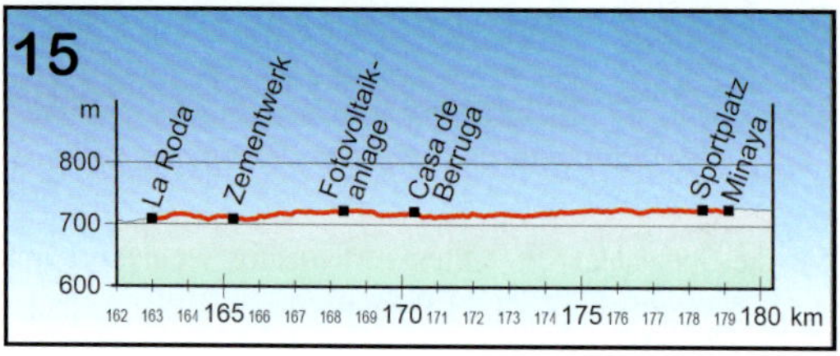

Bei km 7,3 verführt eine kleine Bank an einer landwirtschaftlichen Halle der Casa de Berruga zu einer Rast. Später begleiten linker und rechter Hand Steinwälle den Weg und bald darauf sehen Sie die Kirchturmspitze von Minaya.

Am Ortseingang kommen Sie an einem Schwimmbad und einem Sportplatz vorbei und stoßen auf eine große, arabisch anmutende Lehmmauer mit einem riesigen, aus zwei Türmen bestehenden Tor. Links von diesen führt Sie die Calle Grande in den Ort. Nach 450 m erreichen Sie die Plaza Mayor mit der ✝ Jakobskirche (km 16,1).

Minaya ⇧720 m, 1.500 Ew.

Gemeindeherberge im Sportzentrum, Calle Calvario, 52, 615 680 385, 2 Schlafplätze, Herbergsvater: Jesús Villodre

Hostal/Restaurante Antolin, Calle Proyecto, 4 (direkt am Camino an der N-301), hostalantolin@gmail.com, ☏ 967 450 042, 717 138 307, EZ € 25, DZ € 50

⊙ Rathaus, Calle Olmo, 4, www.minaya.info, ☏ 967 450 006

tägl. nach La Roda, www.monbus.es

Minaya liegt in einer Region, durch die sich seit jeher Handelswege zogen. Erst im 12. Jahrhundert unter den Mauren siedelten sich erste Vieh züchtende Bauern an. Im November 1330, nach der christlichen Rückeroberung, wurde die Gemeinde gegründet und Diego Fernández de Cuenca übertragen, dessen Nachfahren bis 1812 die Herren von Minaya waren.

Minaya – San Clemente ➲ 19 km

Von der Plaza Mayor gehen Sie durch die Calle Grande weiter, bis Sie links eine Bushaltestelle mit einigen Bäumen sehen. An dieser laufen Sie schräg links vorbei in die Calle Real, die sich nach 150 m gabelt. Sie folgen dem rechten Zweig, bis Sie nach 200 m rechter Hand einen großen Parkplatz sehen, an dem sich das Hostal Antolín befindet. Zu diesem wenden Sie sich und gelangen an einen kleinen Kreisel.

Hier überqueren Sie die N-301 und sehen vor sich einen Wegweiser des Camino, der Sie in einen geschotterten Feldweg leitet. Nach 300 m gabelt sich der Weg. Sie folgen dem Wegzeichen des Camino de Levante nach links (✋ nicht dem des Camino Tatinus folgen) und kommen nach 200 m erneut an eine Gabelung. Hier wenden Sie sich nach rechts und bleiben ab jetzt immer auf dem Hauptweg geradeaus. Etwa bei km 2 gelangen Sie erneut an eine Gabelung vor einem Steinwall. 2019 war das Wegzeichen hier nicht eindeutig. Wandern Sie rechts weiter. Nach einiger Zeit passieren Sie Stallungen und sehen die Brücke, über die Sie die Autobahn AP-36 bei km 5 überqueren.

Von der Überführung aus erkennen Sie in der Ferne schon den kleinen Ort Casas de los Pinos. Auf diesen gehen Sie zu. Vorbei an einem Gatter und einem Schafhof erreichen Sie **Casas de los Pinos** ☕ 🛒 ✞ 440 Ew. (km 8,3). Am Ortseingang sehen Sie eine Tafel des Camino, die allerdings nicht korrekt ist. Im Ort gibt es in unmittelbarer Nähe zur Kirche ein kleines Lebensmittelgeschäft und die Bar Los Pinos, aber keine Unterkunft.

Nach der Tafel laufen Sie nach links in die Calle Azorín und kommen zur Plaza Candelaria mit der ✞ Iglesia de Casas de los Pinos. Von dort aus führt Sie die Calle San Clemente aus dem Ort hinaus. Bei einer Gabelung mit einer Metallskulptur von Don Quijote und Sancho Panza pilgern Sie links in die Landstraße CUV-8302 nach San Clemente. Nach 1 km biegen Sie an einem Pinienwäldchen nach rechts in einen Schotterweg ab. Dieser verläuft in einiger Entfernung immer parallel zur Landstraße.

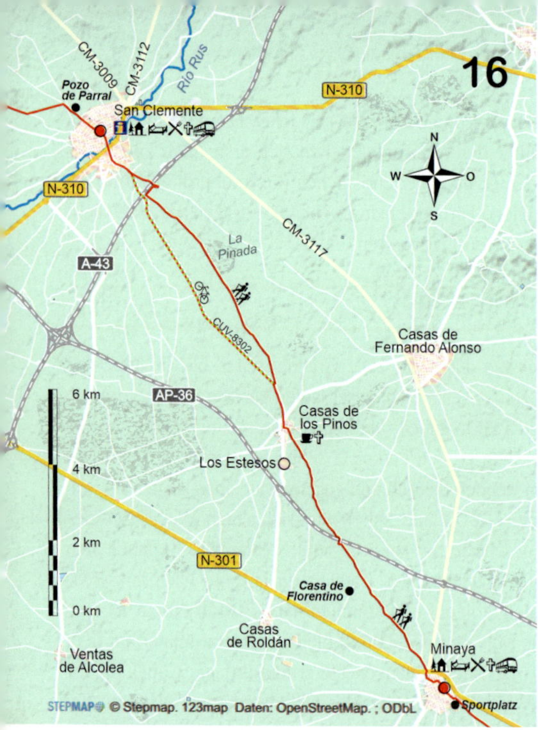

Radpilger können hier auf der Straße bleiben, da sich beide Wege kurz vor San Clemente wieder vereinen.

Auf einer kleinen Anhöhe sehen Sie San Clemente in der Ferne. Sie gehen immer auf den Ort zu, kommen wieder an einem Pinienwäldchen rechts des Weges vorbei und stoßen zwischen zwei Brücken bei km 16,1 auf die Autobahn A-43. Hier wandern Sie 200 m parallel zu ihr nach rechts und überqueren sie dann. Auf der anderen Seite laufen Sie weiter auf den Ort zu und treffen kurz vor dem Ortseingang wieder auf die CUV-8302.

Die Calle María Josefa Melgarejo führt Sie vorbei an einem kleinen Platz in den Ort hinein. Nach dem Überqueren der N-310 und des Río Rus wird sie dann zur Calle Arrabal und später zur Calle la Feria. Nach 400 m erreichen Sie die Plaza Mayor durch einen Torbogen und sehen direkt vor sich die ✝ Jakobskirche und das Rathaus aus dem 16. Jahrhundert (km 19).

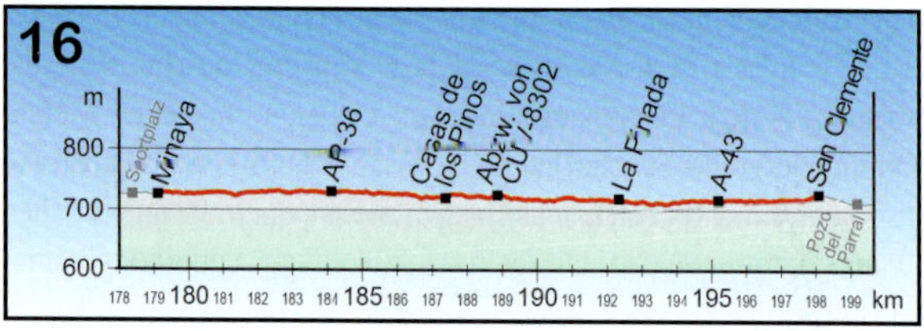

San Clemente

⇧ 720 m, 7.200 Ew.

Touristeninformation, Plaza Mayor, 1, ☏ 969 301 200, www.turismosanclemente.com, www.turismocastillalamancha.es, Di- So 10:00-14:00 und 16:00-19:30

Pilgerherberge, Carmen Martínez Arribas 1, 4 Schlafplätze, Schlüssel im Touristenbüro, ansonsten in der Policia Local

Hotel Milán I & III, Calle Boteros, 24/Calle Molina, 15, ☏ 969 297 367, www.hotelrestaurantemilan.com, info@hotelrestaurantemilan.com, EZ € 26, DZ € 44

♦ Hostal Milán II, Arrabal 24, ☏ 969 301 413, 969 301 510, 600 488 430, www.hostalmilan.es, über die Website, EZ € 20, DZ € 30

♦ Casa de Los Acacio, Calle Cruz Cerrada, 10 (in einem alten Herrenhaus), ☏ 969 300 360, www.casadelosacacio.es, info@casadelosacacio.es, EZ/DZ ab € 50

Policía Local, Plaza Mayor, 12, ☏ 969 301 043

⌘ Museo Etnográfico de la Torre Vieja, Calle Marqués, 6, ☏ 969 307 090, Di-So 10:00-14:00 und 16:30-19:30

werktags nach Albacete und Las Pedroñeras, www.monbus.es, www.rubiocar.com

Aufgrund der Wasserknappheit wurde das Gebiet um San Clemente spät besiedelt und der Ort selbst erst im 13. Jahrhundert schriftlich erwähnt. Im 16. Jahrhundert stieg San Clemente zur Hauptstadt der Region Marquesado de Villena auf, zu der auch Chinchilla gehörte. In der Folge ließen sich viele Adlige und religiöse Orden in der Stadt nieder, was die zahlreichen Kirchen und Herrenhäuser bezeugen. 400-jährige Tradition haben die religiösen Feiern „Venida de la Vergin" nach Ostern und der „Día de Rus" an Pfingsten. Dabei wird die Statue der „Jungfrau von Rust" am Sonntag nach Ostern aus einer 9 km entfernten Einsiedelei in die Jakobskirche getragen und für 40 Tage dort aufgestellt. An Pfingsten tritt sie dann wieder ihre Heimreise in die Einsiedelei an. Das älteste erhaltene Gebäude der Stadt ist der „Torre Vieja", ein an drei Seiten freigestellter, quadratischer Turm der wohl Teil einer Stadtmauer war. Heute befindet sich darin das ethnologische Museum. Von oben haben Sie eine überragende Aussicht auf die Stadt und ihre Umgebung.

San Clemente – Las Pedroñeras

➲ 23,9 km

Unterwegs gibt es keine Einkehr- oder Einkaufsmöglichkeiten.

An der Plaza Mayor stehend laufen Sie zwischen Rathaus und Kirche am Hostal-Restaurant La Posada del Reloj vorbei (2019 gab es hier keine Übernachtungsmöglichkeiten) und nehmen die erste Gasse rechts, die Calle La Trinidad. Am Ende der Straße biegen Sie in die Calle Horno de Monteagudo nach links ab. Nach wenigen Metern gelangen Sie an eine Kreuzung und halten sich rechts (Calle Cruz Cerrada). Dieser Straße folgen Sie stadtauswärts an der Casa de los Acacio und später an der ✞ Ermita de San Roque vorbei, bis Sie nach 350 m die Straße Avenida de la Guardia Civil überqueren, die den Ort begrenzt, und weiter geradeaus in einen Schotterweg wandern.

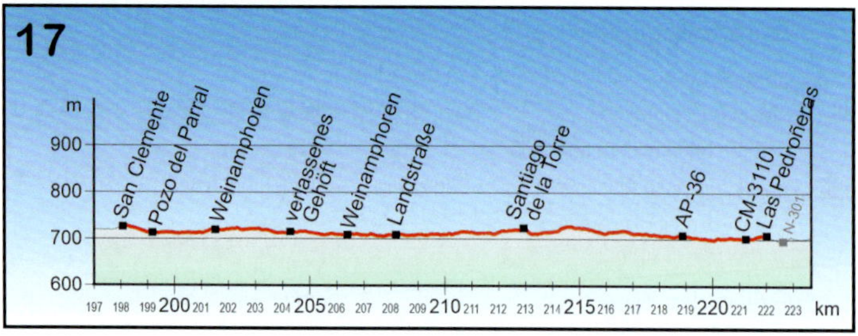

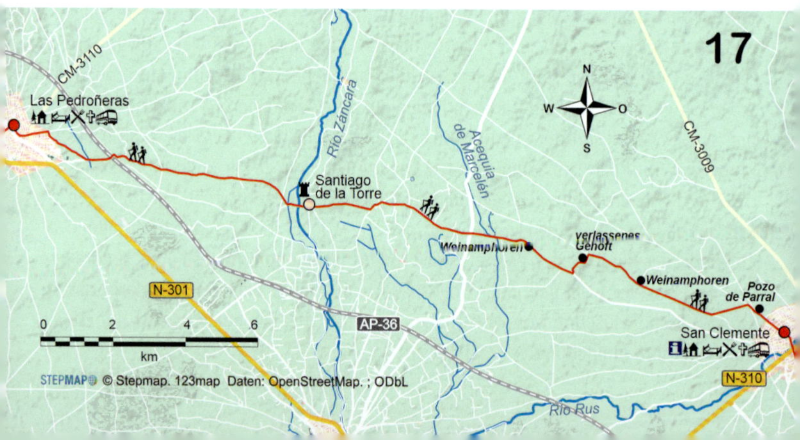

Sie folgen dem Weg 700 m an einigen Anwesen und dem Pozo de Parral vorbei, bis Sie eine Wegmarkierung bei km 1,3 nach links abbiegen lässt. Nach 1 km stößt der Weg auf einen Feldweg, der von San Clemente kommt. Hier halten Sie sich schräg rechts, die Anhöhe hinauf, auf der Sie nach einiger Zeit zwei riesige Weinamphoren erkennen.

Auf diesem Weg bleiben Sie 3,8 km, bis Sie bei km 6,1 linker Hand ein kleines, verlassenes Gehöft oberhalb des Weges liegen sehen. Dorthin biegen Sie nach links ab, laufen über die kleine Anhöhe an dem Haus vorbei und stoßen auf ein Gatter, an dem Sie sich rechts halten. Hier treffen Sie auf die Ruta de Don Quijote. Wieder passieren Sie zwei überdimensionierte Amphoren.

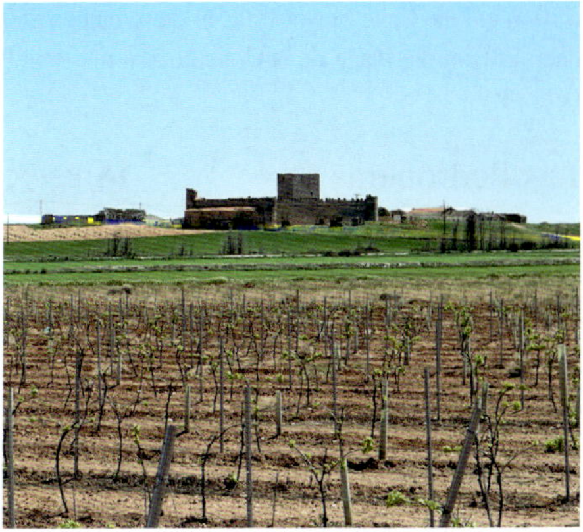

Castillo de Santiaguillo

Bei km 10 gelangen Sie an eine kleine, asphaltierte Landstraße, die Sie geradeaus überqueren. Nach 2,5 km bemerken Sie die Ansiedlung Santiago de la Torre mit Viehställen und der ♜ Burg Castillo de Santiaguillo. Auf diese gehen Sie zu.

Die jetzt zerfallene Burg wurde vom Santiago-Orden im 13. Jahrhundert zur Verteidigung des Flusses Záncara errichtet, dessen Lauf Sie kurz danach überqueren. An der folgenden Gabelung halten Sie sich rechts und laufen in einem Bogen den Hang hinauf. 5 km wandern Sie auf der Schotterpiste geradeaus, bis Sie bei km 20,7 die Autobahn AP-36 überqueren. Auf der anderen Seite nehmen Sie die asphaltierte Straße Richtung Las Pedroñeras.

600 m vor dem Ortseingang biegen Sie schräg rechts in einen Feldweg ab. Dieser schlängelt sich an Hallen vorbei an den Ort heran. An weiteren Gabelungen vor dem Ort halten Sie sich zwei Mal rechts, bis Sie auf ein Gebäude mit einem großen grünen Scheunentor stoßen.

Hier biegen Sie nach links in die Calle Jábega ab. Nach wenigen Metern ist die Straße asphaltiert und Sie laufen durch einen Mix aus Hallen und Neubauviertel. Nach 450 m, bei km 23,2, überqueren Sie die Landstraße CM-3110 geradeaus und gelangen an einen kleinen Platz. Sie folgen weiter der Calle Jábega, die zu einer engen Gasse wird und sich durch Häuserschluchten windet, bis Sie nach 350 m auf die Calle Mayor trifft. In diese biegen Sie nach rechts ein und erreichen nach 250 m die Plaza de la Constitución mit dem Rathaus und der ✝ Pfarrkirche (km 23,9).

Las Pedroñeras

⇧ 710 m, 6.700 Ew.

www.laspedroneras.es, www.turismocastillalamancha.es

Pilgerherberge, Calle Montoya, 2, 653 420 272, 6 Schlafplätze, € 15

Hostal Restaurante El Bomba, Avenida Príncipe Felipe de Borbón y Grecia, 89 (an der N-301, km 160), ☏ 967 160 022, 671 225 771, restauranteelbomba@hotmail.com, EZ € 25, DZ € 50, Mo geschlossen, vorher anrufen

Rathaus, Plaza Constitución, 1, ☏ 967 139 002

Policía Local, Calle Arrabal del Coso, 661 442 370, ☏ 967 162 182

Richtung San Clemente und Mota del Cuervo, www.rubiocar.com, www.samar.es

Das im 16. Jahrhundert gegründete Las Pedroñeras verdankt seinen Namen zwei Dingen, die es hier in Hülle und Fülle gibt: *piedras*, Steinen, und *hectareas*, Ackerland. Dank der Klima- und Bodenbeschaffenheit gedeiht in der Gegend ein hochwertiger violetter und weißer Knoblauch, der mittlerweile auch fermentiert als schwarzer angeboten wird. Dazu wird die Knolle bis zu 90 Tage in Kammern mit unterschiedlicher Temperatur und Feuchtigkeit gelegt. Jährlich findet in Las Pedroñeras eine internationale Knoblauchmesse statt. Im Laden von Raphael Ramírez in der Avenida Juan Carlos I ist die Knoblauchkultur der Region zu bewundern.

Las Pedroñeras – Mota del Cuervo

➲ 19,8 km

Mit dem Rücken zum Rathaus stehend laufen Sie neben dem Kirchturm auf die hintere Seite des Pfarrhauses und biegen nach links in die Calle Fermín Mota ab. Nach 100 m überqueren Sie eine Straße und sehen eine Allee, die Avenida Juan

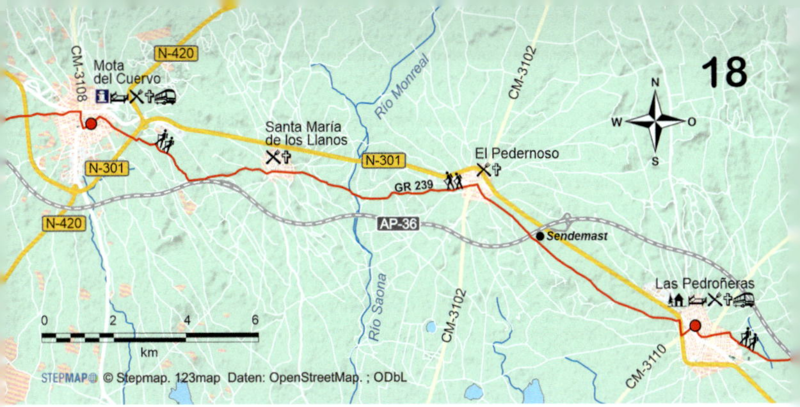

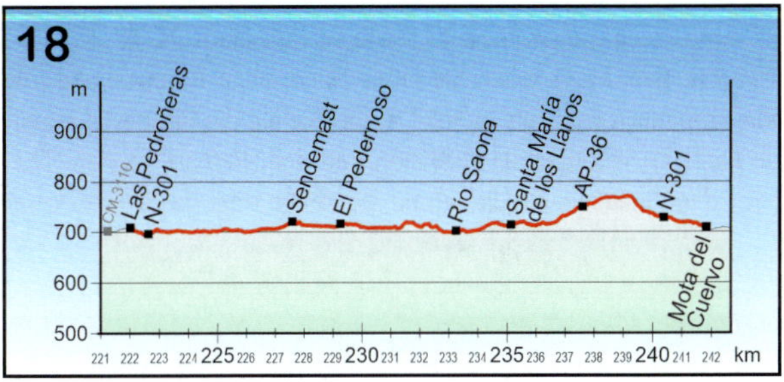

Carlos I. Durch diese spazieren Sie geradeaus weiter. Wenn Sie Glück haben, hat auf der linken Seite der Laden von Raphael Ramírez geöffnet und Sie können einen Blick in die Welt des Knoblauchs werfen.

Am Ende der Allee überqueren Sie die Landstraße N-301 und folgen ihr und der Wegmarkierung nach rechts den Hang hinauf. Nach 400 m, hinter dem Gebäude des spanischen Roten Kreuzes, biegen Sie nach links in eine Landstraße ab. Bald wird das asphaltierte Sträßchen zu einer Schotterpiste. Sie bleiben bei den kommenden Abzweigungen auf dem Hauptweg, immer parallel zur N-301. In der Ferne erkennen Sie auf der Anhöhe einen Sendemast und rechts davon die Silhouette eines schwarzen Reklamestiers. Darauf halten Sie zu.

Oben angelangt überqueren Sie die Autobahn AP-36 und können El Pedernoso unter sich liegen sehen. Sie laufen weiter auf den Ort zu und entdecken links eine Windmühle. Am Ortseingang von **El Pedernoso** ✕ ☕ 🛒 ✝ ⇧ 710 m, 1.200 Ew. gabelt sich die Straße und Sie folgen dem Schild des GR 239 nach links in die Calle Colmena und an einer weiteren Gabelung wieder nach links in die Calle Tres de Mayo, die Sie zur ✞ Pfarrkirche Nuestra Señora de la Asunción führt. Hinter dieser biegen Sie nach links in die Carretera General ein und erreichen den kleinen Rathausplatz mit Brunnen und einem Denkmal für Don Quijote (km 7,2).

100 m dahinter gelangen Sie an eine Kreuzung mit mehreren Abzweigungen und der Bar Los Tejares. Hier biegen Sie schräg links in die Calle Manuel Langa ein. Sie folgen dem Sträßchen aus dem Ort heraus, kommen an einigen Hallen vorbei, halten sich schräg links und gelangen an ein Straßenschild nach Santa María de los Llanos und eine Wegmarkierung des GR 239. Diesem folgen Sie auf der Schotterpiste zu besagtem Ort und bleiben dabei immer auf dem Hauptweg.

Am Ortseingang von **Santa María de los Llanos** ✕ ☕ 🛒 BANK ✞ ⇧ 720 m, 720 Ew. (km 13,1) sehen Sie linker Hand einen Brunnen und folgen der Calle Mayor immer geradeaus in den Ort, bis Sie auf die Plaza Mayor mit der ✞ Iglesia de Nuestra Señora de la Asunción und dem Rathaus stoßen. Der Ort gehörte einst dem Santiago-Orden an und die Kirche trägt das Kreuz desselben.

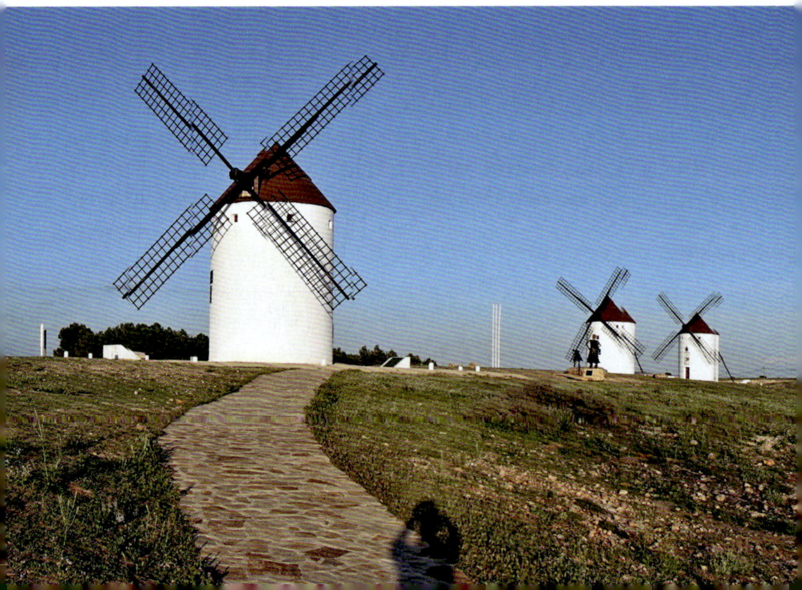

Sie wandern geradeaus weiter in die Calle Pozo Abajo und später nach rechts in die Calle Doña Isabel. Das asphaltierte Sträßchen führt Sie den Hang hinauf. Bei km 15,5 gelangen Sie an eine Kreuzung mit Stoppschild. Sie überqueren die Straße geradeaus und laufen an einer Bauschuttdeponie 700 m parallel zur Autobahn AP-36 auf die Anhöhe. Dort stoßen Sie auf eine Kreuzung mit mehreren Abzweigungen ohne Markierung. Nehmen Sie den ersten Weg nach rechts und bleiben Sie immer auf dem Hauptweg, der Sie zunächst auf den Kamm und dann hinunter in ein kleines Tal führt. Nach 1 km sehen Sie Mota del Cuervo mit seinen Windmühlen in der Ferne liegen.

Unten im Tal unterqueren Sie die Landstraße N-301 und gehen bei der Weggabelung nach rechts auf zwei Steinmauern zu. Anschließend folgen Sie der Calle de las Mesas geradeaus in den Ort, bis Sie auf die Plaza de la Cruz Verde mit dem Denkmal der Töpferinnen treffen. Diese überqueren Sie und biegen 50 m dahinter in die Calle Mayor Alta nach links ein. Vorbei an der ✝ Ermita de San Sebastián laufen Sie bis zur Plaza Mayor mit dem Rathaus und der Policía Local (km 19,8).

Die Molinos de Viento bei Mota del Cuervo

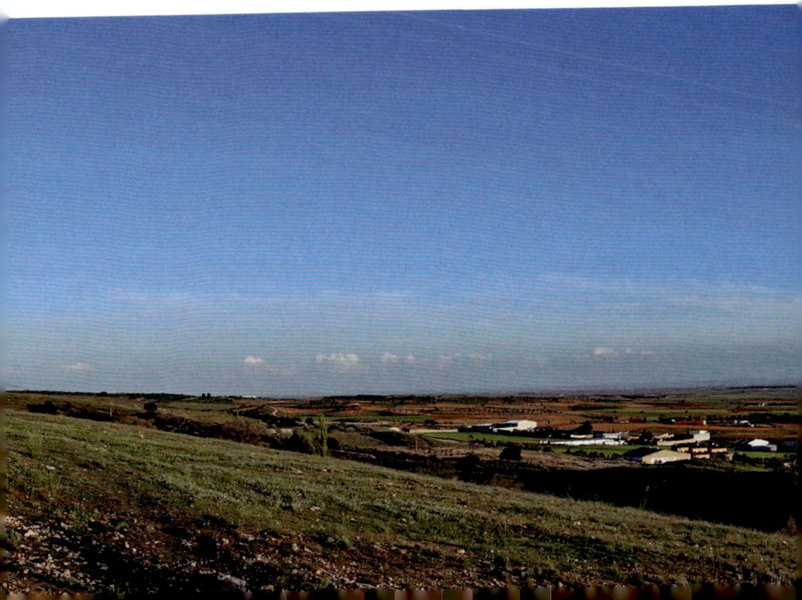

Mota del Cuervo

720 m, 6.000 Ew.

Touristeninformation in der Mühle El Gigante, 697 733 683, www.motadelcuervoturismo.es, www.motadelcuervo.es, www.turismocastillalamancha.es, April-Sep Mo-Sa 10:00-13:30 und 16:00-18:00, So vormittags

Hostal Plaza, Calle Cercado Alto, 4, 967 180 110, 678 555 197, EZ € 30, DZ € 45

♦ Hotel Mesón de Don Quijote, Calle del Mesón, 2, an der N-420, 967 180 200, 699 996 232, www.mesondonquijote.com, EZ/DZ € 69

Rathaus, Plaza Mayor, 1, 967 180 000

Policía Local, Plaza Mayor, 1, 608 004 250

nur nach Quintar de la Orden, www.samar.es

Mota del Cuervo wird als „El Balcon de La Mancha" bezeichnet und wenn Sie auf dem Hügel neben den sieben Windmühlen stehen, begreifen Sie, warum: Sie sehen weit in das Land von Don Quijote, der beeinflusst von Ritterromanen selbst zum fahrenden Ritter wurde, um in der Gegend das Unrecht zu besiegen: „Als er nun mit seinem Verstand zu Ende gekommen war, verfiel er auf den seltsamsten Gedanken, den jemals ein Narr gehabt hat, denn es erschien ihm nützlich und nötig, sowohl zur Vermehrung seiner Ehre als zum Besten seines Landes ein fahrender Ritter zu werden und mit Rüstung und Pferd durch die ganze Welt zu ziehen, um Abenteuer zu suchen und alles das auszuüben, was er von fahrenden Rittern gelesen hatte ..." (Miguel de Cervantes, „Don Quijote"). Zum Glück traf der Narr während eines Abenteuers auf seinen späteren Knappen Sancho Panza, der ihm als bauernschlaue Kontrastfigur zur Seite steht. An diesem Ort können Sie sich vorstellen, wie die beiden vermeintliche Riesen (Windmühlen) bekämpfen.

Mota del Cuervo – El Toboso

➲ 12,4 km

Von der Plaza Mayor laufen Sie auf der Verlängerung der Calle Mayor Alta, der Calle Mayor Baja, weiter und kommen zur Plaza Pozo de la Aldea. Hier biegen Sie nach rechts in die Calle de Don Sabino ein und folgen ihr 450 m, bis Sie auf den Camino Real Baja und die Abzweigung nach Quintanar de la Orden treffen. Hier biegen Sie nach links ab und passieren die ✞ Ermita de Santa Ana. Vor der Tankstelle Repsol wandern Sie schräg links in die Calle El Toboso und laufen durch ein Neubaugebiet. Der Camino verläuft hier wieder zusammen mit der Ruta de Don Quijote.

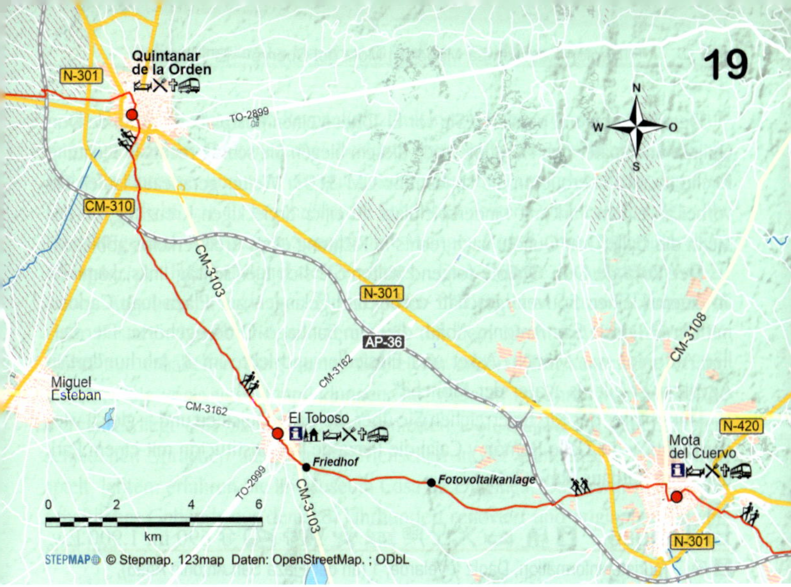

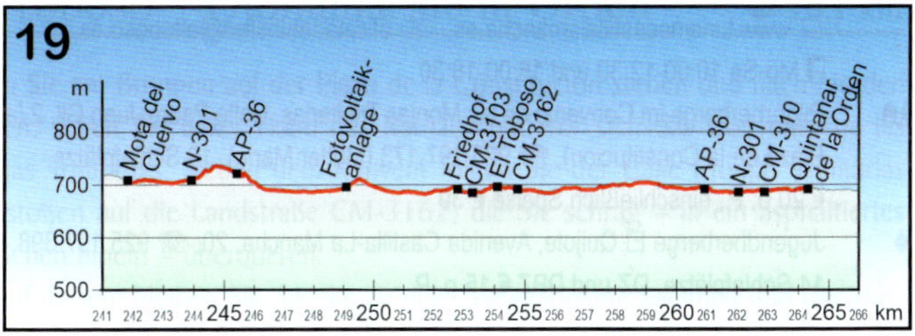

Die kleine, asphaltierte Landstraße überquert zunächst eine Umgehungsstraße und schlängelt sich dann einen Hang hinauf. Linker Hand sehen Sie etwas, das wie ein römischer Torbogen aussieht. Auf der Anhöhe stoßen Sie dann auf mehrere Abzweigungen zu einem Schotterwerk. Sie pilgern geradeaus weiter in eine Schotterpiste und überqueren wenig später bei km 3,8 die fast unbefahrene Autobahn AP-36. Nach der Brücke folgen Sie der Wegmarkierung nach rechts.

Vor Ihnen öffnet sich ein weites, landwirtschaftlich genutztes Becken. An den folgenden Abzweigungen bleiben Sie auf dem Hauptweg, in Richtung eines in der Ferne liegenden weißen Bauernhofs. Etwa bei km 6,5 gabelt sich der Weg und Sie wandern links die Anhöhe hinauf auf eine kleine Fotovoltaikanlage zu.

Seinen Ursprung soll Puebla de Almoradiel in einer Festung aus der iberischen und keltischen Zeit haben, die später von Römern, Westgoten und Mauren genutzt wurde. Damals lag der Ort direkt am Ufer des Flusses Gigüela. Da es bedingt durch die Flussnähe immer wieder zu Epidemien kam, wurde der Standort aufgegeben und 1,5 km entfernt der heutige Ort gegründet.

Puebla de Almoradiel – La Villa de Don Fadrique ➲ 9,2 km

Auf der Plaza Iglesia mit dem Gesicht zur Pfarrkirche und neben dem Rathaus stehend nehmen Sie rechts das schmale Gässchen, das Sie hinter die Kirche führt, und laufen durch die Calle Ecomienda geradeaus weiter bis zur Calle Veracruz, in die Sie nach links abbiegen. Gleich darauf gabelt sich der Weg. Hier wandern Sie nach rechts in der Calle Veracruz weiter. An den folgenden Gabelungen bleiben Sie jeweils schräg links auf dieser Straße, die Sie nach 500 m an Hallen vorbei aus dem Ort führt. Bei km 1,8 überqueren Sie eine Brücke über den Río Gigüela.

Nach 120 m, hinter einem kleinen Wäldchen, gelangen Sie an eine Weggabelung. Hier halten Sie sich schräg links und pilgern nun immer geradeaus bis nach La Villa de Don Fadrique. Linker Hand verläuft in etwa 700 m Entfernung parallel zu Ihrem Weg die Landstraße CM-410.

Herbergseltern Margarita und Juan Alcañiz Ruiz

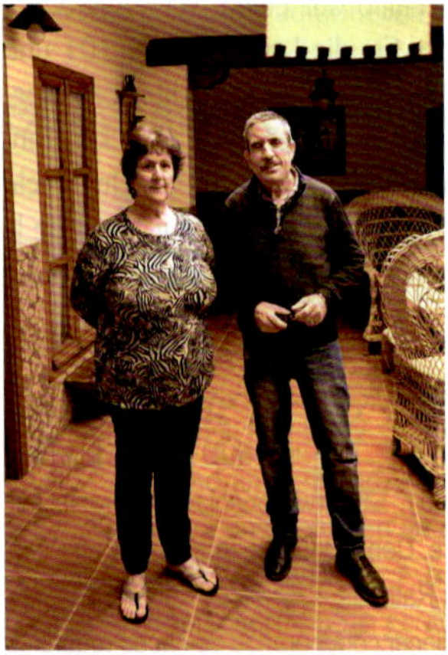

Bei km 7,6 gelangen Sie erneut an eine Weggabelung, an der Sie sich links halten, um anschließend die Calle Quintanar in den Ort hinein zu nehmen. Auf dieser laufen Sie 350 m an Mauern entlang, bis Sie an einen kleinen Platz gelangen. Auch hier gehen Sie geradeaus weiter, nehmen dann aber bei der folgenden Gabelung den rechten Zweig, die Avenida Valencia, und gelangen nach 250 m an die Plaza Mayor mit der Casa Rural El Rincon del Infante (km 9,2). Wenn Sie hier nach rechts in die Calle Glorieta einbiegen, erreichen Sie die Plaza España mit dem Rathaus und der ✝ Jakobskirche.

La Villa de Don Fadrique

⇧ 670 m, 3.800 Ew.

www.villadonfadrique.com, www.turismocastillalamancha.es

Pilgerherberge im Sportzentrum, Paseo Ronda, Matratzenlager. Den Schlüssel erhalten Sie bei der Polizei (679 985 413) oder im Rathaus (☏ 925 195 061, Mo-Fr 8:30-15:00).

⊙ Casa Rural El Rincon del Infante, Plaza Mayor, 2, 615 187 921 und ☏ 925 195 651, www.elrincondelinfante.com, villaverde58@hotmail.com, Preis für Pilger € 20. Juan und seine Frau sind liebenswerte Gastgeber und bieten an, Kleidung zu waschen.

⊙ Rathaus Plaza de España, 1, ☏ 925 195 061

tägl. Richtung Toledo, www.autocaresmartincar.com/horarios-de-lineas-regulares

Der Ort verdankt seinen Namen dem Großmeister des Ordens von Santiago, Don Fadrique de Castilla, der hier die Kirche, ein Pilgerkrankenhaus und einige Herrenhäuser (Villen) bauen ließ. Das Nordtor der Jakobskirche ist mit Jakobsmuscheln aus Eisen übersät.

La Villa de Don Fadrique – Villacañas

➲ 10,4 km

Von der Plaza de España kommend überqueren Sie die Plaza Mayor und biegen schräg rechts in die Calle Toledo ein, der Sie bis zur Plaza del Pozuelo folgen. Hinter dieser wandern Sie wieder rechts in die Calle Villacañas, die Sie immer geradeaus zum Ortsausgang führt.

Hier treffen Sie auf den Camino del Sureste, einen Jakobsweg, der von Alicante nach Santiago de Compostela führt. Leider werden die unterschiedlichen Wegmarkierungen der beiden Wege immer wieder für Verwirrung sorgen.

Sie pilgern geradeaus auf dem Camino de Levante weiter. Nach 200 m gabelt sich der Weg und Sie halten sich rechts. Bei km 1,7 kommen Sie an eine Brücke, die die Landstraße CM-410 überquert. Auf der anderen Seite laufen Sie geradeaus weiter, obwohl Sie der Camino Natural del Trenillo nach links führen will, und folgen der Schotterpiste, auf der Sie bei km 3,8 auf die ✞ Ermita de San Gregorio stoßen. Hinter dieser halten Sie sich rechts und überqueren den Río Riánsares.

Variante über den Camino de Sureste

Wenn Sie sich entscheiden, über den Camino de Sureste zu pilgern, biegen Sie hier schräg rechts ab und laufen den Hang hinauf, halten sich aber immer parallel zur unten verlaufenden Landstraße. Bei km 7,4 stoßen Sie auf eine Kreuzung mit einem von unten heraufkommenden Weg. Hier laufen Sie geradeaus weiter, bis sich der Weg nach 250 m gabelt. An dieser Stelle nehmen Sie den linken Zweig, bis Sie nach 900 m zu einer Kreuzung gelangen, die einem liegenden X ähnelt. Hier bleiben Sie auf dem Hauptweg schräg rechts.

Bei km 9,6 stoßen Sie an einer T-Kreuzung auf einen Weg, der wieder von der Landstraße CM-410 kommt. Hier biegen Sie nach rechts ab und wandern weiter an einigen Abzweigungen vorbei, bis Sie bei km 11,3 auf eine weitere Kreuzung treffen. Hier wenden Sie sich nach links in den Feldweg und pilgern jetzt immer geradeaus auf die Windmühlen von Tembleque zu. An der Autobahnbrücke über die A-4 treffen Sie wieder mit dem Camino de Levante zusammen.

Wenn Sie sich entscheiden, auf dem Camino de Levante, dem GR 239, zu bleiben, wandern Sie 10 km auf einem Schotterweg neben der Landstraße CM-410 weiter und biegen bei km 15,1 schräg rechts in einen Feldweg ab. Jetzt laufen Sie an den beiden schon von Weitem sichtbaren Windmühlen vorbei Richtung Tembleque. Kurz vor dem Ort überqueren Sie die Autobahn A-4 und treffen auf den Camino de Sureste.

Auf dem Weg nach Tembleque

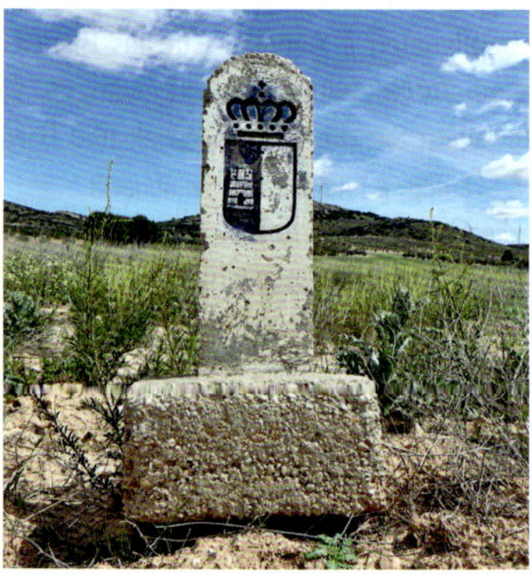

Zusammen mit ihm gelangen Sie über die Avenida Andalucía an einen Kreisel vor dem Ortseingang. Hier sehen Sie einen von Bäumen gesäumten Fußweg in einem alten Flussbett auf die Kirche zulaufen, die Calle las Cruzes. In diesen biegen Sie ein und spazieren zum Pfarrhaus. Dort stoßen Sie auf eine Brücke, zu der Sie hochsteigen. Linker Hand sehen Sie die ✝ Iglesia Nuestra Señora de Asunción. Rechter Hand entdecken Sie die Plaza Orden mit der dahinterliegenden Plaza Major (km 13,3).

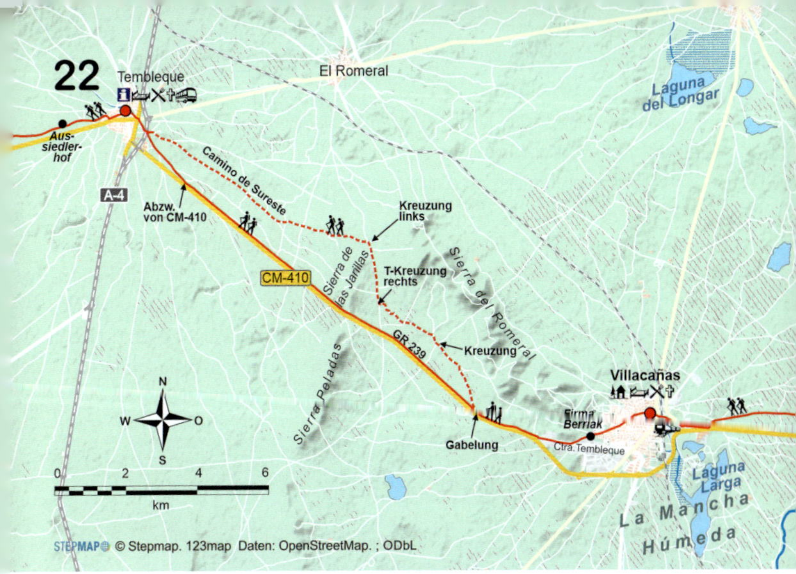

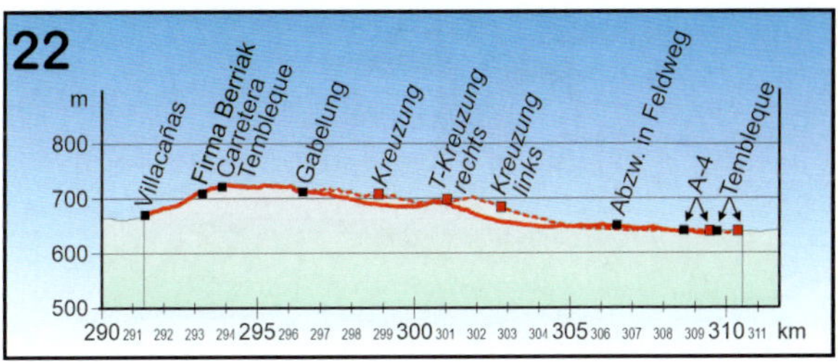

Tembleque ⇧ 640 m, 2.100 Ew.

Touristeninformation, Plaza Mayor, 1, www.turismocastillalamancha.es, 925 145 553, 925 154 197, Di-So 10:00-14:00 und 16:30-19:30

Casa Rural El Balcón de la Mancha, Plaza de la Orden, 8, 615 599 472, 925 145 849, www.elbalcondelamancha.com, elbalcondelamancha@gmail.com, ab € 20 p. P.

♦ Casa Rural La Cruz Verde, Calle Castelar, 40, 925 480 036, 669 555 489, www.crlacruzverde.es, gesamtes Apartment ab € 150

♦ Hotel A Posada, Avenida Andalucía, 0, 925 145 181, www.hotelaposada.com, info@hotelaposada.com, EZ/DZ € 41

⊙ Rathaus, Plaza Mayor, 1, ☏ 925 145 261, Mo-Fr 8:00-15:00

tägl. nach Mora und Toledo,
www.autocaresmartincar.com/horarios-de-lineas-regulares

Tembleque wurde im 12. Jahrhundert vom Johanniterorden gegründet und besitzt einen der malerischsten Rathausplätze Spaniens: Im 17. Jahrhundert gebaut, diente der von Arkadenhäusern gesäumte Platz nicht nur repräsentativen Zwecken, sondern wurde lange Jahre auch als Stierkampfarena genutzt. Neben der Pfarrkirche sind einige weiß getünchte frühere Herrenhäuser zu entdecken.

Windmühlen zwischen Villacañas und Tembleque

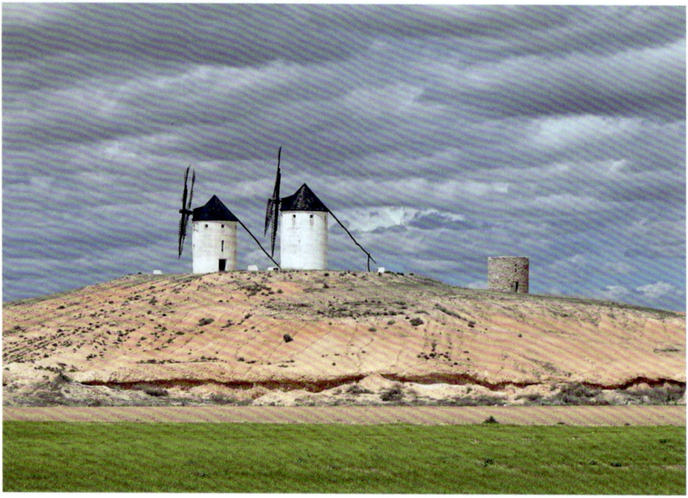

Tembleque – Mora ➲ 24,7 km

Unterwegs gibt es keine Einkehr- oder Einkaufsmöglichkeiten.

Mit dem Rücken zur Pforte der Iglesia Nuestra Señora de Asunción stehend spazieren Sie geradeaus in die Calle Hospital. Nach 150 m kommen Sie an eine Gabelung, an der die Calle Villanueva de Bogas abzweigt.

Hier finden Sie eine Markierung des Camino de Sureste, der Sie nach rechts über Villanueva de Bogas und Almonacid de Toledo nach Toledo führen würde.

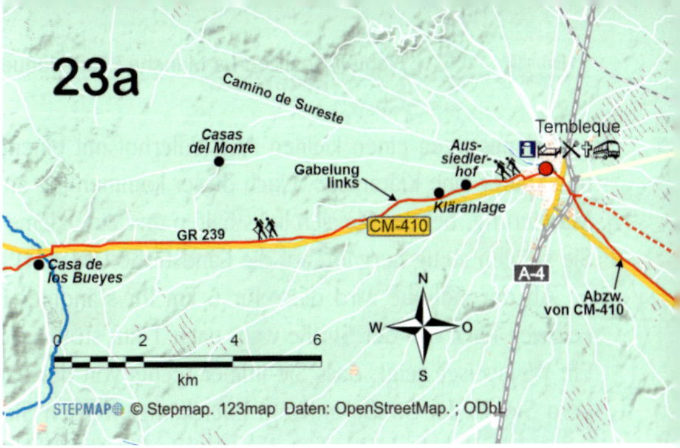

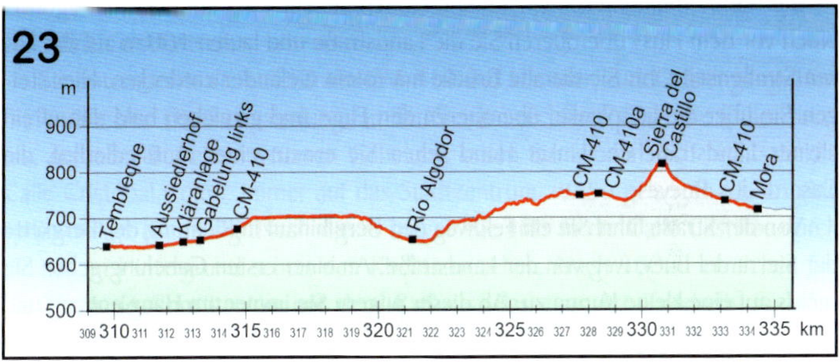

Sie wandern auf dem Camino de Levante durch die Calle Hospital geradeaus weiter, zwischen weiß getünchten Häusern hindurch. Nach einer Kreuzung, die Sie überqueren, wird die Straße zur Calle Pozo Bueno. Nach 200 m biegen Sie in die Calle San Antón nach rechts ab. Hier gibt es keinen Straßennamen, sondern nur einen gelben Pfeil, der in die Gasse zeigt.

Am Ende der Straße stoßen Sie auf die ebenfalls weiß getünchte Ermita de San Antón, an der Sie schräg links vorbeigehen. Sie überqueren die Calle Victoria und gelangen in die Calle La Mesa. Durch diese laufen Sie an einigen Reihenhäusern vorbei aus dem Ort. Die Straße wird zum geschotterten Weg und nach 600 m kommen Sie an eine Gabelung, wo die rechte Abzweigung erneut auf den Camino de Sureste führt.

Sie wandern hier geradeaus weiter und folgen dem Wegweiser des GR 239. Linker Hand sehen Sie die Landstraße CM-410, die in der Ferne auf eine Anhöhe zuläuft. An dieser können Sie sich orientieren, denn dort stößt der Feldweg wieder auf die Straße.

Die gotische Pfarrkirche Iglesia María de Altagracia stammt aus dem 15. Jahrhundert. Ihr Rippengewölbe ist mit Kreuzen und Muscheln des Santiago-Ordens versehen. Das ungewöhnliche Rathaus mit dem Zwiebelturm ist im Neomudéjarstil gehalten.

Geprägt ist Mora von der Olivenindustrie. Das bezeugen das Olivendenkmal am Hauptplatz, das Fest „Fiesta del Olivo" und das etwas außerhalb der Stadt liegende Olivenmuseum.

Mora – Toledo ➲ 39,1 km

Da es 2019 keine Unterkünfte gab, die eine Teilung der Strecke ermöglicht hätten, ist dieser Streckenabschnitt sehr lang. Bei Bedarf können Sie ab Nambroca (km 21,3) oder Cobisa (km 29,7) einen Bus oder ein Taxi nehmen. Die Informationen erhalten Sie in der Wegbeschreibung unter den aufgeführten Orten.

Hinter der Plaza de Constitución, an der Kirche, befindet sich die Plaza de Castilla la Mancha. Von dort aus biegen Sie in die Calle Toledo ein, durch die Sie, vorbei an einem Brunnen, der Frauen beim Wasserholen zeigt, immer geradeaus spazieren. Nach 900 m treffen Sie auf einen großen Kreisel mit dem dahinterliegenden Supermarkt Dia.

Dort biegen Sie schräg links in die Calle Villaminaya ein, die bald darauf zu einer Schotterpiste wird. An einer Weggabelung mit einer roten Backsteinmauer und einem rostigen Tor biegen Sie schräg nach rechts ab. Nach 800 m folgt wieder eine Gabelung, bei der Sie sich auf Industriehallen zu rechts halten. Bei km 3,1 überqueren Sie die Landstraße CM-4018. Linker Hand sehen Sie die Schnellbahntrasse, auf der die Bahnen nach Madrid fahren. Sie wandern an einem Zaun des Betriebsgeländes von Millas Ceramica entlang, bevor Sie am Ende des Geländes schräg links abbiegen und anschließend auf eine Bahnbrücke zulaufen.

Bei der Überquerung der Brücke sehen Sie **Mascaraque** ☕ ✕ ✞ ♜ 🚌 (☞ Mora) ⇧720 m, 400 Ew. vor sich liegen. Vor dem Ort gabelt sich der Weg und Sie laufen auf einer alten Straße Richtung Kirchturm und gelangen an eine Reihenhauskette. Hier spazieren Sie geradeaus in den Ort, überqueren eine kleine Brücke in die Calle Eras und biegen am Ende rechts in die Calle Paloma. Dieser folgen Sie bis zum Ende, wenden sich dann links in die Calle Iglesia und sehen die ✞ Kirche, die Santa María Magdalena geweiht ist, schon vor sich (km 5,3). Die heilige Maria Magdalena war eine Begleiterin Jesu und Zeugin seiner Auferstehung.

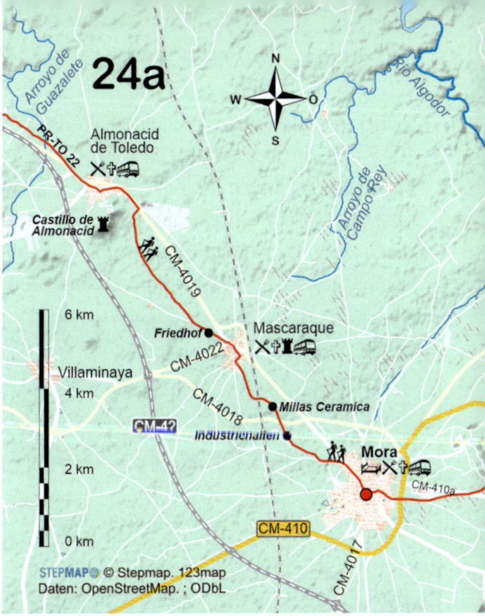

♜ Hinter dem Pfarrhaus steht die Burg Castillo de Mascaraque, welche aus dem 14. Jahrhundert stammt und deren schützende Mauern den Ortsbewohnern und ihrer Miliz dazu verhalfen, keine Abgaben an die Carlisten zu zahlen. Carlisten bestritten die Legitimität der Thronfolge der spanischen Königin Isabella II. im 19. Jahrhundert.

Sie folgen weiter der Calle Iglesia an der Kirche vorbei geradeaus, sehen bald darauf linker Hand die Plaza de la Constitución mit dem Rathaus und kommen anschließend an die Plaza Curato mit der dahinter befindlichen ✞ Ermita de los Christos.

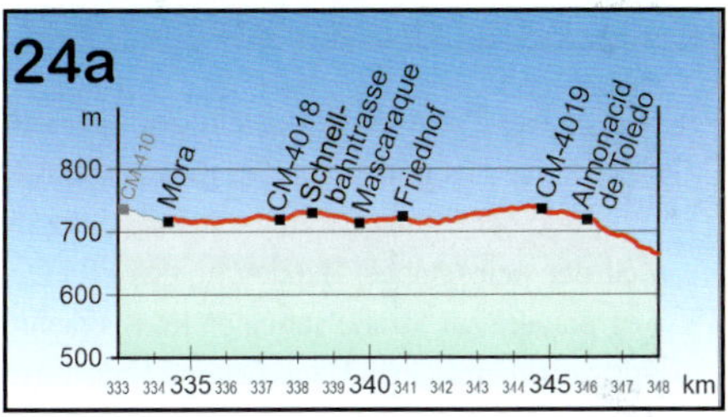

Anschließend folgen Sie der Hauptstraße Calle Toledo nach links und sehen einen Kreisverkehr mit einer liegenden Amphore. Hier biegen Sie schräg links in eine kleine Allee zum Friedhof hin ab. 500 m hinter dem Friedhof gelangen Sie an eine Weggabelung und halten sich rechts. Jetzt laufen Sie immer auf die riesige Burg im Hintergrund zu.

♜ Die erste urkundliche Erwähnung des Castillo de Almonacid stammt aus dem 9. Jahrhundert, als die Burg den Mauren zur Sicherung einer alten Handelsstraße diente. Nach der Reconquista wurde sie unterschiedlich genutzt. Unter anderem verschanzten sich hier spanische Truppen während des Unabhängigkeitskriegs gegen die napoleonische Streitmacht in der Schlacht von Almonacid 1809, die die Spanier verloren.

Bei km 10,5 stoßen Sie unterhalb der Burg wieder auf die Landstraße CM-4019 (in Google Maps als CM 400 ausgewiesen) und folgen dieser 700 m nach **Almonacid de Toledo** ✕ 🍷 🛒 BANK ✚ ✝ ♜ 🚌 (☞ Mora) ⇧ 720 m, 840 Ew. Kurz hinter dem Ortseingang biegen Sie schräg links in die Calle Cruces und gehen zur Plaza de la Constitución mit der ✝ Pfarrkirche, die dem heiligen Antonius Abad geweiht ist, Rathaus und Brunnen (km 11,6).

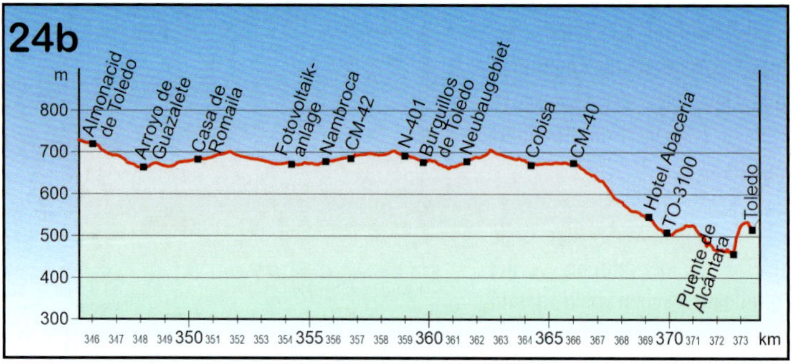

Von der Plaza de la Constitución aus nehmen Sie vor der Kirche die Calle Toledo den Hang hinunter. Sie wird nach einem kleinen Platz zur Calle Molinos. Am Ende der Straße überqueren Sie schräg die Landstraße und folgen für einige Zeit der weiß-gelben Markierung des PR-TO 22. Sie laufen auf einem Schotterweg parallel zur Straße auf einen Kreisverkehr zu, den Sie rechts passieren, kommen an einem kleinen Häuschen mit Hallen dahinter vorbei und sehen linker Hand die Autobahn CM-42.

Orientieren Sie sich weiter an den Pfählen mit weiß-gelber Markierung. Sie gelangen in ein Schilfgebiet und überqueren den kleinen Bach Arroyo de Guazalete, wo Sie linker Hand eine alte Römerbrücke entdecken.

Bei km 14,5 gelangen Sie an eine Wegkreuzung mit einem großen Gatter. Hier verabschieden Sie sich von der weiß-gelben Markierung und wandern über die Hürde geradeaus hinweg in das Gebiet der Casa La Romaila, die Sie nach weiteren 1,5 km passieren. Jetzt pilgern Sie 5 km über einen Hügel auf den Ort **Nambroca** zu. Vor diesem sehen Sie linker Hand eine kleine Fotovoltaikanlage und später eine Reihenhaussiedlung. Sie überqueren eine asphaltierte Straße und laufen auf die linke Kirchturmspitze zu. Über die Calle Mora gehen Sie in den Ort

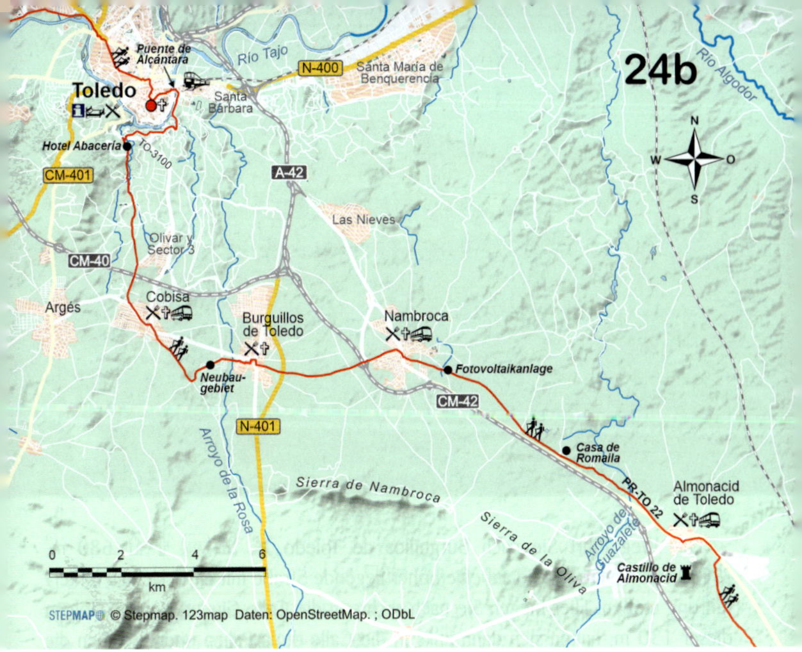

und biegen an der ✝ Ermita del Cristo de las Aguas links in die Calle Cristo ab, folgen aber gleich darauf der Calle Real nach rechts zur Plaza del Ayuntamiento mit dem Rathaus und zwei Bars (km 21,3).

Nambroca ✕ 🍷 🛒 BANK ⚕ ✝ 🚌 (☞ Mora) ⇧ 680 m, 4.500 Ew.

🚌 💻 www.autocaresmartincar.com/horarios-de-lineas-regulares

🚗 Taxi: 📱 600 503 350, 610 741 329

Am Rathaus vorbei nehmen Sie schräg links die Calle Dr. Díaz Benito. Dieser folgen Sie, bis Sie rechter Hand vor sich die Bushaltestelle sehen. Hier biegen Sie nach links in die Calle Burguillos ab und laufen am Rande eines Neubaugebietes 800 m Richtung Autobahn CM-42. Sie überqueren einen Kreisverkehr geradeaus, unterqueren die CM-42 und wandern am zweiten Kreisel in einen geschotterten Feldweg, der Sie immer geradeaus nach Burguillos de Toledo führt. Vor dem Ort passieren Sie eine Unterführung der Landstraße N-401 und treffen wieder auf die Ruta de Don Quijote.

Die Panoramastraße führt Sie 3 km mit überragenden Ausblicken auf das gegenüberliegende Toledo am Fluss Tajo entlang bis zur Puente de Alcántara, der zweiten Brücke über den Flusslauf. Diese überqueren Sie und haben die Wahl, an der Avenida Castilla la Mancha nach rechts zu laufen, um später die Rolltreppen hinauf in die Stadt zu nehmen, oder die Treppen hinaufzusteigen, die hinter der Brücke nach links den Berg hinaufführen. In beiden Fällen gelangen Sie auf die Plaza Zocodover mit einer Touristeninformation. Der Name leitet sich – so wird behauptet – von dem maurischen *Souk-ad-dawab* ab, was so viel wie „Markt der Lasttiere" bedeutet.

In der Altstadt von Toledo gibt es keine Wegmarkierungen des Camino de Levante/GR 239.

Von der Plaza Zocodover aus spazieren Sie durch die hinter dem Informationshäuschen liegende Calle Comercio 200 m zur Plaza Cuatro Calles. Spätestens hier sehen Sie den Wegweiser zum Rathaus (Ayuntamiento) und biegen schräg rechts in die enge Calle Hombre de Palo ein. Nach 100 m sehen Sie schon die Kathedrale und nehmen hinter ihr links die Calle Arco de Palacios hinab zur Plaza del Ayuntamiento (km 39,1).

Toledo

BANK

⇧530 m, 83.000 Ew.

Touristeninformation, Plaza Zocodover, 6, ☏ 925 267 666, und Paseo Merchan, ☏ 925 211 005, www.toledo-turismo.com, www.toledo.es, www.turismocastillalamancha.es, infoturismo@toledo.es, Mo-Sa 10:00-18:00, So 10:00-14:00

Albergue Juvenil Los Pascuales, Cuesta de los pascuales, 8, ☏ 925 282 422, www.alberguelospascuales.com, reservas@alberguelospascuales.com, 24 Schlafplätze, ab € 14, Rezeption: 8:00-21:00

♦ Oasis Backpackers, Calle Cadenas, 5, ☏ 925 227 650, www.oasistoledo.com, toledo@hostelsoasis.com, ab € 26

Hostal Centro, Calle Nueva, 13, ☏ 925 257 091, www.hostalcentrotoledo.com, EZ/DZ ab € 35

♦ Hostal Palacios, Navarro Ledesma, 4, ☏ 925 280 083, www.hostalpalacios.net, info@hostalpalacios.net, EZ ab € 30, DZ ab € 38

Pension Reina Isabel, Calle Nuncio Viejo, 19, 685 952 509, www.pensionreinaisabel.com, reservas@pensionreinaisabel.com, EZ ohne Bad ab € 29, DZ mit Bad ab € 43

Kathedrale, 925 222 241, www.catedralprimada.es, Mo-Sa 10:00-18:30, So 14:00-18:30, Eintritt € 11, Pilger mit Pilgerausweis frei (ohne Turmbesteigung)

Synagoge (Synagoga del Transito), Calle Samuel Leví, 925 223 665, museosefardi.mcu.es, Di-Sa 10:00-18:00, Eintritt € 3

Moschee (Mezquita del Cristo de La Luz), Calle Cristo de la Luz, 22, www.toledomonumental.com/cristo-luz, Di-Sa 10:00-18:30, Eintritt € 3

El-Greco-Museum (Museo del Greco), Paseo Tránsito, 925 990 982, www.culturaydeporte.gob.es/mgreco/inicio.html, Di-Sa 9:30-18:00 (März-Okt bis 19:30), So 10:00-15:00, Eintritt € 3

nach Rielves, Torrijos und Almorox, www.autocaresalvarezhnos.com/que-ofrecemos, www.autocarestoletum.es

tägl. Richtung Madrid und Albacete sowie Valencia

Toledo nimmt in Spanien eine herausragende Stellung ein. Schon der römische Historiker Titus Livius schrieb: „Toledo ist eine kleine Stadt, aber stark durch ihre Lage." Und die ist dank des Tajos unvergleichlich. Tief eingeschnitten umschlingt er die Stadt wie ein Wehrgraben. Und so verwundert es nicht, dass der keltiberische Stamm der Carpetaner sie als Zentrum der Macht wählte, bevor sie 192 v. Chr. von den Römern eingenommen und in Toletum umbenannt wurde. Auch die Westgoten erkoren Toledo als Hauptstadt aus. Unter den Mauren wurde die Stadt Sitz des Emirs, der direkt an den Kalifen von Cordoba berichtete, und für die kastilischen Könige war sie lange Zeit Residenzsitz und religiöses Zentrum.

Zusätzlich ist Toledo bekannt als „Stadt der drei Kulturen", in der Christen, Juden und Araber in Frieden zusammenlebten. Dass sie auch für Intoleranz zwischen den Kulturen steht, ist dagegen weniger bekannt: Nachdem Alfons VI. die Stadt 1085 für die Christen zurückerobert hatte, machte er sie zum Sitz des kastilischen Königreichs. Im 12. Jahrhundert gedieh sie zu einem Zentrum der Wissenschaften, in der Texte aus dem Altgriechischen, Arabischen und Hebräischen ins Lateinische übertragen wurden. Aus ganz Europa reisten damals Gelehrte in die Stadt.

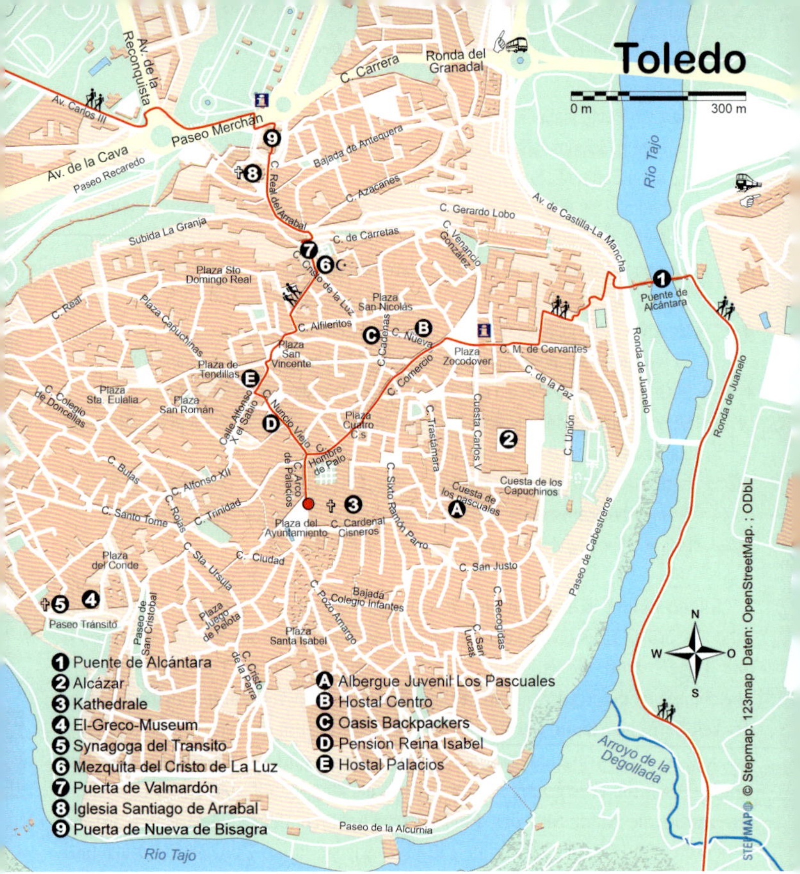

Spätestens nach der Pestepidemie von 1348, bei der Juden als Brunnenvergifter beschuldigt wurden, endete die Periode der Toleranz allerdings. In dem Pogrom von 1391 wurde die bis dahin größte jüdische Gemeinde Spaniens zerstört. Selbst Juden, die zum Christentum konvertierten, wurden später durch die Inquisition weiter verfolgt. Das Dekret der katholischen Könige zur Vertreibung aller Juden aus dem Land 1492 besiegelte endgültig das Ende der jüdischen Geschichte – nicht nur – in Toledo. Nachdem 1580 auch die arabische Sprache verboten worden waren, zogen viele Nachfahren der Mauren ebenfalls fort. Trotzdem prägen diese Kulturen noch heute das Stadtbild.

Zeugnisse davon sind die Kathedrale, eine der schönsten gotischen Kirchen Spaniens, die auf den Trümmern der früheren Hauptmoschee errichtet wurde, der über der Stadt thronende Alcasar, der auf den Resten eines römischen Kastells entstand, sowie die vielen früheren Synagogen und Moscheen.

Darüber hinaus ist die Stadt durch den „Griechen aus Toledo", El Greco, berühmt. Der 1541 auf Kreta geborene Maler revolutionierte die Malkunst des 16. und 17. Jahrhunderts und kam über Italien und Madrid nach Toledo, wo er bis zu seinem Tode wie ein Besessener malte.

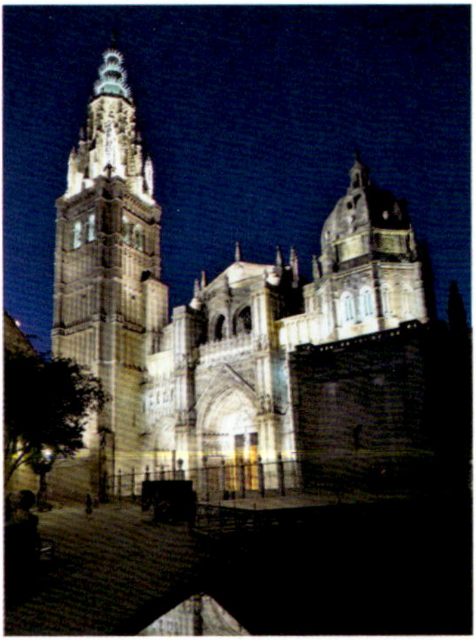

Kathedrale in Toledo

Toledo – Rielves ➲ 25,2 km

Unterwegs gibt es keine Einkehr- oder Einkaufsmöglichkeiten. In Rielves steht nur eine Pilgerunterkunft mit vier Schlafplätzen zur Verfügung. Bei Bedarf kann ein Bus nach Torrijos genommen werden.

Vom Rathausplatz laufen Sie wieder die Calle Arco de Palacios hoch und wenden sich schräg nach links in die Calle Nuncio Viejo. Nach 100 m gelangen Sie an die Plaza Amador de los Ríos. Diese überqueren Sie geradeaus in eine kleine Straße, die Sie nach 20 m zur Calle Alfonso X el Sabio führt. Hier biegen Sie nach rechts ab und kommen so zur Plaza San Vincente mit der gleichnamigen Kirche.

Dort sehen Sie eine kleine Mauer und ein Sträßchen, das schräg links den Berg hinunterführt. In dieses spazieren Sie und kommen in die Calle Alfileritos. Nach 25 m, hinter der Taberna de Livingston, biegen Sie links in ein schmales Gässchen mit dem Namen Calle Carmelitas Descalzos. Nach weiteren 25 m nehmen Sie die Cuesta de Carmelitas Descalzos nach rechts und stoßen nach 80 m auf die frühere Moschee Mezquita del Cristo de La Luz in der Calle de Cristo de la Luz.

Hier biegen Sie nach links ab und sehen vor sich einen Torbogen, die Puerta de Valmardón. Durch diesen pilgern Sie weiter den Berg hinunter. So gelangen Sie in die Calle Real del Arrabal, laufen an der größten Mudéjarkirche Kastilien-La Manchas, der Iglesia Santiago de Arrabal, vorbei und sehen schon die Puerta de Nueva de Bisagra.

Durch dieses Tor spazieren Sie aus der Altstadt hinaus, kommen an einen Kreisel und nehmen den Fußgängerüberweg links davon über den Paseo de Merchán. Vor dem Park laufen Sie den Paseo hinunter und kommen wieder an einen Kreisverkehr.

An diesem gehen Sie rechtsherum und biegen in die Avenida de Carlos III mit dem Gebäude der Policía Local de Toledo ein. Der Straße folgen Sie vorbei an den Resten einer alten Römerstraße linker Hand, bis Sie nach 700 m wieder auf einen Kreisel stoßen, den Sie nach schräg rechts in die Avenida Mas del Ribero überqueren. Sie passieren eine archäologische Ausgrabungsstätte und treffen nach 800 m auf einen weiteren Kreisverkehr und eine Tankstelle.

Vor dieser biegen Sie links in die Carreta de la Peraleda ab, die Sie 60 m zum nächsten, länglichen Kreisel führt. Hier laufen Sie zunächst geradeaus weiter und sehen schräg links eine weiße Stahlbrücke über den Tajo. Auf diese gehen Sie zu, biegen aber unmittelbar nach dem Kreisel in ein kleines Sträßchen rechts ab, laufen an einer Autowerkstatt und einem Parkplatz vorbei und gelangen an das Restaurant Jardín Casa Tabordo in einem flachen dunkelroten Gebäude. Rechts davon befindet sich ein Fußgängerweg, der am Tajo entlangführt. Ab jetzt verläuft der Camino de Levante ein Stück zusammen mit dem Camino Natural del Tajo.

Nach 800 m stoßen Sie auf eine asphaltierte Straße, der Sie geradeaus parallel zum Fluss 1,3 km folgen, bis Sie an einen Kreisverkehr gelangen. Diesen überqueren Sie und wandern einen Hügel zur Autobahn CM-40 hinauf. Am folgenden Kreisel laufen Sie rechtsherum, überqueren die CM-40 und biegen dann rechts neben dem Schotterwerk in eine asphaltierte Straße, den Camino de Albarreal, ab, der Sie den Hang emporführt. Leider werden Ihnen hier öfters Lastwagen begegnen, die das Schotterwerk anfahren.

Bei km 8,8 gelangen Sie an eine Weggabelung mit Gatter. Hier wechseln Sie von der asphaltierten Straße nach rechts auf eine Schotterpiste und kommen nach 2,5 km an den Rand der kleinen Siedlung Estivel. Hier waren die Markierungen 2019 irreführend, da sie zum einen in die Ansiedlung hinein, zum anderen um sie herum zeigten. Biegen Sie hier nach links ab und bleiben Sie auf dem geschotterten Hauptweg.

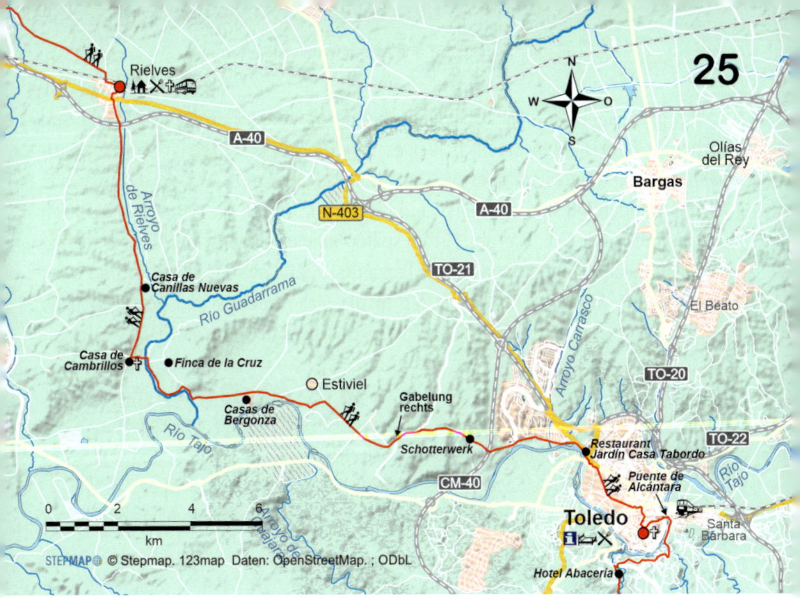

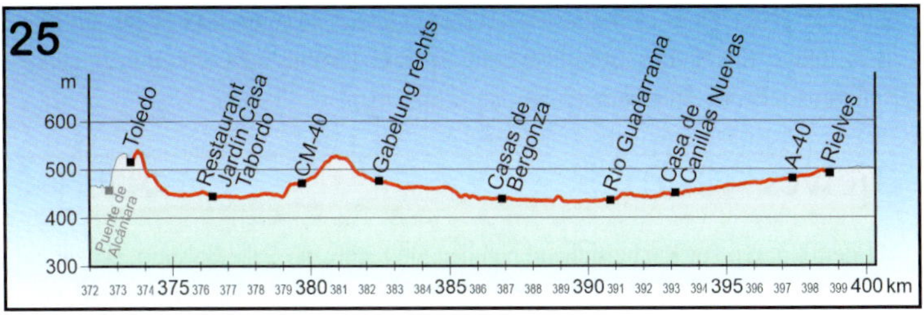

In einem Bogen laufen Sie um Estiviel herum und pilgern dann auf schnurgeradem Weg weiter, vorbei an den Casas de Bergonza und auf Bäume zu, die den Río Guadarrama säumen. Ihm folgen Sie eine Flussschleife lang und umrunden in einiger Entfernung die Finca de la Cruz.

Auf Höhe des Gehöfts schwenkt der Camino in einem Bogen über den Fluss und Sie gelangen zu einer kleinen ✝ Kapelle (Ermita) an den Casa de Cambrillos. Vor ihr gabelt sich der Weg. Sie laufen schräg rechts von der Kapelle 100 m den Hang hinauf, bis Sie an eine Kreuzung gelangen. Hier, bei km 17,6, verlassen Sie den Camino Natural del Tajo und biegen nach rechts in einen Feldweg ab.

Ab jetzt wandern Sie 7 km immer geradeaus über einen kleinen Hügel und vorbei an Bauernhöfen bis nach Rielves. Vor Rielves unterqueren Sie die Autobahn A-40 und gelangen über die Calle Canillas in den Ort. An der Hauptstraße N-403 wenden Sie sich nach links und biegen vor der ☕ Bar Miguel Angel nach rechts in die Calle Escuelas ab. 150 m später nehmen Sie die dritte Straße rechts, die Calle Pajares, und stoßen auf die Plaza de España mit dem Rathaus und einer weiteren Bar. Vor der Bar biegen Sie in die Calle Iglesias und gelangen nach 180 m zur Kirche, wo sich die Pilgerunterkunft befindet (km 25,2).

Rielves ⇧ 490 m, 750 Ew.

⊙ Pilgerherberge, Calle Calvario/Calle Iglesia, ☎ 925 743 500, 4 Schlafplätze, Schlüssel erhältlich im Rathaus oder beim Pfarrer

⊙ Rathaus, Plaza de España, 1, ☎ 925 743 471, www.aytorielves.es

nach Torrijos und Toledo: www.autocaresalvarezhnos.com/que-ofrecemos, www.autocarestoletum.es

Rielves ist eine landwirtschaftlich geprägte Gemeinde. Mittelgroße Bauernhöfe bauen in erster Linie Getreide wie Weizen, Gerste, Roggen und Hafer an. Die dreischiffige Kirche des Ortes ist dem Apostel Jakobus geweiht und zeigt im Außenmauerwerk Anlehnungen an den Mudéjarstil.

Rielves – Torrijos ➲ 10,2 km

Mit dem Rücken zur Kirche stehend nehmen Sie rechts die Calle Calvario, spazieren nach 400 m wieder nach rechts über die Bahnlinie, die 2019 ausgebaut wurde, und wandern in einen Schotterweg. Nach 200 m biegen Sie nach links in Richtung Barcience und Torrijos ab (✋ nicht geradeaus in den Camino de Sureste!).

Ab jetzt pilgern Sie 3,5 km immer in Richtung Barcience. An einer Gabelung vor dem Ort bei km 3,2 nehmen Sie den rechten Zweig und laufen auf die Burg zu, die im 14. Jahrhundert errichtet wurde. Durch eine kleine Furt gelangen Sie zur ✝ Ermita Santa María la Blanca. Hinter der Kapelle biegen Sie nach links in die Calle de la Iglesias ab.

In **Barcience** 🍷 ✝ ⇧ 510 m (km 4,5) laufen Sie an der 🍷 Bar El Pinar und Spielplätzen vorbei und über mehrere Kreisel hinweg durch ein Neubaugebiet.

Währenddessen wird die Calle de Iglesias zur Calle Torrijos und dann zur Calle Juan Carlos I. An einem Kreisverkehr mit drei liegenden Amphoren gehen Sie geradeaus in eine Schotterpiste und steuern auf einige Silos der Firma Nutrave zu. Sie laufen rechts daran vorbei und stoßen bei km 7,5 auf die Autobahn A-40. Vor ihr folgen Sie dem Schotterweg nach rechts, vorbei an einer Fotovoltaikanlage, bevor Sie die A-40 nach links unterqueren.

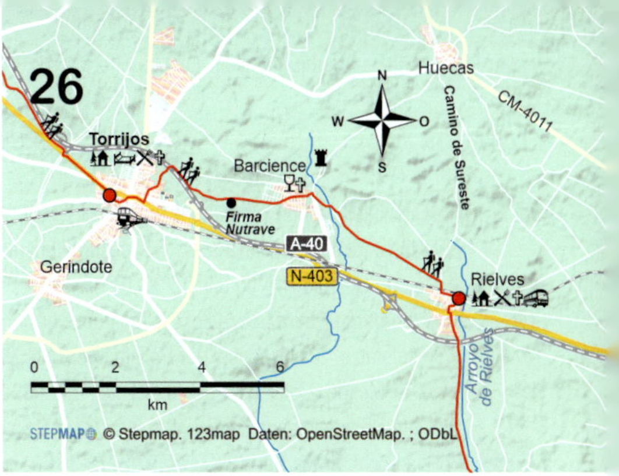

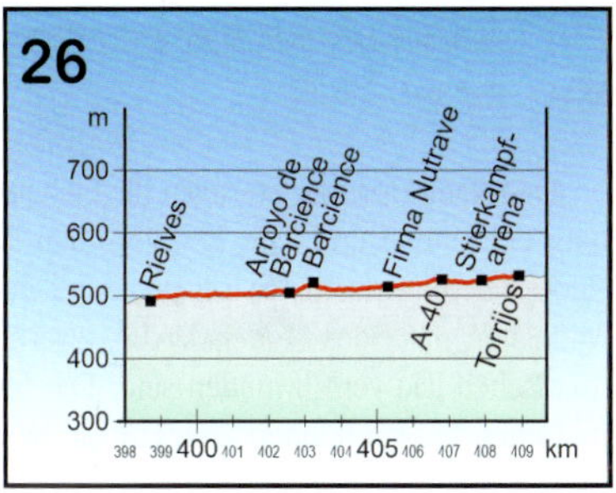

Jetzt spazieren Sie auf der asphaltierten Straße in die Stadt hinein. An einem Kreisel gehen Sie geradeaus vorbei, biegen schräg links in die Calle Camino del Barcience ein und kommen an einen weiteren Kreisverkehr mit einer weiß gekalkten Mauer. Dahinter befindet sich die Stierkampfarena.

Sie überqueren die Straße davor geradeaus und laufen an der weißen Mauer entlang zum nächsten Kreisel. Hier biegen Sie nach rechts in die Calle del Puente ab. Auf dieser laufen Sie bis zu einem parkähnlichen Platz. Hier gehen Sie geradeaus weiter in die Calle Ambrosio Ballesteros und kommen zur Plaza del Cristo mit der ✞ Capilla del Santisimo Cristo de la Sangre.

Sie überqueren den Platz schräg nach links und nehmen die Calle Orozco zur ✞ Pfarrkirche La Colegiata del Santísimo Sacramento und zur Plaza del Doctor Cifuentes. Den Platz überqueren Sie schräg nach rechts und kommen zur Calle Buenadicha, die Sie zur Plaza San Gil mit Rathaus, Touristeninformation und Policía Local führt (km 10,2).

Torrijos

520 m, 13.300 Ew.

Touristeninformation/Rathaus, Plaza San Gil, 7, 925 770 801, www.torrijos.es, www.turismocastillalamancha.es, culturayturismo@torrijos.es, Mo und So 10:30-14:00 und 16:30-19:00

Pilgerherberge Padre Leocadio, Callejón del Cura, 2 (gegenüber dem Rathaus), 8 Schlafplätze, Schlüssel bei der Policía Local (925 770 301, 678 405 919)

Hotel El Meson, Calle del Puente, 19, 902 889 636, www.hotelelmeson.es, info@hotelelmeson.es, EZ ab € 39, DZ ab € 55

Policia Local, Plaza San Gil, 7, 925 770 301

Richtung Toledo und Almorox, www.autocaresalvarezhnos.com/que-ofrecemos, www.autocarestoletum.es

tägl. nach Madrid

Der Name Torrijos, so sagen die Einheimischen, sei durch die römische Besiedlung entstanden und leite sich von dem lateinischen turris (Turm) ab. Nach der Rückeroberung durch die Christen und der Neubesiedlung wartete die Stadt im Mittelalter mit einer Mudéjarkirche, zwei Synagogen und einer Moschee auf, die inzwischen alle verschwunden sind. Die Stiftskirche Santísimo Sacramento wurde im frühen 16. Jahrhundert fertiggestellt. In ihr ist unter anderem die älteste Barockorgel Kastilien-La Manchas zu bewundern. Vor der Kirche wurde von der barmherzigen Dona Teresa Enriquez, deren Beiname „La Loca del Sacramento" (die Verrückte von Sacramento) war, Nahrung an die damals unzähligen Pilger verteilt.

Torrijos – Escalona

➲ 24,5 km

Mit dem Rücken zum Rathaus stehend laufen Sie nach links zum Kreisel, überqueren diesen und kommen in die Calle Ancha, die Sie vorbei an einem Baumarkt und Autowerkstätten 400 m aus der Stadt führt, bis Sie auf einen weiteren Kreisverkehr mit einem Steinmonument treffen.

Hier wandern Sie geradeaus an der Calle Ancha weiter, die zu einer Allee wird. Vorbei an einem roten Gebäude mit der Aufschrift „Puertas automaticas" gelangen Sie nach 800 m an einen weiteren Kreisel mit verschiedenen lustigen Skulpturen. Diesen umrunden Sie geradeaus, verlassen ihn in die N-403 Richtung Ávila und spazieren unmittelbar danach rechts in einen Schotterweg hinein, der parallel zur Autobahn A-40 verläuft.

Nach 1,5 km gelangen Sie an eine Überführung über die A-40. Diese überqueren Sie aber nicht, sondern biegen schräg links in einen Feldweg ein und laufen auf ein – nur zum Teil bebautes – Industriegebiet mit Fabrikhallen zu. Danach wandern Sie durch ein Neubaugebiet und die Calle Dr. Fernández Ferrer nach **Val de Santo Domingo** ✕ BANK ✝ ⇧ 550 m, 1.000 Ew. hinein. Nach 400 m biegen Sie rechts in die Calle José Antonio ein und erreichen die Plaza de España/Generalísmo mit dem Rathaus – einschließlich eigenen Glockenturms – und einer Bar (km 5).

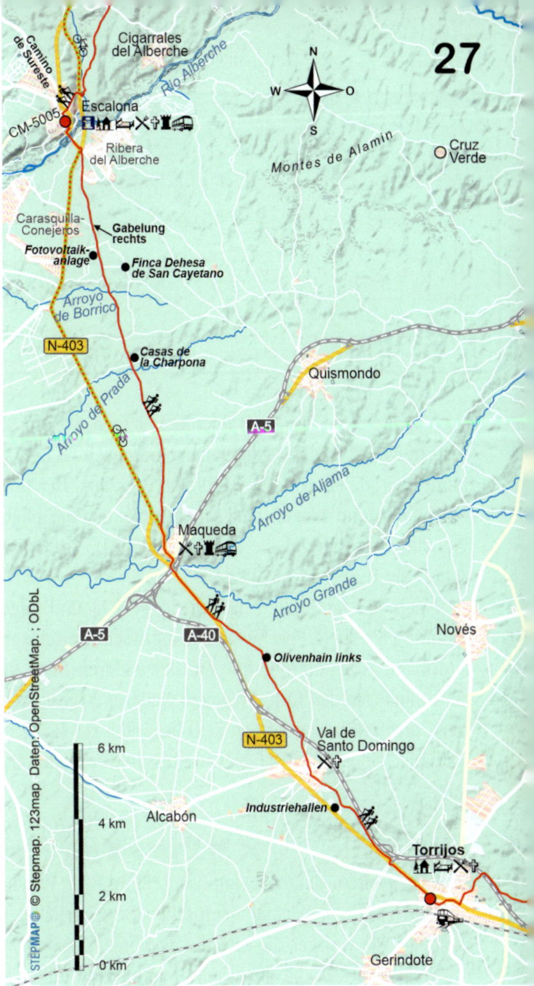

Links vom Rathaus nehmen Sie die Calle Cardenal Segura, die zur ✝ Kirche Santo Domingo de Silos führt. Sie gehen links um die Kirche herum, überqueren die Plaza Egido geradeaus und gelangen in die Calle Egido, die Sie nach links aus dem Ort hinausführt. Sie laufen auf einige landwirtschaftliche Hallen zu, nehmen an der Weggabelung vor diesen den linken Zweig und erreichen nach 500 m die Überführung über die Autobahn A-40.

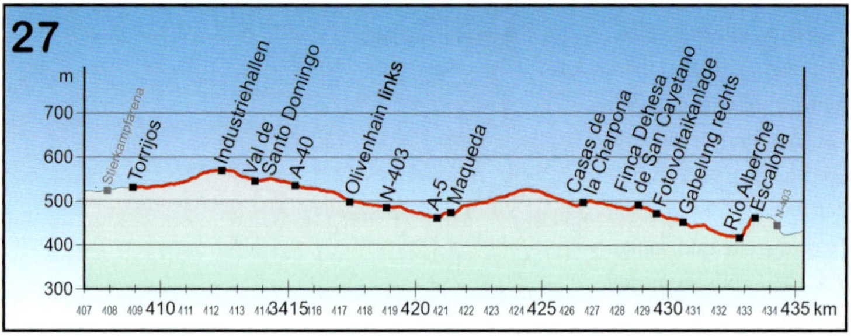

Nachdem Sie die A-40 überquert haben, biegen Sie zunächst nach links und 100 m weiter an einer Gabelung schräg nach rechts in einen Feldweg ab, der Sie immer geradeaus von der Autobahn wegführt. Bei km 8,5 gelangen Sie an einen Olivenhain und biegen hier schräg links ab. Sie pilgern an landwirtschaftlichen Gebäuden vorbei auf die Landstraße N-403 zu. Im Hintergrund entdecken Sie schon die Burg von Maqueda.

Nach 1,5 km stoßen Sie auf die N-403 und folgen dieser 1,7 km hinunter Richtung Maqueda, bis Sie an einen großen Kreisel kommen und anschließend die Autobahn A-5 unterqueren. Auf der anderen Seite folgen Sie der Carretera de Ávila hinauf in den Ort. An einem weiteren Kreisverkehr bleiben Sie geradeaus in der Carretera und gelangen 200 m weiter zur Plaza de la Constitución mit dem Rathaus, einer historischen Gerichtssäule und der ✞ Pfarrkirche von **Maqueda** (km 12,5).

Maqueda

✕ 🛒 🍷 BANK ✞ ♜ 🚌 ⇧ 500 m, 470 Ew. (km 12,5).

Die von Weitem sichtbare, imposante Burg ist in Wirklichkeit ein Schloss, welches auf den Überresten einer maurischen Burg errichtet wurde. Der Legende nach hielt sich darin sogar die katholische Königin Isabella auf.

Sehenswert ist die Pfarrkirche Santa María de los Alcázares mit einer maurischen Eingangspforte.

Sie folgen weiter der Carretera de Ávila hinunter und an Parkplätzen und zwei Bars vorbei aus dem Ort hinaus. Auf der Asphaltstraße laufen Sie den Hang hinauf und biegen nach 400 m schräg rechts in einen Feldweg ab, der Sie durch weite Felder von der Straße wegführt.

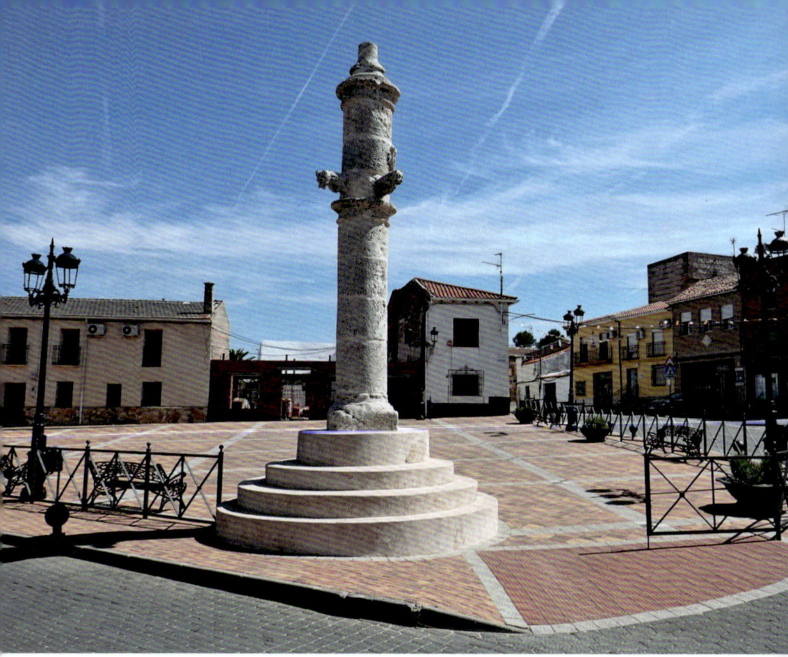

Gerichtssäule in Maqueda

🚲 Es ist ein Bachbett zu durchqueren. Nehmen Sie alternativ die Landstraße N-403 nach Escalona.

Bei km 15,5 gelangen Sie an eine Wegkreuzung. Hier gehen Sie weiter geradeaus auf einem unscheinbaren Feldweg auf Strommasten zu und durchqueren bei km 17,4 die Furt des Arroyo de Prada. Nach kräftigem Regen kann dies beschwerlich sein. Auf der anderen Seite laufen Sie hinauf, am Gehöft Casas de la Charpona vorbei. Bei der folgenden Wegkreuzung mit einem Betonwasserbehälter, dessen Abdeckung blau umrandet ist, gehen Sie weiterhin geradeaus.

Sie kommen an eine umzäunte Olivenplantage, laufen an der Einfahrt zur dazugehörigen Finca Dehesa de San Cayetano vorbei und passieren eine Fotovoltaikanlage sowie einige Hallen. Unten sehen Sie schon die Burg von Escalona. 400 m nach den Hallen, bei km 21,3, kommen Sie an eine Weggabelung, an der Sie rechter Hand eine Mauer mit Zaun sehen. Hier biegen Sie nach rechts ab. Der Weg führt Sie immer auf die Burg zu bergab.

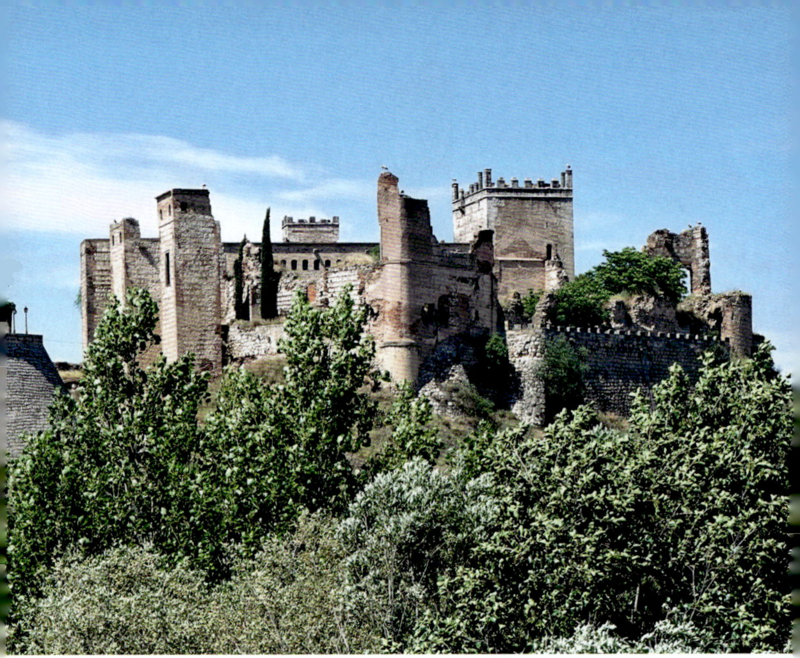

Die Burg von Escalona

Unten angekommen stoßen Sie auf ein kleines, asphaltiertes Sträßchen, an dem Sie nach links auf den Ort zugehen. Nach 600 m gelangen Sie an eine Tankstelle und einen Kreisel, den Sie rechtsherum halb umlaufen, um dann der Straße über den Río Alberche nach Escalona zu folgen. Auf der anderen Seite nehmen Sie die Stufen hinauf in den Ort und kommen in die Calle del Río, die Sie auf die Plaza Infante Don Juan Manuel führt (km 24,5). Schräg rechts davon Richtung Burg steht das Rathaus.

Escalona ⇧ 460 m, 3.200 Ew.

Touristeninformation, Plaza de Santa María, Torre del Agua, ☏ 925 780 942, www.ayto-escalona.com, www.turismocastillalamancha.es, turismo@escalona.es, Mi und Sa 9:30-14:00 und 10:30-19:30, So vormittags

Pilgerherberge, Avenida de Peñafiel (Richtung Nombela in der Schule neben der Guardia Civil), 6 Schlafplätze. Sprechen Sie an Schultagen die Mitarbeiter des Colleges an, ansonsten die lokale Polizei.

Casa Rural Plácida, Calle Lazarillo de Tormes, 9, 616 042 576, pilarolalla1973@gmail.com, € 25 p. P., vorher anmelden

Policia Local, Plaza de Santa María, 1, 925 780 092

Richtung Toledo, www.autocaresalvarezhnos.com/que-ofrecemos, www.autocarestoletum.es

Das Fundament des Burg-Schlosses von Escalona stammt von einer römischen Festung, die später von den Mauren eingenommen und im 11. Jahrhundert von Alfons VI., dem König von Kastilien-León, bei seinem Feldzug nach Toledo zurückerobert wurde. Fortan wurde sie zum Schutz gegen die Mauren genutzt. Später wurde sie im gotischen Stil erneuert und um einen Mudéjarpalast erweitert und diente den Landesherren Escalonas zu Militär- und Wohnzwecken.

Sehenswert ist auch die Pfarrkirche San Miguel Arcángel, in der eine Skulptur der Jungfrau Maria mit ihrem Kind aus dem 15. Jahrhundert erhalten ist.

Escalona – Almorox ➲ 8,6 km

Nach der Überquerung des Arroyo Tordillos fahren Sie 1,5 km durch unwegsames Gelände. Nehmen Sie bei Bedarf die Landstraße N-403 nach Almorox.

Auf der Mitte der Plaza Infante Don Juan Manuel mit dem Rücken zur Calle del Rio stehend laufen Sie geradeaus in das kleine Gässchen Calle San Miguel und erreichen nach 250 m die Puerta de San Miguel und die Pfarrkirche. Hinter dieser kommen Sie an eine Kreuzung und sehen vor sich ein Tor mit einer Mauer. Hier erkennen Sie zwei unterschiedliche Wegmarkierungen. Die eine zeigt geradeaus – dies ist der Verlauf des Camino de Sureste, der nicht über Almorox führt! Die andere zeigt nach rechts entlang der Mauer in die Avenida de Peñafiel. Das ist der Verlauf des Camino de Levante über Almorox. Sie folgen dieser an dem Restaurant La Casona vorbei in die Calle los Molinos, die Sie 500 m aus dem Ort hinausbegleitet. Anschließend wandern Sie auf einem Schotterweg den Berg hinunter und über eine Brücke über die Landstraße N-403 hinweg.

Auf der anderen Seite laufen Sie zunächst den Schotterweg 80 m nach rechts hinunter, sehen ein verfallenes Häuschen vor sich liegen und biegen dort scharf links in den Feldweg ab, der Sie 50 m zur Furt und einer kleinen Brücke über den Arroyo Tordillos führt.

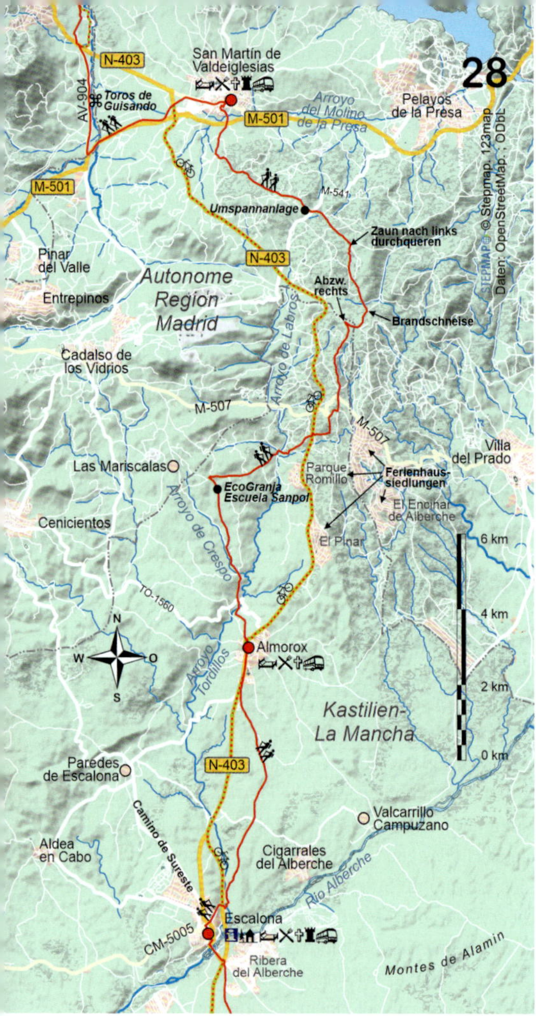

Auf der anderen Seite des Flusses wandern Sie an einem Strommast nach links einen Pfad entlang, der Sie aufwärts langsam von der Straße wegleitet. An einem Zaun kommen Sie an eine Weggabelung, bei der Sie geradeaus weiter den Strommasten den Hügel hinauf folgen. Zu dem Zaun auf der linken Seite des Weges gesellt sich bald einer auf der rechten.

Bei km 3,7 überqueren Sie eine Landstraße geradeaus in einen zunächst asphaltierten Weg. Auf der sich anschließenden Anhöhe sehen Sie in der Ferne schon Almorox. Durch ein kaum bebautes Industriegebiet kommen Sie wieder zurück zur Landstraße N-403. Dieser folgen Sie hinauf zur ✝ Pfarrkirche, die dem heiligen Christophorus – San Cristóbal – geweiht ist, in den Ort hinein. Hinter der Kirche biegen Sie rechts in die Fußgängerzone ab und kommen zur Plaza de la Constitución mit dem Rathaus und einem Pranger aus dem 16. Jahrhundert (km 8,6).

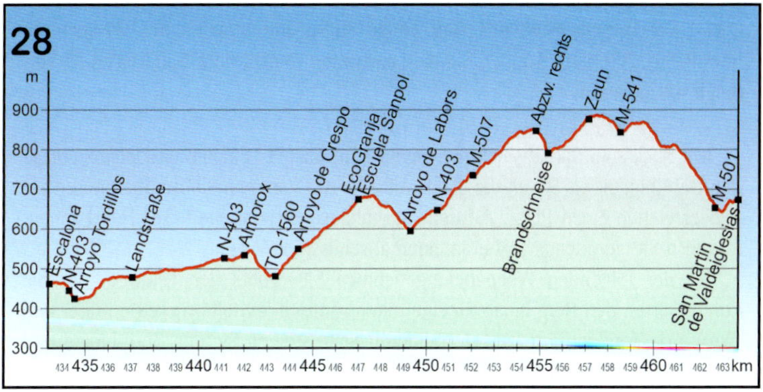

Almorox ⇧530 m, 2.300 Ew.

Rathaus, Plaza de la Constitución, 1, ☏ 918 623 002, www.almorox.es, info@almorox.es

Posada Bemi, an der N-403, Calle Berrocal/Ecke Calle San Pedro Yepocapa, ☏ 918 624 004, 606 364 941, jemicorsl@hotmail.com, EZ € 35, DZ € 55

♦ Casa Rural Royal Almorox, Plaza de la Constitución, 9, ☏ 918 623 825, 618 899 827, www.hostalroyalalmorox.es, hostalroyal@ hostalroyalalmorox.es, EZ € 50, DZ € 60

Mo-Sa nach Toledo, www.autocaresalvarezhnos.com/que-ofrecemos

Mit Almorox erreichen Sie den äußersten Ort Kastilien-La Manchas. Der Name leitet sich von dem arabischen Almurug ab, was so viel wie „Wiesen" bedeutet. Für das mutige Verhalten der Einwohner der Stadt, die an dem Feldzug Alfons des VI. nach Toledo teilnahmen, wurde dem Ort das Privileg verliehen, keine Steuern zahlen zu müssen. Später gehörte Almorox den Landesherren von Escalona, aber im 16. Jahrhundert erlangte der Ort Unabhängigkeit.

Almorox – San Martin de Valdeiglesias

➲ 21,7 km

Unterwegs gibt es keine Einkehr- oder Einkaufsmöglichkeiten.

🚲 Bei diesem Abschnitt sind einige steile und unwegsame Passagen zu bewältigen. Alternativ können Sie die Landstraße N-403 nach San Martin de Valdeiglesias nehmen.

Mit Blick zum Rathaus nehmen Sie links die Calle El Indiano und laufen 200 m den Berg hinauf, bis Sie an die Landstraße N-403 kommen. Diese überqueren Sie und erreichen einen Platz. An dem Stromhäuschen, das Sie linker Hand sehen, wandern Sie geradeaus vorbei in einen abschüssigen Weg.

An der folgenden Weggabelung nehmen Sie rechts den Feldweg, der Sie durch Gärten den Berg hinab zu einer alten römischen Steinbrücke und über den Arroyo de Torillos führt. Auf der anderen Seite steigen Sie den Berg hinauf und gehen unter der Landstraße TO-1560 hindurch auf einen Betonweg, der Sie weiter den Berg hinauf leitet. Auf einer Kuppe bei km 2,1, 700 m nachdem Sie die Straße unterquert haben, gelangen Sie an eine Kreuzung an der eine weiß-gelbe Markierung nach links zeigt.

Hier verbleiben Sie auf der Betonstraße geradeaus und überqueren den Bach Arroyo de Crespo. An der Weggabelung dahinter halten Sie sich links. Es folgen einige Abzweigungen zu Privathäusern. Sie wandern aber 800 m immer geradeaus in dem kleinen Tal und biegen erst bei km 3 an einer Weggabelung schräg rechts bergwärts ab. Die Betonstraße wird zu einem normalen Feldweg und schlängelt sich vorbei an vereinzelten Häusern den Berg hinauf. Nach weiteren 1,8 km, auf denen Sie immer auf dem Hauptweg geradeaus bleiben, passieren Sie die Ferienanlage EcoGranja Escuela Sanpol.

Nach der Anlage stoßen Sie bei km 5 auf einen Feldweg, dem Sie in einem Bogen nach rechts folgen. Nach Wochen ohne Wälder stehen Sie plötzlich zwischen Granitfelsen, Pinien und Steineichen. 2 km schlängelt sich die Sandpiste nun bergab, bis Sie bei km 7,2 den Bach Arroyo de Labros überqueren und sich rechts halten. Jetzt wandern Sie wieder bergauf und erreichen nach einer Linkskurve bei km 7,6 eine dreieckige Weggabelung. Hier halten Sie sich links und laufen hangaufwärts zur Landstraße N-403, die Sie bei km 8,4 erreichen.

Sie überqueren die Straße und gelangen an ein Gatter, gehen 50 m eine asphaltierte Straße entlang und biegen dann nach links, den Hang hinauf, in Richtung einer Stromleitung ab. Sie steigen dem Hauptweg und der Markierung folgend auf den Bergkamm. Oben an einer Wegkreuzung angelangt, pilgern Sie nach links, immer auf dem Kamm entlang, und überqueren die Landstraße M-507 bei km 10 geradeaus durch ein Weidetor.

Danach wandern Sie weiter auf dem Kammweg entlang, ohne nach links oder rechts abzubiegen. Bei km 12,1 stoßen Sie an ein Gatter und einen Betonweg, dem Sie nach rechts folgen.

Nach 1 km kommen Sie an einen Viehrost im Boden und sehen linker Hand eine Brandschneise. Diese gehen Sie erst steil hinunter und folgen ihr dann an einem Zaun entlang 2 km beschwerlich auf und ab, bis Sie den Zaun bei km 15,1 an einem Gatter nach links durchqueren. Er verläuft nun rechts von Ihnen und knickt nach 600 m rechts weg. (2019 existierte noch eine alte Markierung, die dem Gatter nach rechts folgt, dies ist aber ein Umweg.) Hier folgen Sie der neuen Markierung geradeaus auf einem sandigen Weg den Hang hinunter und passieren wieder ein Gatter, bevor Sie bei km 16,5 auf die Landstraße M-541 treffen und links eine Umspannanlage sehen.

Sie überqueren die Straße geradeaus und folgen den Wegmarkierungen den Hang hinunter. Bald sehen Sie schon San Martín de Valdeiglesias im Tal liegen. Bei km 19,8 stoßen Sie auf eine asphaltierte Straße, der Sie nach rechts 900 m bis zur Landstraße M-501 folgen.

Weg nach San Martin de Valdeiglesias

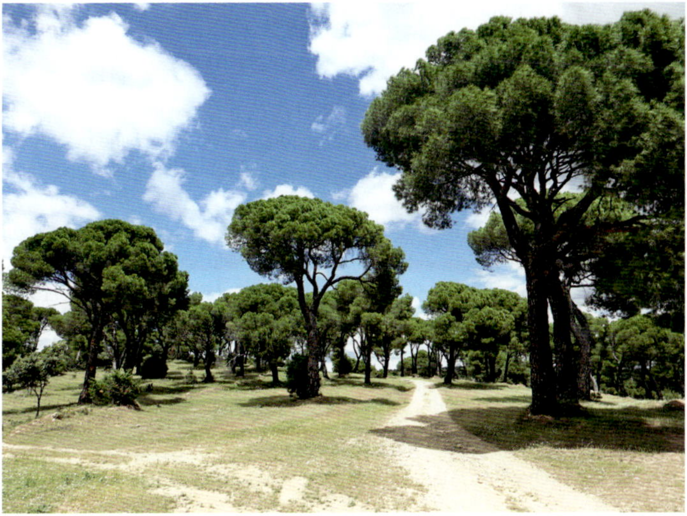

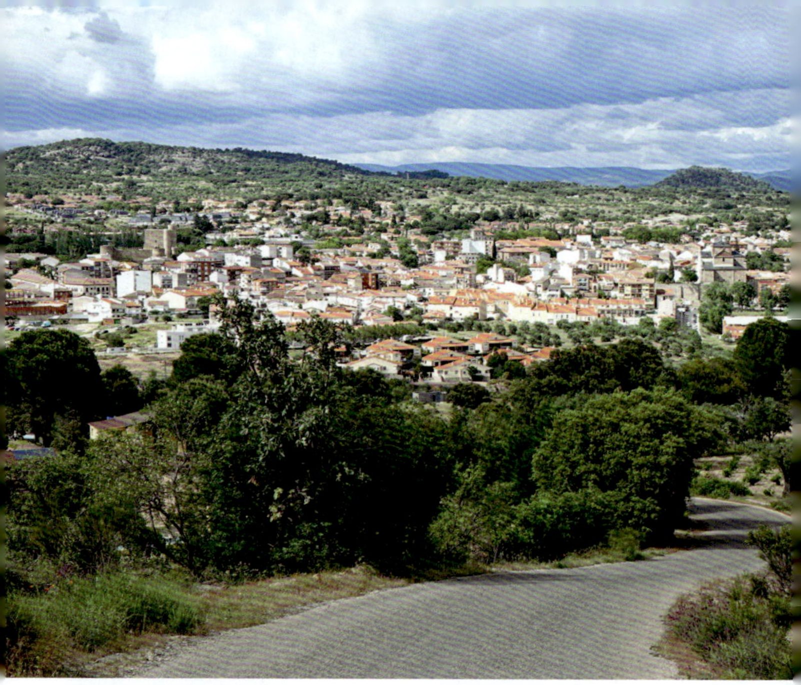

San Martin de Valdeiglesias

Diese überqueren Sie geradeaus in einen Feldweg, passieren die ✝ Ermita del Cristo de la Sangre, überqueren den Bachlauf des Arroyo del Molino de la Presa und steigen über die Calle Camino de la Sangre durch ein Neubaugebiet zum Stadtzentrum hinauf.

An einer Gabelung biegen Sie in die Calle de la Presa ab und gelangen zur Plaza de la Solana. Hier wenden Sie sich nach rechts in die Calle Tenerías. Anschließend zweigen Sie in die erste Straße nach links (in den Fußgängerweg) ab, gehen zwischen neuen Reihenhäusern hindurch und gelangen in die Calle Arroyo del Rucero. Hier halten Sie sich wieder links, überqueren die Avenida Madrid und kommen durch die Calle Corredera Baja zur Plaza del Rucero. An dieser laufen Sie links vorbei und spazieren an der folgenden Gabelung rechts durch die Calle del Arco zum Torbogen des Rathauses und zur Plaza Real mit der ✝ Pfarrkirche San Martín de Tours, Policía Local und einer 🍷 Bar (km 21,7).

San Martin de Valdeiglesias

⇧ 670 m, 8.300 Ew.

Rathaus, Plaza Real, 1, ☎ 918 611 308, www.sanmartindevaldeiglesias.es

Hotel Labranza, Calle del Arco, 3, 677 759 495, ☎ 918 611 653, www.hotellabranza.com, info@hotellabranza.com, EZ € 45, DZ € 60, Möglichkeit zum Waschen der Kleidung

♦ Hostal El Pilar, Plaza del Pilar, 1, ☎ 918 612 114, 650 292 341, www.hostalplazadelpilar.com, info@hostalplazadelpilar.com, EZ/DZ € 40

♦ Hotel Álvaro de Luna, Calle General Martínez Benito, 42, ☎ 918 612 933, 687 417 666, www.donalvarodeluna.es, über die Website, EZ/DZ € 70, für Pilger günstiger

Castillo de la Corcera, Calle Castillo, 670 640 313, Fr 16:00-19:00, Sa 11:00-14:00 und 16:00-19:00, So 11:00-14:00

nach Cebreros, www.cevesa.es

Der Ursprung von San Martín de Valdeiglesias liegt in einer kleinen Einsiedelei, die nach der Wiedereroberung Toledos gegründet wurde, um den Landstrich nach der maurischen Herrschaft wieder zu besiedeln. Im 13. Jahrhundert bildete sich um diese ein kleines Dorf, das sich San Martin de Tours nannte und zur Grundherrschaft des Klosters Santa María de Valdeiglesias gehörte. Nach einem Aufstand der Dorfbewohner, so heißt es, verkaufte das Kloster den Grundbesitz im 15. Jahrhundert an Don Alvaro de Luna, der daraufhin das Burg-Schloss Castillo de la Corcera errichten ließ. Die Grundmauern der Pfarrkirche Iglesia de San Martín Obispo gehen wohl auf die Zeit um das 13. Jahrhundert zurück. Obwohl San Martín de Valdeiglesias anfänglich eine kastilische Gemeinde war, gehört sie heute zur autonomen Region Madrid.

San Martin de Valdeiglesias – Cebreros

➲ 17,9 km

Unterwegs gibt es keine Einkehr- oder Einkaufsmöglichkeiten.

Sie verlassen die Plaza Real wieder durch den Torbogen des Rathauses, gehen an der Plaza del Rucero vorbei und laufen dann schräg rechts in die Calle de la Corredera Baja, die Sie zur Plaza de la Corredera führt. Hier spazieren Sie geradeaus in die Calle de la Corredera Alta und kommen an einen Kreisel mit der Stierkampfarena. Biegen Sie hier rechter Hand in die Carretera de Ávila ab. Dieser folgen Sie 700 m, bis Sie zu einem Peugeothändler am Ende des Ortes gelangen.

Hier laufen Sie schräg links in einen Feldweg. Nach 350 m unterqueren Sie die Straße N-403, wandern 500 m zur Landstraße M-501 und danach 1 km parallel zu ihr auf dem Weg weiter. Später wechseln Sie auf die M-501 und gehen 1,4 km bis zur nächsten Straßenkreuzung. Bei km 4,4 biegen Sie dem Schild nach Ávila folgend rechts ab und gelangen nach 1,5 km zu den ⌘ Toros de Guisando.

⌘ Der Berg Monte Guisando und das an seinen Hängen in Kiefernwäldern liegende, mittlerweile verfallene gleichnamige Kloster gaben den Granitstieren ihren Namen: Toros de Guisando. Sie stammen aus der Zeit, bevor die Römer im 2. Jahrhundert v. Chr. die Region besetzten – obwohl auf einem der Stiere eine römische Inschrift zu finden ist –, und gelten als Symbol für die lange Tradition des Stierkultes und -kampfes in Spanien. Der Legende nach fand 1468 hier die Proklamation Isabellas I. als kastilische Thronfolgerin statt. Auch in Miguel de Cervantes „Don Quijote“ werden die Stiere erwähnt.

♦ Mi, Fr-So 10:00-14:00 und 15:00-18:00, mehr Infos unter www.torosdeguisando.org, 697 657 272

Nach der Besichtigung der Toros wandern Sie weitere 1,5 km auf der Landstraße, bis Sie bei km 7,3 auf die N-403 treffen.

Es folgt über 4 km ein schwierig zu fahrender, steiniger Pfad. Alternativ überqueren Sie die N-403 geradeaus und gelangen nach 200 m auf die AV-502, der Sie links nach Cebreros folgen.

Wanderer gehen 50 m nach links an der Straße entlang und biegen dann rechts in einen Sandweg ab, der zu einem Haus führt. Vor dem Haus laufen Sie nach links in einen kleinen Feldweg, der später zu einem Pfad wird.

Ab hier pilgern Sie auf und ab durch ein buckliges, landschaftlich reizvolles Gebiet mit Sträuchern und Felsen. Der Weg ist ausreichend markiert. Bei km 11,4 treffen Sie auf eine kleine Landstraße, der Sie nach links – vorbei an der restaurierten Brücke La Casilla über den Arroyo Garganta de la Yedra – folgen. An einem Strommast nach etwa 1 km biegen Sie nach rechts in einen Feldweg ab.

Jetzt wandern Sie 1,5 km hinab zum Rio Alberche, den Sie über die beiden Römerbrücken Puente de Santa Justa und Puente de Valsordo queren, die Teil einer wichtigen Handelsstraße von Toledo in den Norden waren. Auf der anderen Seite können Sie auf Bänken in einem Pappelhain rasten, bevor Sie den letzten Anstieg nach Cebreros angehen.

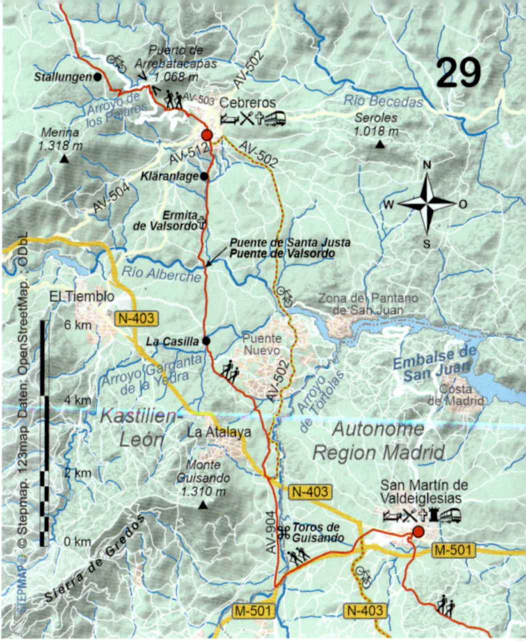

Von den Brücken aus steigen Sie auf einer Betonstraße weiter Richtung Cebreros auf und passieren die Wallfahrtsstätte ✝ Ermita de Valsordo, deren Ursprung auf das 13. Jahrhundert zurückzuführen ist. Unterhalb des Ortes kommen Sie an eine Kläranlage, bei der Sie die Betonstraße nach rechts auf einen bald steil ansteigenden Feldweg verlassen.

Am Ortseingang angelangt laufen Sie durch die Calle Barrio Matadero in die Stadt, überqueren die Carreta de El Tiemblo (AV-512) geradeaus in die Calle Toledo und folgen dieser bis zur Plaza España mit dem Rathaus und der ✝ Iglesia de Santiago (km 17,9).

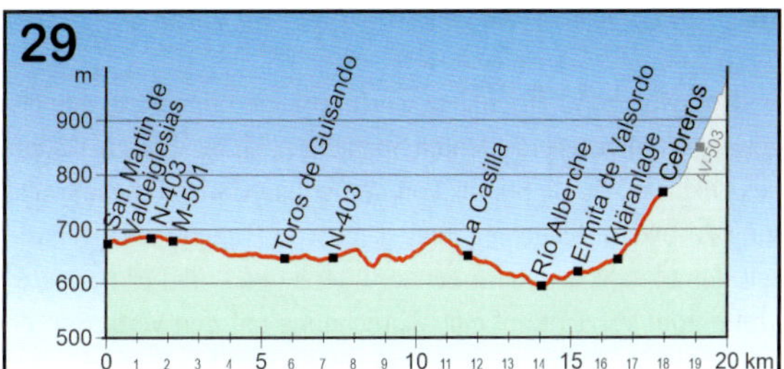

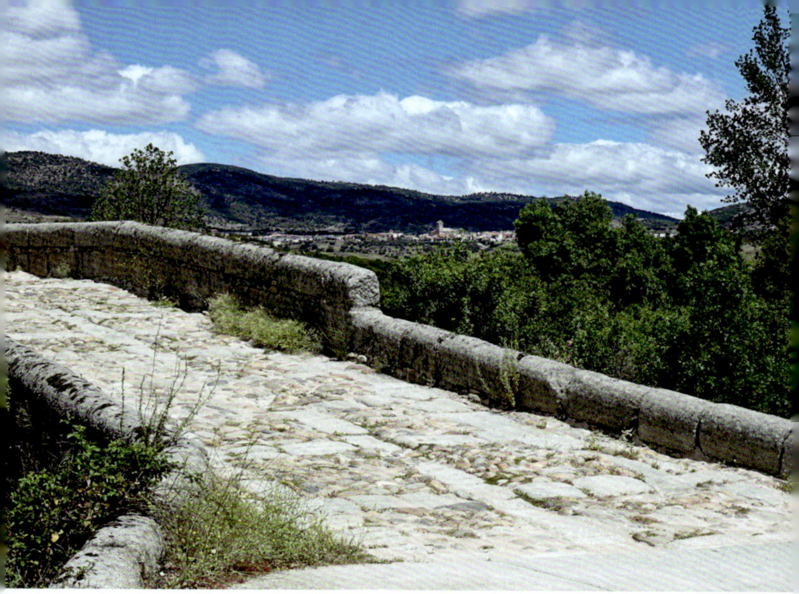

Auf dem Weg nach Cebreros

Cebreros ⇧ 760 m, 3.100 Ew.

ℹ ⊙	Rathaus, Plaza de España, 1, ☏ 918 630 010, www.cebreros.es
🛏	Hotel Draco's, Calle Serrallo, 51, ☏ 918 630 617, EZ/DZ € 50
♦	Hotel El Castrejon, Calle Canos, 10, ☏ 918 630 044, www.elcastrejon.com, hotelcastrejon@elcastrejon.com, EZ € 50, DZ € 58
⌘	Museo Adolfo Suárez y la Transición Calle Iglesia Vieja, ☏ 918 630 133, www.museoadolfosuarezylatransicion.com, Mi und Sa 10:00-14:00 und 16:30-18:00, So 10:00-15:00, Eintritt € 3
🚌	nach San Martín de Valdeiglesias, www.cevesa.es

Das Museo Adolfo Suárez y la Transición erinnert an den ersten demokratisch gewählten Ministerpräsidenten Spaniens nach der Franco-Diktatur. Nach dem Tod des Diktators wurde Suárez von König Juan Carlos I. beauftragt, eine neue Regierung zu bilden. Es gelang ihm, skeptische Franco-Anhänger von der Notwendigkeit demokratischer Reformen zu überzeugen, und er bewegte liberale und linke Kräfte zum Verzicht auf eine Abrechnung mit den Vertretern des alten Regimes.

Zugleich regionalisierte er das bis dahin zentralistisch gestaltete Spanien. Am 15. Juni 1977 gewann er die ersten freien Wahlen. Mit der Errichtung des Museums sanierte Cebreros gleichzeitig die alte Kirche Iglesia Vieja de Santiago aus dem 14. Jahrhundert.

Cebreros – San Bartolomé de Pinares ➲ 15,7 km

Unterwegs gibt es keine Einkehr- oder Einkaufsmöglichkeiten.

Von der Plaza de España laufen Sie die Avenida de la Constitución bergauf, bis Sie zum Museo Adolfo Suárez und der alten Jakobskirche gelangen.

Bis zum Pass kürzt der Camino die Serpentinen der Landstraße AV-503 ab und führt dann an Pfaden in der Nähe der Straße entlang. Um dies zu umgehen, können Sie der Avenida de la Constitución 450 m weiter bis zur Abzweigung nach San Bartolomé folgen und dann die Landstraße nehmen.

Wanderer biegen vor dem Museum in die Calle Iglesia Vieja nach links ab, überqueren die Carreta Ávila-Cebreros schräg nach links und laufen auf dem Camino Convento weiter hoch zum Ortsende. Dort halten Sie sich bei einer Gabelung schräg links in einen Schotterweg, der zu einem Wasserspeicher führt. Hinter diesem nehmen Sie einen steilen Pfad hinauf zur Landstraße AV-503.

Sie überqueren die Straße und folgen dem Pfad, der die Serpentinen der AV-503 abkürzt, bis zum Bergkamm. Nach 2,7 km auf dem Pass Puerto de Arrebatacapas (⇧ 1.068 m) angelangt, überqueren Sie die Straße erneut in einen Schotterweg, den Sie schon nach 70 m auf einer Kuppe mit Kiefern nach rechts in einen Pfad verlassen. Dieser verläuft zunächst parallel oberhalb der Straße in einem kleinen Kiefernwäldchen. Nach der Überquerung des Bachlaufs des Arroyo de los Pajares gelangen Sie auf Weiden und steigen einen Hang hinauf. Linker Hand sehen Sie eine Hütte mit Stallungen, an denen Sie in einiger Entfernung vorbeilaufen.

Vorsicht, Kuhherden in Familienverbänden mit Stieren!

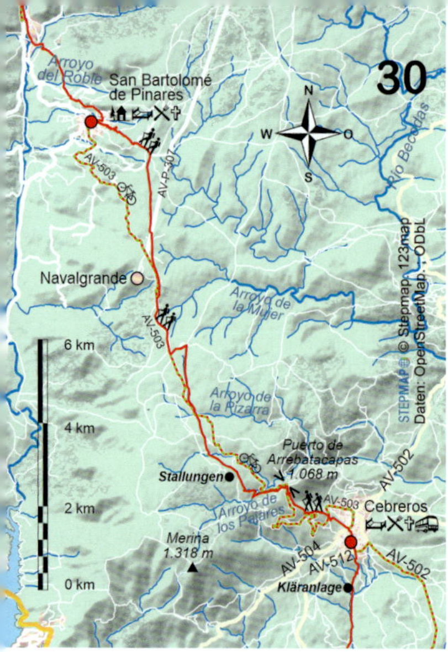

Auf der Kuppe sehen Sie rechts unter sich die Straße. An einer Steinmauer entlang und hinab in ein kleines Tal laufen Sie auf diese zu. Anschließend wandern Sie ein kurzes steiles Stück den Hang hinauf. Oben stoßen Sie auf einen geschotterten Weg. Sie bleiben aber weiter auf dem Pfad geradeaus, laufen wieder in ein kleines Tal und kommen bei km 6,5 erneut an die Landstraße AV-503, die Sie durch Weidetore an beiden Seiten überqueren. Jetzt pilgern Sie parallel zur AV-503 den Hang hinauf. Auf der Kuppe biegen Sie nach links in einen Schotterweg ab und erreichen ein Gatter und die Landstraße.

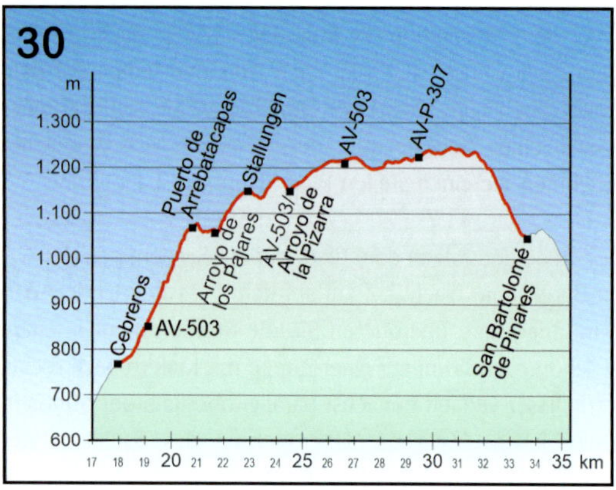

Nach rechts laufen Sie auf dieser 1,5 km, bis Sie ein gelber Pfeil auf der Straße nach rechts über ein Gatter im Weidezaun zu einer Mauer lenkt. Ab hier verläuft der Pfad parallel zur Landstraße. Nach weiteren 1,5 km erreichen Sie ein Feld, das von einer Steinmauer eingegrenzt wird. Hier überqueren Sie die Straße AV-P-307 durch Gatter an beiden Seiten und laufen links der Landstraße weiter. An einem türkisfarbenen kleinen Häuschen stoßen Sie wieder auf eine asphaltierte Straße, der Sie nach links durch eine Landschaft mit großen, buckeligen Felsformationen steil hinab durch Serpentinen bis nach San Bartolomé de Pinares folgen.

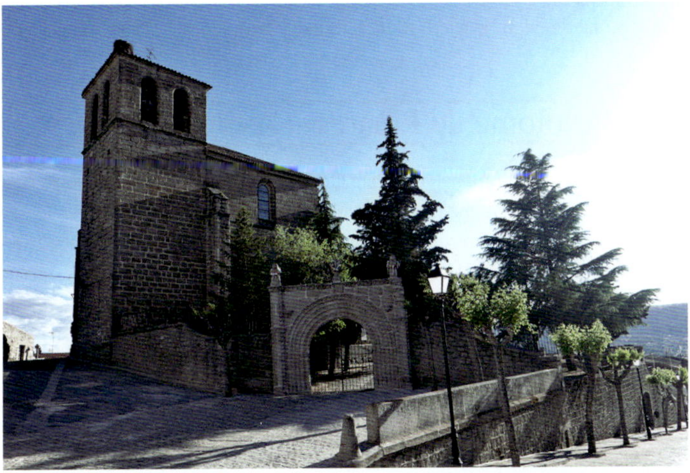

San Bartolomé de Pinares

Über die Calle de la Virgen gelangen Sie zum Rathaus mit einem kleinen Brunnen davor (km 15,7). Dahinter sind es nur 50 m bis zur ✝ Iglesia San Bartolome Apostol.

San Bartolomé de Pinares

BANK ✝
⇧ 1.050 m, 560 Ew.

Rathaus, La Virgen, 1, ☏ 920 270 001

Pilgerherberge im Gemeindehaus, Nebengebäude der Calle del Pino, 2, 605 349 788, 8 Schlafplätze, Schlüssel im Rathaus oder bei der Herbergsmutter in der Calle del Hogar, 8

Hostal El Patio, Calle la Paloma, 63, ☏ 920 270 106, EZ € 25, DZ € 35 (Wer nicht in der Pilgerunterkunft übernachten möchte, sollte hier frühzeitig anrufen, da nur wenige Zimmer zur Verfügung stehen.)

Jedes Jahr in der Nacht vor San Antón, am 17. Januar, wird in dem Bergdorf das „Luminarias-Fest" gefeiert. Dazu werden in den Straßen der Stadt rund zwanzig Lagerfeuer angezündet, über die mehr als hundert Pferde springen. Der Brauch besagt, dass der Rauch sie reinigt und von Krankheiten befreit. Obwohl der Ursprung der Tradition ungewiss ist, glauben die Bewohner, dass das Fest seit dem 18. Jahrhundert gefeiert wird. Gesunde Tiere waren damals lebensnotwendig.

San Bartolomé de Pinares – Ávila ➲ 25,2 km

Mit dem Rücken zum Brunnen und dem Gesicht zum Eingang des Rathauses stehend nehmen Sie die Straße rechter Hand desselben und gelangen nach 40 m in die Calle Mayor. Dieser folgen Sie nach rechts, bis Sie links ein rotes Backsteinhaus sehen und vor dem Haus nach links in die kleine Gasse einbiegen. Nach 20 m überqueren Sie die Calle la Paloma und biegen gegenüber schräg links in die Calle Barco ein.

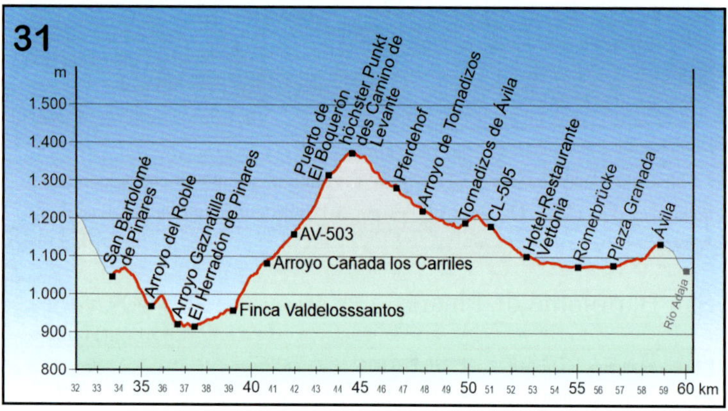

Danach überqueren Sie einen Bach und gelangen an einen kleinen Platz, den Sie schräg nach links queren, um anschließend rechts von den gelben Reihenhäusern den Hang hinaufzulaufen. Oben halten Sie sich schräg links in die asphaltierte Straße Calle Barco, die später zum Camino de La Nava wird.

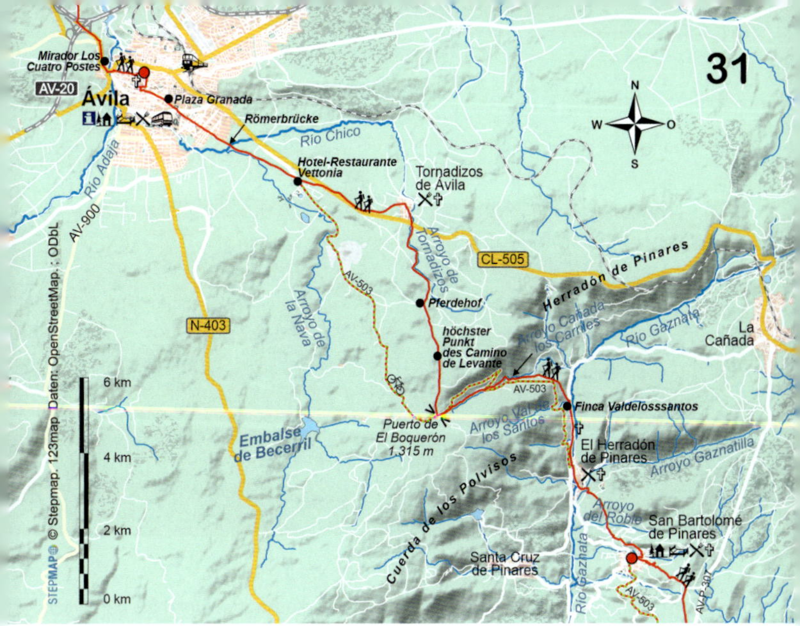

Diesem folgen Sie 1 km, bis Sie auf eine T-Kreuzung stoßen. Hier biegen Sie nach rechts in einen Feldweg und nur 40 m danach wieder nach links ab. Bei der folgenden Gabelung nehmen Sie den Weg schräg rechts und wandern hinunter zum Bach Arroyo del Roble. Sie überqueren ihn, laufen auf einer breiten Sandpiste leicht bergauf über einen Kamm und wieder abwärts zum trockenen Bachlauf des Arroyo Gaznatilla. Nach dessen Überquerung kommen Sie an eine asphaltierte Straße, die Sie hinunter nach **El Herradón de Pinares** ✕ 🍷 ✝ ⇧920 m, 480 Ew. führt (km 3,4).

🚲 Es folgt nun über 6 km ein steiler Pfad zum Pass Puerto de El Boquerón (⇧ 1.315 m). Empfehlenswert ist es darum, ab hier die Landstraße AV-503 oberhalb des Ortes zu nehmen. Am Pass haben Sie die Wahl, entweder dem Camino de Levante zu folgen oder weiter auf der AV-503 nach Ávila zu bleiben.

Wanderer halten sich in El Herradón de Pinares zunächst rechts vom Fluss Río Gaznata, bis der Weg Sie am Hauptplatz hinter einem Kinderspielplatz über eine alte Steinbrücke auf die andere Seite leitet. Von hier aus laufen Sie nach rechts Richtung Kirche und Plaza de la Iglesia.

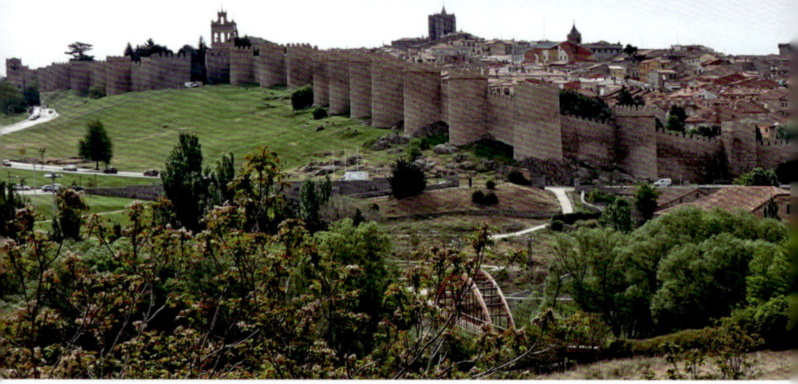

Die Stadtmauer von Ávila

Anschließend nehmen Sie die Calle Mayor stadtauswärts. Oberhalb von Ihnen verläuft die Landstraße AV-503. Auf der kleinen, asphaltierten Straße laufen Sie vorbei an einer ✞ Kapelle 1,5 km weiter, bis Sie die Einfahrt zur Finca Valdelossantos sehen und den Bach Arroyo Val de los Santos überqueren. Bei km 5,6 erklimmen Sie einen steilen Pfad nach links Richtung Straße hinauf.

Der Aufstieg zum Pass durch Kuhweiden, Dornenhecken und an Steinmauern entlang beginnt. Die Wegmarkierungen sind deutlich erkennbar und Sie wandern immer in der Nähe der AV-503 zum Pass. Bei km 7 gelangen Sie an den Bachlauf des Arroyo Cañada los Carriles. Während die Straße sich über Serpentinen den Kamm hinaufwindet, laufen Sie am Bach entlang und unterqueren die Passstraße unter einer Betonbrücke.

Anschließend steigen Sie ein kurzes Stück steil bergauf, bleiben danach aber immer parallel zum Bach und wandern auf den Pass zu. Oben angelangt erklimmen Sie durch eine kleine Eisentür nach rechts die Landstraße und laufen wenige Meter zum Puerto de El Boquerón (⇧ 1.315 m) auf der Straße (km 10).

30 m hinter dem Pass biegen Sie nach rechts durch ein Gatter auf einen Feldweg ab und laufen unter einer Stromleitung hindurch den Hang hinauf. Jetzt stehen Sie auf dem mit 1.378 m höchsten Punkt des Camino de Levante. Sie folgen dem Weg in ein weitläufiges Tal. Bei km 13 wandern Sie rechts an einem Pferde-

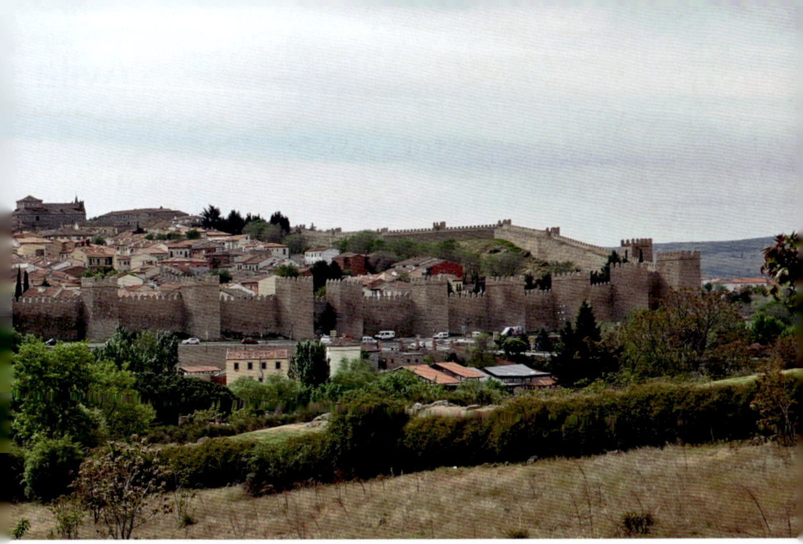

hof vorbei, immer weiter hinunter. Unter sich sehen Sie bald eine alte, verlassene Hofanlage mit Bäumen.

Bei km 14,3 führt Sie die Wegmarkierung von der Schotterpiste auf einen Trampelpfad nach rechts und folgt dem Bachlauf des Arroyo de Tornadizos vorbei an verstreut liegenden Wohnhäusern, einem Sportplatz und unter der Landstraße CL-505 hindurch nach **Tornadizos de Ávila** ✕ 🍷 ✞ ⇧ 1.190 m, 430 Ew. (km 16,2). Sie spazieren in den Ort hinein und stoßen auf die Calle Ávila, der Sie kurz nach links folgen, um gleich darauf an der Plaza la Fluenta nach rechts in die Calle Real abzubiegen. Dann nehmen Sie die erste Straße nach links und kommen zur Plaza Mayor mit dem Rathaus und der ✞ Pfarrkirche, die hier eine überdachte Symbiose eingehen.

Vorbei an der Kirche nehmen Sie die Calle Iglesia aus dem Ort hinaus und passieren den Friedhof. Auf einer kleinen Anhöhe können Sie schon in der Ferne Ávila erkennen.

Die Straße mündet nach 1,2 km in die CL-505. Sie laufen jedoch rechts parallel zur CL-505 auf einem Schotterweg weiter, überqueren diese bei km 18,7 und gelangen zum Hotel-Restaurante Vettonia und zum Golfhotel Fontecruz Ávila. Rechts vom Golfhotel laufen Sie in einen Schotterweg, der Sie 2,2 km bis an den Stadtrand von Ávila führt. Kurz vor den Toren der Stadt überqueren Sie eine alte Römerbrücke.

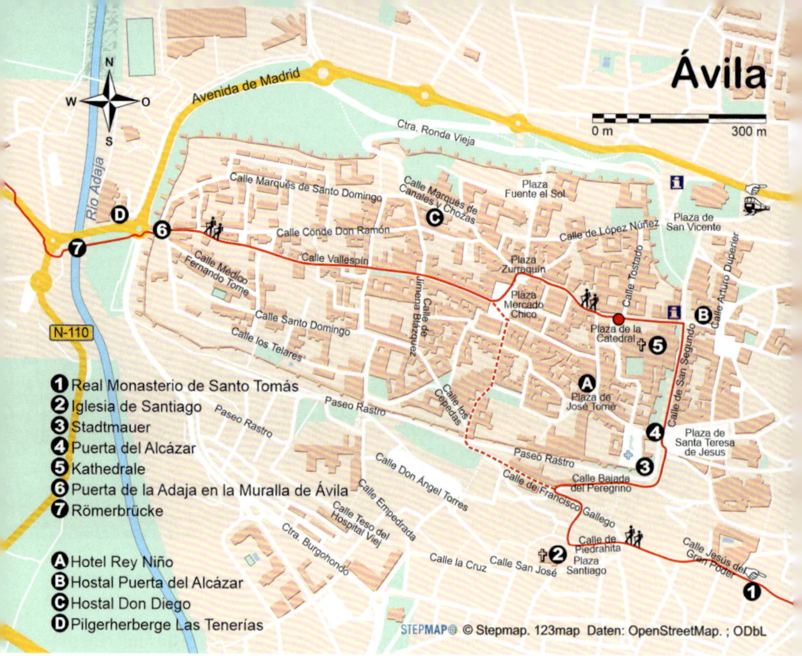

Am Ortseingang begrüßt Sie Ávila mit einem verfallenen Hof und einem bunten Gebäude. Ab hier sehen Sie die Wegmarkierung oft auf dem Straßenboden. Sie folgen jetzt der Avenida de la Juventud über fünf Kreisel hinweg 1,5 km geradeaus in die Stadt, bis Sie zur Plaza Granada gelangen, an der sich rechter Hand das Kloster Santo Tomás (Real Monasterio de Santo Tomás) befindet.

An diesem Kreisverkehr biegen Sie links in die Calle Jesús del Gran Poder ein und spazieren am Krankenhaus Provincial vorbei, bis Sie nach 700 m an eine Straßengabelung kommen, an der Sie die Calle de Piedrahita zur ✝ Jakobskirche (Iglesia de Santiago) führt. Vor der Kirche biegen Sie rechts hoch ab und laufen an der Plaza Santiago vorbei zur Calle de Francisco Gallego, in die Sie nach links einbiegen. Nur 50 m weiter gelangen Sie an die Abzweigung der Calle Bajada del Peregrino. An der Häuserecke gibt es zwei Wegoptionen:

1) Wenn Sie schnellstmöglich zur Pilgerherberge gelangen möchten, folgen Sie der Calle de Francisco Gallego weiter. Durch die Innenstadt können Sie dann zur Puerta de la Adaja en la Muralla de Ávila laufen, in dessen Nähe – am Flusslauf des Rio Adaja – sich die Herberge befindet (Wegbeschreibung von der Plaza de la Catedral am Anfang der nächsten Etappe).

2) Zur Kathedrale wenden Sie sich in die Calle Bajada del Peregrino, gehen schräg zur Stadtmauer hoch und biegen hinter ihr nach links in die Calle Nuestra Señora de Sonsoles ab, die an der Plaza de Santa Teresa de Jesus zur Calle de San Segundo wird. Spazieren Sie am ersten Stadttor, der Puerta del Alcásar, vorbei und nehmen Sie das nächste, kleinere Tor nach links zur Plaza de la Catedral (km 25,2).

Ávila

⇧ 1.130 m, 58.000 Ew.

- ⊙ Touristeninformationen: Calle de San Segundo, 17, und Avenida de Madrid, 39, ☏ 920 211 387, 920 354 000, www.turismoavila.com, www.avilaturismo.com, www.avila.es, www.turismocastillayleon.com, Mo-Sa 9:30-14:00 und 16:00-19:00, So 9:30-17:00, unterschiedliche Öffnungszeiten im Winter
- ⊙ Pilgerherberge Las Tenerías, an der Puerta de la Adaja en la Muralla de Ávia Richtung Fluss, 699 327 792, 8 Schlafplätze
- Hostal Puerta del Alcázar, San Segundo, 38, ☏ 920 211 074, www.puertadelalcazar.com, info@puertadelalcazar.com, EZ/DZ ab € 32
- ♦ Hostal Don Diego, Calle Marqués de Canales y Chozas, 5, ☏ 920 255 475 www.hostaldondiego.es, über die Website, EZ € 27, DZ € 37
- ♦ Hotel Rey Niño, Plaza de José Tomé, 1, ☏ 920 255 210, www.hotelreynino.com, info@hotelreynino.com, EZ € 35, DZ € 50
- ✝ Kathedrale, Mo-Sa 10:00-20:00, So 11:45-19:30, Eintritt € 6
- ⌘ Stadtmauer, www.muralladeavila.com, Mo-So 10:00-18:00, im Sommer bis 21:00, Eintritt € 5
- Richtung Arevalo, www.autocaresgasch.com/horarios-e-itinerarios
- tägl. nach Arevalo und Medina del Campo

Mit über 1.100 m ist Ávila die höchstgelegene Stadt der Iberischen Halbinsel. Der spanische Philosoph und Schriftsteller Miguel de Unamuno verglich sie mit einem Krustentier, welches seinen Panzer nach außen und das Fleisch nach innen kehre. Und so ist auch die Stadtmauer das Wahrzeichen der in das UNESCO-Weltkulturerbe aufgenommenen Provinzhauptstadt. Ihre Grundsteine errichteten schon die Römer im 3. Jahrhundert vor Christus, als sie hier eine wichtige Festungsanlage unterhielten und die Stadt Avela nannten. Nach dem Einfall der Mauren im 8. Jahrhundert litten die Einwohner unter der politischen Instabilität der Region. Nach der endgültigen Rückeroberung Ávilas durch Alfons VI. ließ er die gewaltige Stadtmauer im 11. Jahrhundert zum Schutz gegen die Mauren errichten. Heute gehört sie mit fast 2.500 Zinnen, 100 Türmen und 3 Stadttoren zu einer der am besten erhaltenen mittelalterlichen Maueranlagen Europas. Selbst die Kathedrale gleicht im Aussehen einer Wehrkirche. Sie wurde zwischen dem 12. und 14. Jahrhundert errichtet.

Die berühmteste Persönlichkeit der Stadt wurde am 28. März 1515 geboren: Teresa de Ahumada, die spätere heilige Teresa. Sie gründete mehrere Klöster der Unbeschuhten Karmelitinnen, die dem gleichnamigen Bettelorden angehörten, und prägte mit ihren Werken wesentliche katholische Reformen im 16. Jahrhundert.

Ávila – Gotarrendura ➲ 23,5 km

Unterwegs gibt es keine Einkehr- oder Einkaufsmöglichkeiten.

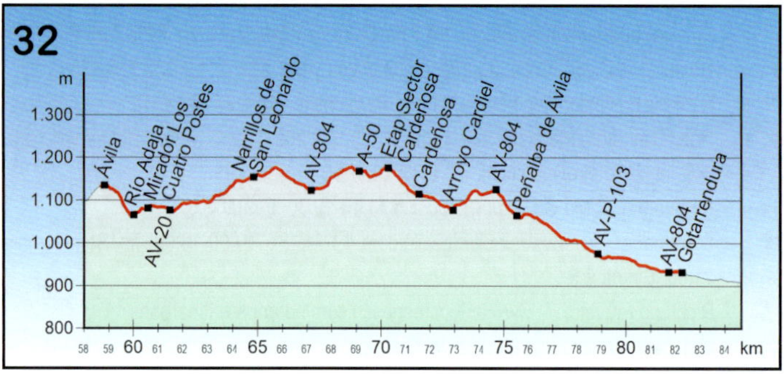

Sie stehen mit dem Rücken zur Post (Correos) und dem Gesicht zur Kathedrale an der Plaza de la Catedral, wenden sich nach rechts und gehen durch die Calle Tomás Luis de Victoria bis zur Plaza Zurraquín. Von hier gelangen Sie nach links durch Torbögen hindurch zur Plaza Mercado Chico. Diese überqueren Sie nach schräg rechts, um erneut durch Torbögen in die Calle Vallespín zu kommen, in der Sie die ersten gelben Pfeile am Boden entdecken. Diesen folgen Sie immer abwärts bis zur Puerta de la Adaja en la Muralla de Ávila.

Auf der anderen Seite kommen Sie an einen Kreisverkehr, an dessen rechter Seite die Pilgerherberge liegt. Auf der alten Römerbrücke überqueren Sie den Río Adaja. Am Kreisel auf der anderen Seite halten Sie sich rechts in die Landstraße N-110 Richtung Segovia. Nach 50 m biegen Sie wieder schräg rechts ab und kommen zum antiken Aussichtspunkt Mirador Los Cuatro Postes. Von hier aus haben Sie nochmals einen ausgezeichneten Blick auf die Stadtmauer Ávilas.

Ab jetzt wandern Sie bis nach Narrillos de San Leonardo an der Landstraße. Dazu laufen Sie von dem Aussichtspunkt aus entlang der N-110 an einer Tankstelle und dem Hotel Cuatro Postes vorbei und kommen an einen Kreisverkehr, an dem Sie geradeaus der N-110 weiter Richtung Autobahnauffahrt folgen. Rechter Hand erkennen Sie den Stausee Embalse de Mingorria. Sie gehen unter der Autobahn hindurch und gelangen erneut an einen Kreisel. Hier biegen Sie nach rechts in Richtung **Narrillos de San Leonardo** ✝ ⇧ 1.150 m, 360 Ew. in die AV-P-101 ein und erreichen auf der wenig befahrenen Landstraße nach 3 km den Ort (km 5,9).

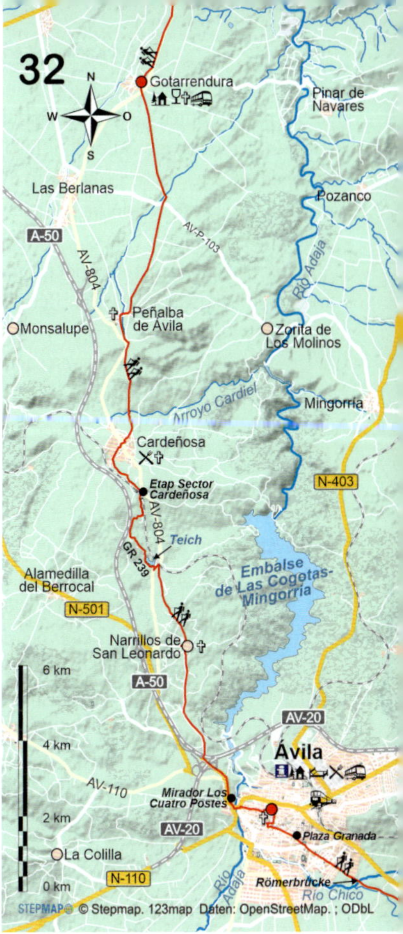

Sie folgen der Hauptstraße in den Ort bis zur kleinen Plaza de Los Tres Caños. Hier biegen Sie nach links in die Calle Iglesia ein und nehmen nach 100 m den Paseo de Los Poetas & Morera nach scharf rechts und laufen auf diesem dann nach 250 m schräg nach links aus dem Ort hinaus. Bald darauf wird aus dem Sträßchen ein Schotterweg und später ein Feldweg. An mehreren Kreuzungen folgen Sie der Markierung geradeaus.

Sie pilgern durch eine Weidelandschaft mit Büschen und Granitblöcken und sehen in der Ferne die Autobahn. Bald durchqueren Sie mehrere Weidetore und gelangen an eine antike gepflasterte Straße, die Calzada Antigua, und eine alte Steinbrücke. Diese wurde im Mittelalter genutzt, um Ávila mit der Region La Moraña zu verbinden.

Über einen Viehrost im Boden verlassen Sie die Wiese und gelangen bei km 8,4 an die Landstraße AV-804. Rechter Hand sehen Sie eine Bahnunterführung.

Hier entdecken Sie verwirrende Markierungen, die den früheren Wegverlauf kennzeichnen.

Folgen Sie dem Pfeil nach links und laufen Sie ein Stück an der AV-804 entlang. Nach 200 m sehen Sie eine Wegmarkierung des GR 239 und biegen scharf rechts in die alte Straße ein. 80 m später gelangen Sie an einen Viehrost, der links vom Weg in den Boden eingelassen ist.

Diesen überqueren Sie, passieren auf einem Sandweg ein Gebäude und steigen anschließend einen Hang hinauf. Rechter Hand sehen Sie einen kleinen Teich. Sie folgen der Markierung weiter auf dem Hauptweg und gelangen an die Autobahn A-50. 300 m laufen Sie parallel zu dieser (nicht durch die Unterführung hindurch), bis der Weg an einem Strommast nach rechts in eine Sandpiste abknickt.

Nach 1 km kommen Sie an ein markantes Gebäude mit Steinplatten („Etap Sector Cardeñosa") und einem Sendemast. Unten sehen Sie schon das kleine Örtchen **Cardeñosa** ✕ 🍸 🛒 ⚕ ✞ ⇧ 1.110 m, 440 Ew. liegen. Sie laufen über den Tunnel der Eisenbahnstrecke hinweg und biegen dann nach links Richtung Ort ab.

Sie folgen der Calle del Carril in den Ort hinein (km 12,7), bis Sie die Bar El Paso sehen. Hier biegen Sie nach rechts und an der nächsten Kreuzung nach links ab. An der folgenden Gabelung nehmen Sie den rechten Zweig, die Calle de Los Huesos, die Sie zur Landstraße AV-804 führt. Diese überqueren Sie geradeaus in die Calle de la Taberna und sehen am Ende die Kirche.

Vor dem Pfarrhaus biegen Sie scharf links ab und kommen an einem Kindergarten mit buntem Zaum vorbei. Dahinter laufen Sie nach rechts in die Calle del Lagar del Criado. Am Ende der Straße führt Sie ein Feldweg schräg links aus dem Ort hinaus.

Ein am Ortsausgang gelegener Rastplatz lädt zu einer Pause ein. Anschließend folgen Sie einem Sandweg, der an beiden Seiten von Steinmauern begleitet wird. Sie überqueren den Arroyo Cardiel, erreichen bei km 15,9 parallel zur Landstraße AV-804 eine kleine Anhöhe und sehen unten schon den Ort **Peñalba de Ávila** ✞ ⇧ 1.070 m, 110 Ew. liegen.

Vor Ihnen breitet sich eine schier unendlich weite Ebene aus. Von der Anhöhe aus laufen Sie bei einer Weggabelung nach links und stoßen auf eine kleine Kapelle, an der Sie rechts vorbei auf einer Betonstraße in den Ort wandern (km 16,7). Dort nehmen Sie bei einer Gabelung rechts die Calle Berlanas, die nach einem Rechtsbogen später zur Calle Cerrillo wird.

Am Ortsausgang gelangen Sie an eine Gabelung, der Sie nach links an einigen Steinsäulen vorbei folgen, um nach 300 m erneut auf eine Weggabelung zu stoßen. Hier halten Sie sich rechts und kommen nach 900 m wieder an eine Gabelung. Dieses Mal wenden Sie sich nach links und pilgern ab jetzt geradeaus weiter, bis Sie bei km 20 auf die Landstraße AV-P-103 stoßen. Rechter Hand sehen Sie Überreste von Ziegelsteinsäulen.

Auf der anderen Seite der Straße knickt der Weg nach 70 m links ab und überquert ein ausgetrocknetes Bachbett. Bei der folgenden Gabelung nehmen Sie den rechten Zweig und laufen 2,7 km geradeaus, bis Sie bei km 23 die Landstraße AV-804 überqueren und Gotarrendura erreichen.

Am Ortseingang stoßen Sie auf eine Kreuzung. Linker Hand befindet sich die Pilgerherberge in einem Backsteinhaus. Der Camino verläuft rechts weiter und gelangt über die Calle Camino Berlanas und die Calle Hernansancho zum Kirchplatz mit der ✞ Kirche San Miguel Arcangel und der Ermita Nuestra Señora de las Nieves (km 23,5).

Gotarrendura ⇧ 930 m, 160 Ew.

- Pilgerherberge, 689 764 807, 4 Schlafplätze, Küche, Waschmaschine. In der Dorfbar Los Nenes bei der Wirtin Rosa neben dem Rathaus in der Calle Mayor erhalten Sie meistens etwas zu essen (montags geschlossen).
- Richtung Arévalo und Ávila, www.hernansanchojavi.es/horarios/
- Taxi nach Arévalo, ☏ 920 303 237

In Gotarrendura kann der Palomar de Santa Teresa erkundet werden, ein begehbarer Taubenschlag, der der Legende nach auf dem einstigen Grundstück der Eltern der heiligen Teresa aufgestellt wurde.

Gotarrendura – Arévalo ➲ 28,6 km

Sie laufen rechts neben der Kirche in einen Feldweg, der Sie aus dem Ort ins Feld und nach 400 m parallel zur Landstraße AV-804 nach **Hernansancho** 🍷 ✝ 🚌 (☞ Gotarrendura) ⇧ 930 m, 180 Ew. führt.

Vor dem Ort stoßen Sie auf einen Kreisel, den Sie geradeaus in den Ort hinein überqueren, um dann weiter bis zur Plaza de la Iglesia mit der ✝ Pfarrkirche San Martin zu laufen (km 3,5). Hinter der Kirche biegen Sie nach links in die Calle del Teso ab und nehmen gleich darauf die erste Straße vor einem Zaun rechts (Avenida Mayor). Am Ende der Gasse nehmen Sie schräg links die Betonstraße aus dem Ort heraus, die bald darauf zu einem Schotterweg wird.

An den folgenden Weggabelungen laufen Sie jeweils rechts an landwirtschaftlichen Gebäuden vorbei. Nach 1 km erreichen Sie eine Kreuzung, bei der Sie schräg links in Richtung einer Halle mit rotem Dach gehen. Auf diesem Weg wandern Sie immer geradeaus, bis Sie den Ortsrand von **Villanueva de Gomez** 🍷 ✝ 🚌 (☞ Gotarrendura) ⇧ 880 m, 140 Ew. erreichen (km 7).

Sie überqueren die Landstraße AV-P-120 und laufen links der AV-804 am Ort vorbei. Nach 200 m entfernen Sie sich schräg nach links von der Straße und wandern immer geradeaus bis nach **El Bohodón** ✝ 🚌 (☞ Gotarrendura) ⇧ 890 m, 120 Ew. (km 10,9).

Am Ortseingang gehen Sie durch die Calle Constitución hinauf zum Rathaus und anschließend rechts durch die Calle Iglesia zur Pfarrkirche. Links neben der Kirche folgen Sie den Pfeilen auf eine kleine Betonstraße, die Sie zu einer Halle leitet. Vor dieser wenden Sie sich nach links und stoßen auf einen Feldweg, der Sie aus dem Ort hinausführt. Sie bleiben immer geradeaus auf dem Sandweg, bis

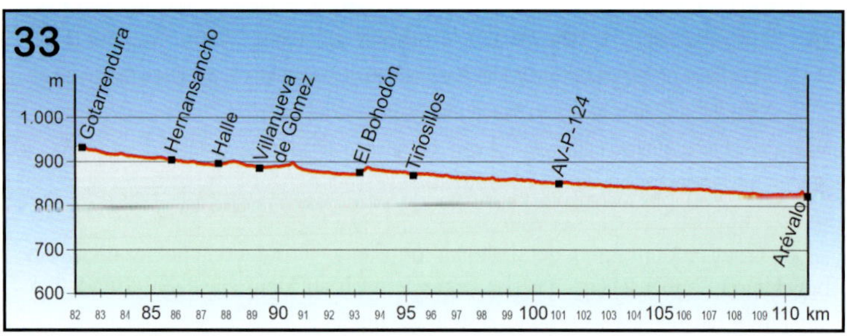

Sie **Tiñosillos** ✕ 🍷 🛒 ✝ 🚌 (☞ Gotarrendura) ⇧ 870 m, 800 Ew. erreichen (km 13).

Dort gelangen Sie wieder auf die AV-804, hier Calle Arévalo, der Sie nach links vorbei an Rathaus, ✝ Kirche, einem Lebensmittelgeschäft und einigen Bars folgen, bis Sie auf die Abzweigung nach Pedro Rodríguez stoßen. Hier biegen Sie schräg nach links in den Camino Burro ab, eine Betonstraße mit Doppelhäusern, die Sie aus dem Ort begleitet. Später wird die Straße zu einem Schotter- und Sandweg, der Sie in einen Pinienwald führt. Hier gewinnen die Einheimischen Harz.

Folgen Sie dem ausreichend markierten Weg, der in einiger Entfernung parallel zur AV-804 verläuft, durch den Wald. Bei km 18,7 überqueren Sie die Landstraße AV-P-124 und kommen 1,5 km später wieder an die AV-804. Auf ihr laufen Sie 2 km durch den Wald, bis Sie nach einem Feld auf einen Sandweg rechts neben der Straße einbiegen können. Auf diesem wandern Sie parallel zur AV-804 bis nach Arévalo.

Am Ortseingang stoßen Sie auf einen Kreisverkehr und spazieren geradeaus auf einem Fahrradweg neben der AV-804 weiter. Nach 1,6 km gelangen Sie zur Plaza de Frey Juan Gil, die Sie geradeaus überqueren, um

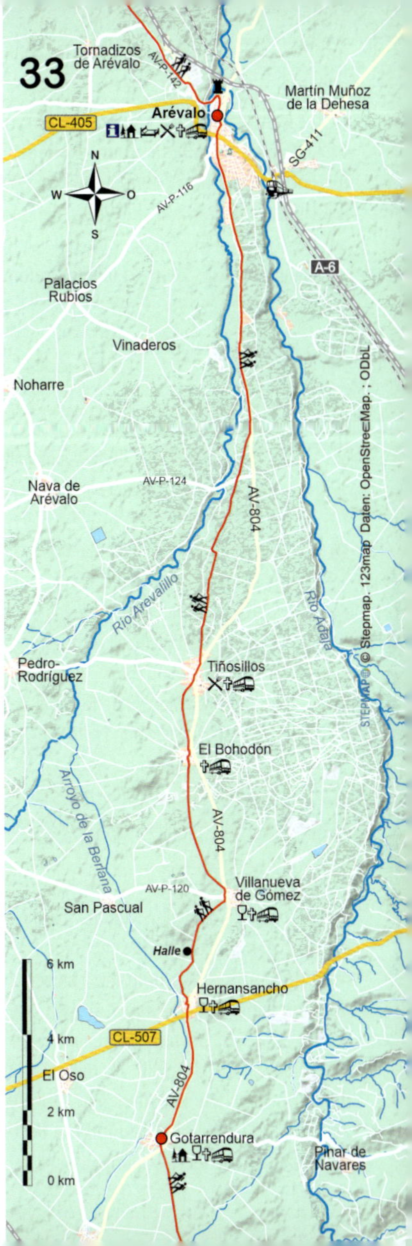

weiter zur Plaza de San Francisco zu laufen. Hier biegen Sie schräg rechts in die Calle Capitán Luis Vera ab und kommen zur Plaza del Salvador mit der gleichnamigen ✞ Pfarrkirche. Hinter der Kirche nehmen Sie die Calle Zapateros schräg links und gelangen auf die Plaza del Arrabal, die Sie geradeaus überqueren, um an das Tor Arco De Alcocer und die dahinterliegende Plaza Real mit dem Rathaus zu gelangen (km 28,6). Hier befinden sich die Tourismusinformation und die lokale Polizei.

Arévalo

⇧ 830 m, 8.100 Ew.

Touristeninformation, Arco de Alcocer, ☏ 920 301 380, www.arevalo.es, www.ayuntamientoarevalo.es, www.turismocastillayleon.com, turismo@ayuntamientoarevalo.es, Di-Sa 10:00-14:00 und 16:30-19:00, So 11:00-14:00

Pilgerherberge, Calle Santa Maria, 13, Schlüssel im Touristenbüro oder bei der Policía Local

Hotel Fray Juan Gil, Avenida los Deportes, 2, ☏ 920 300 800, www.hotelfrayjuangil.com, hotelfrayjuangil@hotmail.com, EZ ab € 30, DZ ab € 42

♦ Hostal Del Campo, Calle Eusebio Revilla, 9, ☏ 920 301 681, 920 302 496, www.hostaldelcampo.com, hostaldelcampo@gmail.com, EZ € 30, DZ € 45

Policía Local, Plaza del Real, 12, ☏ 920 303 091

nach Ávila, www.autocaresgasch.com/horarios-e-itinerarios/

tägl. nach Ávila und Medina del Campo

Stadthistoriker glauben, der Name Arévalo stamme von dem keltischen „arewalon", was als „an der Mauer" zu interpretieren ist. Fest steht, dass die Römer den Ort Arevalorum nannten. Ähnlich wie in Ávila führte die politische Instabilität nach der Eroberung durch die Mauren zu einer Entvölkerung des Gebietes. Nach der Vertreibung der Araber wurde die Wiederbevölkerung durch fünf Familien vorangetrieben. Darum ist Arévalo unter dem Namen „la ciudad de los cinco linajes" („die Stadt der fünf „Familien"-Linien") bekannt. Als Grenzstadt zwischen den Königreichen Kastilien und Léon gewann sie rasch an Bedeutung. Davon zeugt die Plaza de la Villa mit ihren dekorativen Arkadengängen und den zwei aus dem 12. Jahrhundert stammenden Kirchen Iglesia de San Martin und Iglesia de

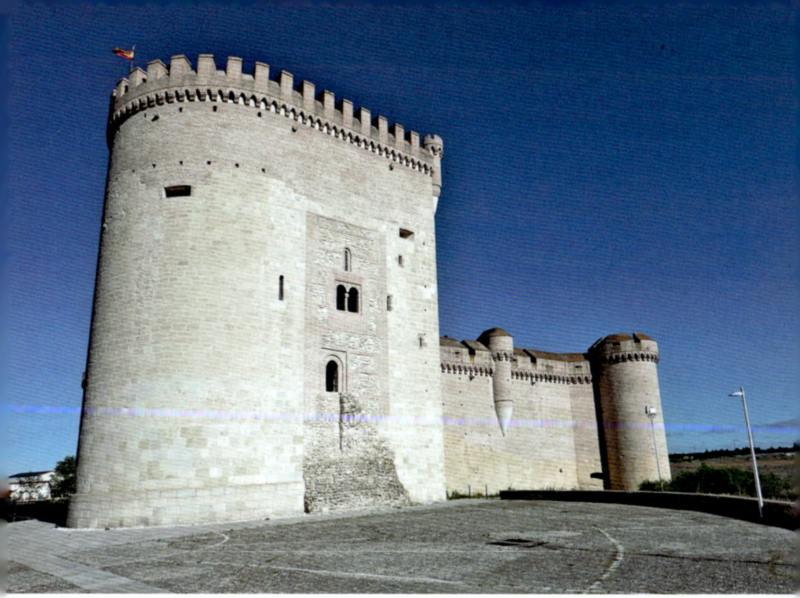

Castillo de Arévalo

Santa Maria la Mayor. Stadtgeschichtlich relevant ist auch, dass die spätere Königin Isabella I. sieben Jahre ihrer Kindheit in Arévalo verbrachte, bevor sie im Alter von 11 Jahren zusammen mit ihrem Bruder an den Hof nach Madrid geholt wurde. Vermutlich ist dies der Grund, warum sie die vom Anfang des 15. Jahrhundert stammende Burg unter ihrer Regentschaft in eine luxuriöse Unterkunft für hochrangige Persönlichkeiten umbaute, die einer gewissen Kontrolle bedurften, wie z. B. Prinz Philipp von Oranien, dem es untersagt war, mit seiner Familie zu korrespondieren.

Bedeutend ist auch, dass im Juli 1494 in Arévalo das kurz zuvor in Tordesillas am Duero zwischen Spanien und Portugal getroffene Abkommen „Tratado de Tordesillas“, welches die Einflusssphären beider Staaten in Südamerika aufteilte, ratifiziert wurde.

Arévalo – Ataquínes ➲ 17,2 km

Optional können Sie auch direkt nach Medina del Campo (Arevalo – Medina del Campo: 34,4 km, ↑ 244 m, ↓ 359 m) pilgern.

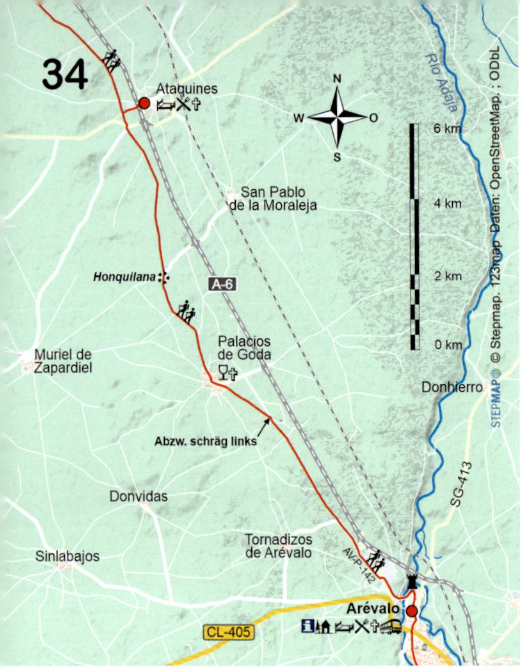

Mit dem Gesicht zum Rathaus spazieren Sie links neben diesem in die Calle de Santa María, laufen an der Plaza de la Villa vorbei und durch das Tor des Glockenturms der ✝ Iglesia de Santa María bis zum Castillo de Arévalo.

Dort nehmen Sie die Avenida Castillo nach links hinunter zum Fluss Río Arévalillo, überqueren diesen und laufen auf der anderen Seite schräg rechts auf einen roten Fahrradweg und bis zu einem Kreisverkehr. Hier gehen Sie geradeaus weiter bis zu einem nächsten Kreisel, bei dem Sie die Avenida Arévalo überqueren und vor dem Autohaus Arévalo Motor in die Landstraße AV-P-142 einbiegen. Gleich hinter dem Gebäude wenden Sie sich nach rechts in die Calle Real Cañada Carunesa, die Weiterführung der AV-P-142.

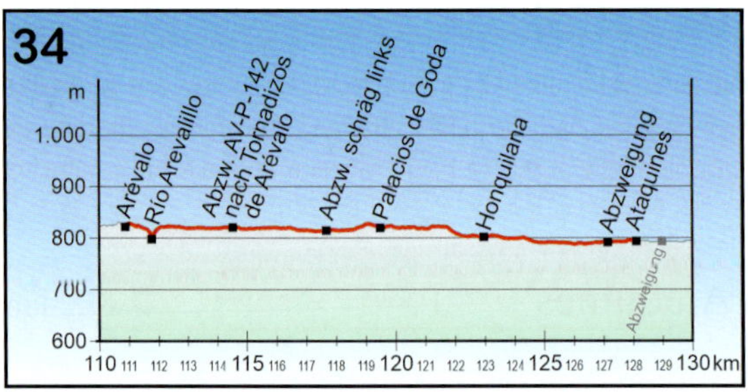

Jetzt wandern Sie auf der Straße durch ein zum Teil unbebautes Industriegebiet. Rechter Hand verläuft in einiger Entfernung die Autobahn A-6. Sie bleiben 5 km auf dieser wenig befahrenen Straße und biegen dann bei km 6,8 schräg links in einen Sandweg ein. Nach weiteren 1,5 km erreichen Sie **Palacios de Goda** 🍷 ✞ ⇧ 820 m, 410 Ew. (km 8,6).

Immer geradeaus über die Calle del Espino und später die Calle de la Estación laufen Sie in den Ort. Nach einem Kinderspielplatz und einer Kreuzung stoßen Sie auf eine Mauer und gehen nach rechts durch die Calle de Cuenca zur Plaza Mayor mit dem Rathaus und der Rückseite der Pfarrkirche. Sie überqueren den Platz schräg nach rechts und wandern über die Calle del Oro vorbei an landwirtschaftlichen Hallen und dem Friedhof geradeaus hinaus auf weite Felder.

Bei km 9,9, etwa 900 m hinter dem Ort, gabelt sich der Weg. Hier halten Sie sich links und pilgern nach weiteren 2 km an den Ruinen des Ortes Honquilana vorbei. Bei Abzweigungen folgen Sie dem Hauptweg immer geradeaus durch eine Landschaft, die durch kegelförmige Hügel geprägt ist. Vor Ataquines stoßen Sie bei km 16 auf eine Landstraße und einen Kreisverkehr. Hier haben Sie verschiedene Möglichkeiten:

Wer direkt weiter bis nach Medina del Campo pilgert, läuft an dem Kreisel geradeaus weiter. Wer im 🛏 Hostal Los Arcos übernachtet, geht auf der Landstraße nach rechts zur Autobahn, an der sich das Hostal befindet (von dort aus sind es etwa 500 m in den Ort). Wer in dem Dorf eine Rastmöglichkeit sucht, spaziert an dem Kreisel geradeaus weiter und biegt 300 m später, der asphaltierten Straße folgend, nach rechts zu einer grünen Halle ab. Über eine Fußgängerbrücke gelangen Sie zu einem Park und anschließend zur Plaza Mayor mit dem Rathaus (km 17,2). Neben dem Park an der Autobahn befinden sich eine Bar und ein Restaurant. (Der GPS-Track folgt dieser Wegbeschreibung.)

Ataquínes 🛏 ✕ 🍷 🛒 BANK ✞ ⇧ 800 m, 570 Ew.

🛏 Hostal Los Arcos, Ctra. Madrid Coruña, 9, ☏ 983 815 350,
💻 www.losarcosrestaurante.net, ✉ adolfo.oliegos@gmail.com,
EZ ab € 30, DZ ab € 42

⊙ Rathaus, Plaza Mayor 1, ☏ 983 815 905,
💻 www.ataquines.ayuntamientosdevalladolid.es,
✉ ayuntamiento@ataquines.gob.es

Schritt für Schritt wurde das nahezu menschenleere Gebiet nach der endgültigen Rückeroberung durch die Christen im 12. Jahrhundert wiederbesiedelt. In dem Örtchen Ataquínes lebten die Menschen lange Zeit als Selbstversorger von der Landwirtschaft und Viehzucht. Erst im 17. Jahrhundert errichteten die Bewohner die Johannes dem Täufer geweihte Kirche auf den Grundmauern einer früheren Burg.

Ataquínes – Medina del Campo ➲ 18,8 km

☝ Unterwegs gibt es keine Einkehr- oder Einkaufsmöglichkeiten.

Sie laufen wieder zurück zur Abzweigung nach Ataquínes und setzen den Weg nach rechts in den bereits beschriebenen Schotterweg fort, der parallel zu einer Stromtrasse und in einiger Entfernung zur Autobahn A-6 verläuft. Sie passieren eine kleine Umspannanlage und mehrere Fotovoltaikanlagen, bevor Sie **San Vicente del Palacio** ✝ 170 Ew., ⇧ 750 m erreichen (km 6,2 bzw. km 22 ab Arévalo).

Dort laufen Sie durch die Calle Progreso bis zur ✝ Pfarrkirche von San Vicente del Palacio. Nach der Kirche gelangen Sie auf einen kleinen Platz und gehen an seinem Ende hinter einem Backsteinhaus nach links in eine Seitenstraße, die nach einer Gabelung, an der Sie sich nach rechts halten, zur Calle de la Vega wird. Diese führt Sie aus dem Ort hinaus.

Der Weg leitet Sie jetzt von der Autobahn weg, überquert den trockenen Bachlauf des Río Zapardiel und schwenkt in einem weiten Bogen nach Medina del Campo. In der Ferne erkennen Sie eine Art Fernsehturm oberhalb der Stadt. Auf diesen laufen Sie auf dem ausreichend markierten Weg zu.

An einer Weggabelung bei km 10,5 (km 26,3 ab Arévalo) sehen Sie vor sich rechter Hand große weiße Hallen mit gebogenen Dächern. Hier biegen Sie nach links ab, um 280 m weiter an einem Stein des Jakobsweges gleich wieder nach rechts abzubiegen. Jetzt pilgern Sie auf sandigen Wegen an kleinen Kiefernwäldchen vorbei und durch sie hindurch.

Über eine Fußgängerbrücke überqueren Sie den ausgetrockneten Bachlauf des Arroyo del Simplón und gelangen wieder in die Nähe der Autobahn A-6. Sie unterqueren eine Bahntrasse und stoßen auf die Autobahnabfahrt nach Medina del Campo.

Vorbei an dem Hotel San Roque laufen Sie an dem Autobahnzubringer entlang in die Stadt. Sie folgen der Avenida del V Centenario de Isabel la Católica geradeaus und passieren den Parque Villa De las Ferias, hinter dem das Castillo de La Mota thront.

Am Ende des Parkes befindet sich rechter Hand die Policía Local. An dem dort befindlichen Kreisel biegen Sie schräg links in die Calle de las Farolas Antigua Angel Molina ein, die später zur Calle Simón Ruiz wird ein und erreichen nach 450 m die Plaza Mayor de la Hispanidad mit der ✞ Iglesia de La Colegiata, dem Rathaus und der Touristeninformation (km 18,8 bzw. km 34,4 ab Arévalo).

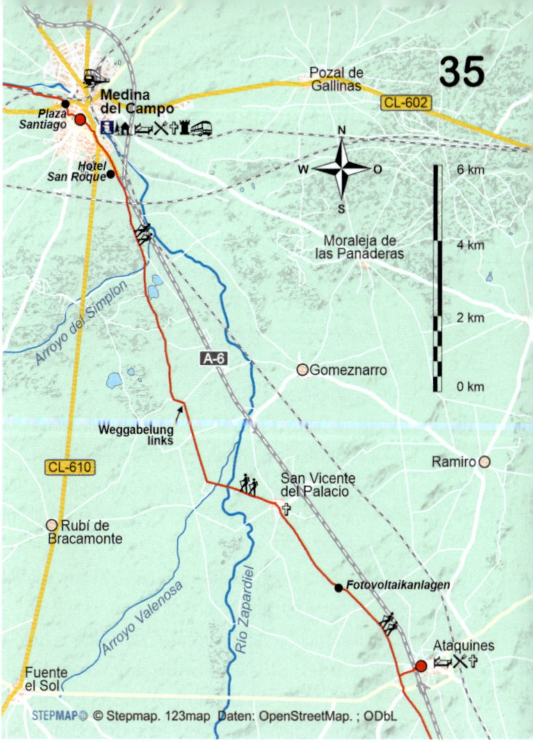

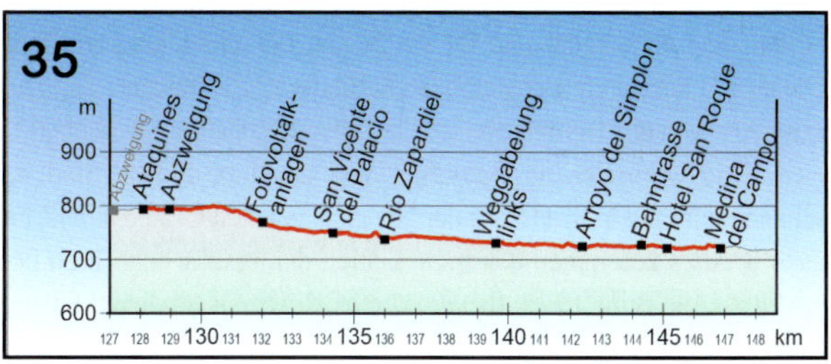

Medina del Campo

⇧730 m, 21.000 Ew.

Touristeninformation, Plaza Mayor de la Hispanidad, 48, 983 811 357, www.medinadelcampo.es, turismo@ayto-medinadelcampo.es, Di-Sa 10:00-14:00 und 15:45-19:00, So und Mo 10:00-14:30

Herberge Convento de Carmelitas, Plaza San Juan de la Cruz, 983 800 126, 669 211 481, Matratzenlager, gegen Spende

♦ Jugendherberge, Carretera de Peñaranda, 18, 610 002 470, www.juventudmedina.es/albergue-juvenil, albergue@medinadelcampo.es, 120 Schlafplätze, € 15 p. P.

Hostal La Plaza, Plaza Mayor de la Hispanidad, 34, 655 256 430, www.hostal-la-plaza.es, EZ € 25, DZ € 40

♦ Hotel Reina Isabel, Calle Claudio Moyano, 18, 983 800 341, www.hotelreinaisabel.info, recepcion@hotelreinaisabel.info, EZ € 55, DZ € 73

Castillo de la Mota, 983 810 063, www.castillodelamota.es, Mo-Sa 11:00-14:00 und 16:00-18:00, So 11:00-14:00, Eintritt € 6

⌘ Testamentsmuseum Testamentario de Isabel la Católica, Plaza Mayor de la Hispanidad, 2 983 810 063, www.palaciorealtestamentario.es, Di-Sa 10:00-14:00 und 16:00-19:00, So und Mo 11:00-14:30, Eintritt € 2,50

♦ Messemuseum Museo de las Ferias, Calle San Martín, 26, www.museoferias.net, Mi und Sa 10:00-13:30 und 16:00-19:00, So 11:00-14:00, Eintritt € 2

nach Nava del Rey, www.ayto-navadelrey.com/nava/transporte.html

tägl. nach Toro, Zamora sowie nach Arévalo, Ávila und Madrid

Wahrzeichen Medina del Campos ist die Burg, deren Ursprung auf das 11. Jahrhundert zurückgeht und die zu Beginn der Besiedlung im Stadtzentrum lag. Die im 13. Jahrhundert entstandene Kernburg wurde im Laufe des 15. Jahrhunderts erweitert. Vor der Heirat von Isabella I. von Kastilien mit Ferdinand II. von Aragonien 1469 wechselte die Herrschaft über die Burg und die Stadt mehrmals zwischen den bis dahin rivalisierenden Reichen. Nachdem Isabella 1474 nach dem Tod ihres Bruders zusammen mit ihrem Gatten den kastilischen Thron bestiegen hatte, erhielt sie die Burg 1475 als verspätetes Hochzeitsgeschenk. Später diente diese Burg als „Staatsquartier" für bekannte Persönlichkeiten, welche unter besonderer Aufsicht standen, ähnlich der Burg von Arévalo. Hier ließ Isabella ihre eigene

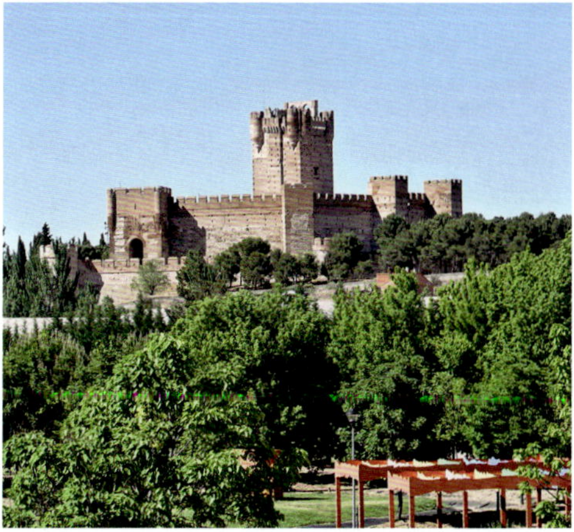

Medina del Campo, Castillo

Tochter Johanna einige Zeit festsetzen, um zu verhindern, dass die potentielle Thronfolgerin ihrem Gemahl, Philipp dem Schönen aus dem Hause Habsburg, nach Burgund folgte. Isabella, vom Papst mit dem Beinamen „die Katholikin" ausgezeichnet, verstarb mit 53 Jahren am 26.11.1504 in Medina del Campo und verfasste hier ihr Testament.

Im Mittelalter war die Stadt auch ein bedeutendes Handels- und Finanzzentrum. Ein Spruch der damaligen Zeit war: „Wenn die Bank von Medina wackelt, wackelt die Bank der Welt." Zeugnis der regen Handelstätigkeit waren die Messen, die jeweils im Mai und Oktober stattfanden. Händler aus ganz Europa boten hier ihre Waren feil. Noch heute können Sie Plaketten auf der Plaza Mayor finden, die die Standplätze der Händler markierten.

Medina del Campo – Nava del Rey ➲ 15,1 km

☞ Unterwegs gibt es keine Einkehr- oder Einkaufsmöglichkeiten.

Mit dem Rücken zum Rathaus und zur Iglesia de La Colegiata stehend biegen Sie links in die Calle del Alimrante ein und laufen an der Plaza San Juan mit dem Convent de Carmelitas und der ✝ Iglesia de la Inmaculada vorbei. Nach 200 m stoßen Sie auf die Calle San Martín, die Sie nach links bis zur Plaza de San Agustín führt. Dort biegen Sie nach rechts in die Ronda del Apóstol Santiago ab und kommen nach 300 m zur Plaza Santiago, wo sich ein deutliches Hinweisschild für die beiden unterschiedlichen Wege Camino de Levante und Camino del Sureste befindet.

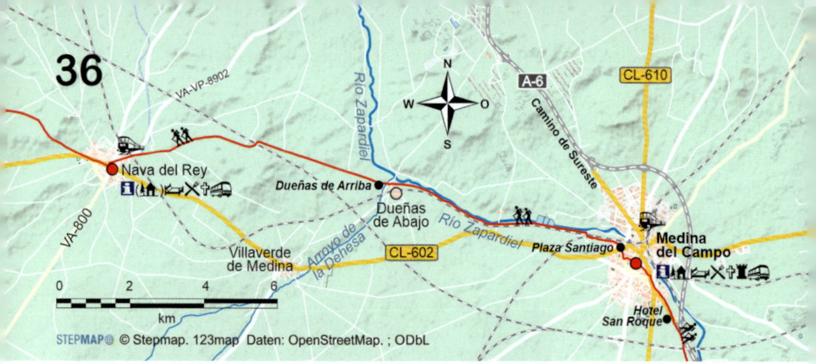

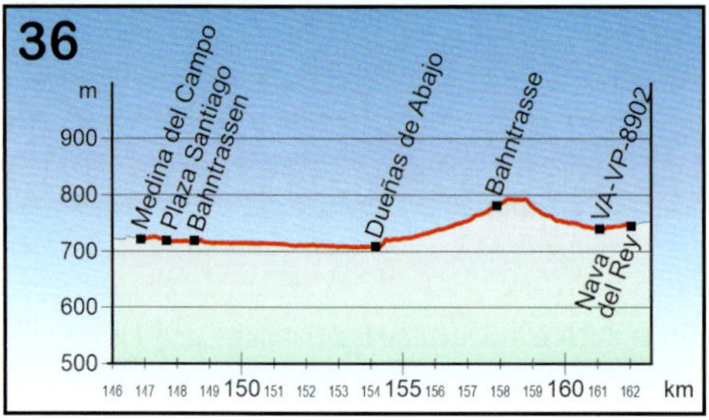

Sie überqueren die Landstraße CL-602, laufen bis ans Ende des Platzes und biegen dort schräg links in die Calle San Lázaro. Außerhalb der Stadt wird der Weg zur Schotterpiste und Sie überschreiten nach 600 m zwei Bahngleise. Auf der anderen Seite wandern Sie immer zwischen der Bahnstrecke linker Hand und dem Río Zapardiel rechter Hand bis zur kleinen Ansiedlung Dueñas de Abajo.

Hier überqueren Sie die den Arroyo de la Dehesa und laufen bei der sich anschließenden Kreuzung geradeaus/schräg links an einer weißen Mauer entlang den Hang hinauf zu dem oben liegenden Gehöft Dueñas de Arriba hinauf.

Durch dieses spazieren Sie hindurch und pilgern dann 3,5 km schnurgerade auf eine Anhöhe zu, auf der Sie die Bahnstrecke, die Sie linker Hand sehen, überqueren. Auf der anderen Seite der Gleise wandern Sie ein Stück auf dem Hügel entlang und sehen dann Nava del Rey unter sich liegen. Die Weite des Landes ist überwältigend.

Vor dem Ort stoßen Sie auf die Landstraße VA-VP-8902 und überschreiten ein weiteres Bahngleis. Sie spazieren vorbei an der Plaza Verdura geradeaus in den Ort, bis Sie an der Plaza Liciniana linker Hand die ✝ Pfarrkirche Los Santos Juanes sehen. Hinter der Kirche befindet sich die Plaza España mit dem Rathaus (km 15,1).

Nava del Rey

750 m, 2.100 Ew.

Touristeninformation, Calle Evangelista, 11, 983 667 969, www.ayto-navadelrey.com, turismo@ayto-navadelrey.com, Mi-So 10:00-13:30 und 17:00-19:30

Pilgerherberge, Calle Evangelista, 11, „Casa de los Maestros", 605 948 089 (im Herbst 2019 neu eröffnet)

Hotel Rural Doña Elvira, Calle Empedrada, 2, 983 850 477, EZ/DZ € 55

nach Medina del Campo, www.ayto-navadelrey.com/nava/transporte.html, www.laregionalvsa.com

nach Medina del Campo und Toro

Das landwirtschaftlich geprägte Nava del Rey profitierte ganz erheblich von den Messen in Medina del Campo und lebte vom Weinanbau. Die zahlreichen unterirdischen Weinkeller werden zum Teil heute noch genutzt. Zeugnis dieser Tradition ist auch eine Fassfabrik.

Nava del Rey – Siete Iglesias de Trabancos

9,9 km

Von der Plaza España aus laufen Sie zwischen Rathaus und Kirche die Calle Evangelista entlang, die später zur Calle Rodríguez Chico (CL-602) wird, Richtung Toro und Salamanca. An einer Kreuzung laufen Sie geradeaus weiter, an einem Schulgebäude vorbei, bevor Sie kurz vor dem Ortsausgangsschild schräg rechts in eine asphaltierte Seitenstraße abbiegen. Diese wird im Verlauf zu einer Schotterpiste und führt den Hang zu einer Anhöhe hinauf.

Sie pilgern durch eine hügelige Landschaft und folgen dem sich schlängelnden Weg, bis Sie bei km 6,8 an einer Kreuzung in einiger Entfernung rechter Hand ein kleines Backsteinhaus sehen. Hier biegen Sie scharf links ab und laufen später zum ausgetrockneten Bachbett des Río Trabancos hinunter. An einer T-Kreuzung halten Sie sich rechts und überqueren den Bachlauf.

Bei km 8,7 gelangen Sie an die Autobahn A-62. Diese und die 550 m weiter gelegene Landstraße N-620 überqueren Sie geradeaus und nehmen die Calle Larga de los Fruteros in den Ort hinein. Nach 250 m gelangen Sie an eine Gabelung, bei der Sie sich links in die Calle Real halten, die Sie nach 200 m zur Plaza Mayor mit dem Rathaus führt. Die Pfarrkirche San Pelayo befindet sich auf der Anhöhe oberhalb des Platzes (km 9,9).

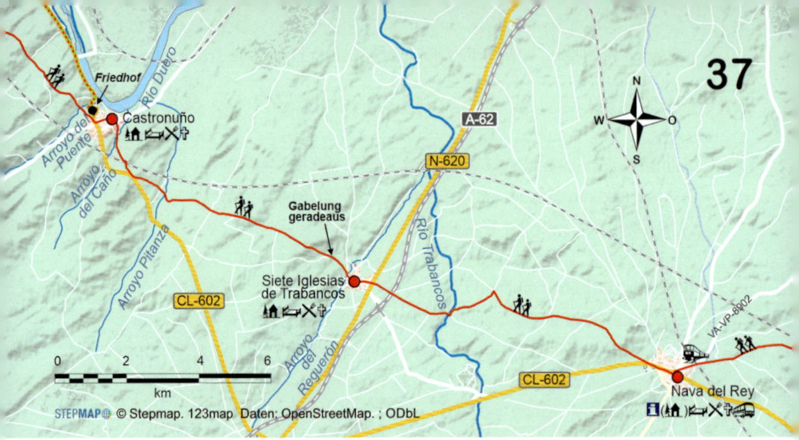

Siete Iglesias de Trabancos ⇧720 m, 450 Ew.

ℹ ⊙ Rathaus, Plaza Mayor, 1, ☎ 983 816 006, Mo-Fr 9:30-14:30

⊙ Pilgerherberge im Rathaus, 4 Schlafplätze, vorab im Rathaus anrufen

Hotel Los Toreros de Trabancos, Calle Poleo (500 m außerhalb des Ortes, direkt an der Autobahn neben der Tankstelle Cepsa), ☎ 983 817 105,
www.hotellostoreros.com, info@hotellostoreros.com, EZ € 30, DZ € 50

Die Pfarrkirche von Siete Iglesias de Trabanacos ist San Pelayo, dem Märtyrer Pelagius von Córdoba, geweiht. Der Legende nach geriet er als Kind im 10. Jahrhundert in die Gefangenschaft der Mauren und wurde vom Kalifen genötigt, den islamischen Glauben anzunehmen. Pelagius blieb jedoch standhaft ein frommer Christ. Zu Ehren des Märtyrers feiert Siete Iglesias de Trabanacos jeden Juni die „Fiestas de San Pelayo", bei denen neben kirchlichen Umzügen und Feierlichkeiten die Tradition des Stierkampfes hochgehalten wird. Ähnlich wie in Pamplona werden Stiere durch den Ort getrieben.

Siete Iglesias de Trabanacos – Castronuño

➲ 8,6 km

Mit dem Rücken zum Rathaus stehend laufen Sie rechts durch die Calle de la Reguera weiter, die die Verlängerung der Calle Real ist, und kommen an einen Betonplatz mit dem Bachlauf des Arroyo del Reguerón. Diesen überqueren Sie über eine Brücke schräg rechts und gehen auf der Betonstraße 70 m weiter bis zu einer Weggabelung.

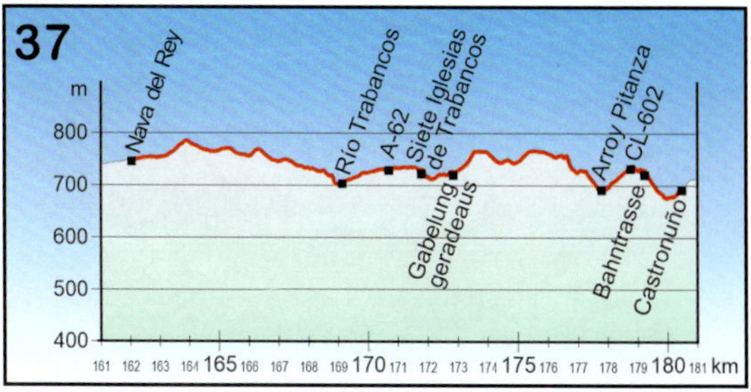

Hier nehmen Sie den linken Zweig, einen Schotterweg, und wandern die Anhöhe hinauf. Nach einem kurzen Anstieg von 600 m kommen Sie erneut an eine Gabelung. Hier gehen Sie geradeaus auf einen Funkmast und ein kleines Wäldchen zu. Nun pilgern Sie immer dem Hauptweg folgend hinauf und hinab in einer welligen Landschaft durch Getreidefelder.

Auf einer Anhöhe sehen Sie rechter Hand eine große Bahnbrücke. Anschließend überqueren Sie den Bachlauf des Arroyo Pitanza und wandern den Hang wieder hinauf bis zur Landstraße CL-602. Hier biegen Sie schräg rechts auf einen Feldweg ab, der Sie über eine Bahnbrücke und weiter nach Castronuño führt.

Vor dem Ort überqueren Sie den Bach Arroyo del Caño und folgen dann der Calle Sol weiter in den Ort. An einer Gabelung nehmen Sie rechts die Calle Caño und überschreiten die Calle Mesones geradeaus in ein schmales Gässchen zur Calle Real, der Sie nach links bis zum Rathaus folgen (km 8,6).

Wer einen Blick über den Rio Duero genießen möchte, läuft hinter dem Rathaus den Berg zur ✞ Iglesia de Santa María del Castillo hoch und erblickt von dort aus das „Knie des Duero".

Castronuño

710 m, 870 Ew.

Rathaus, Calle Real, 80, ☏ 983 866 001, www.ayuntamientodecastronuño.es, www.castronuno.com, ayuntamiento@castronuño.gob.es, Mo-Fr 9:30-14:30

Pilgerherberge, Camino Infiernicos, 3/Camino de Piscinas, 9 Schlafplätze, € 5 p. P., 13:00-22:00. Rufen Sie während der Öffnungszeiten im Rathaus an, ansonsten ☏ 983 86 62 29 oder 619 852 551. Die Herberge befindet sich im obersten Stockwerk des Gebäudes neben dem Sportkomplex San Miguel 82 etwas außerhalb. Sie folgen der Wegbeschreibung des nächsten Abschnitts bis zur Kreuzung mit der CL-602, laufen dann aber geradeaus weiter und biegen dann schräg links zum Sportzentrum ab.

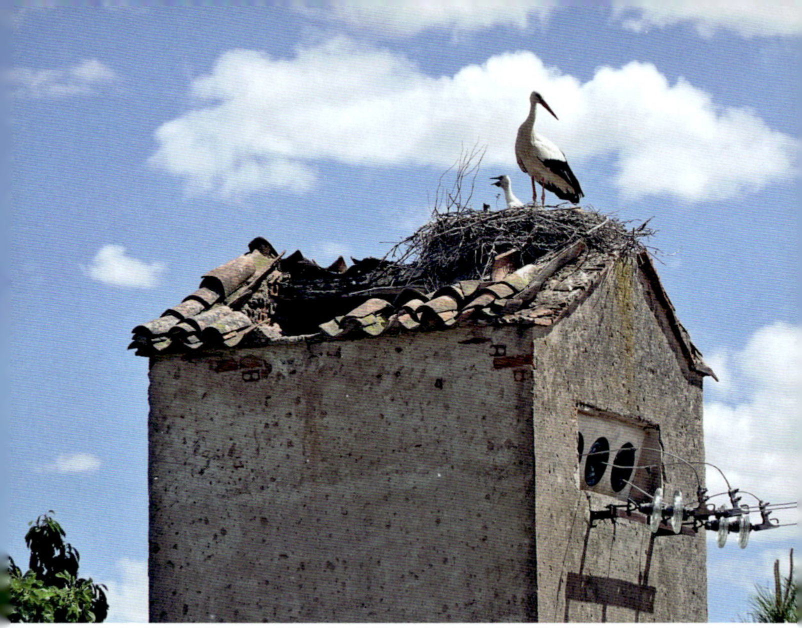

Caserío de Tímulos

Die Stadt Castronuño ist durch den Flusslauf des Duero (portugiesisch Douro) geprägt, der in der nordspanischen Provinz Soria auf 2.080 m Höhe entspringt und nach 897 km als drittlängster Fluss der Iberischen Halbinsel in den Atlantischen Ozean mündet. Als Schifffahrtsweg wurde er bereits von den römischen Besatzern genutzt. Heute ist dies nur noch auf portugiesischem Gebiet möglich. Vor der Eroberung Toledos war der Duero lange Jahre der Grenzfluss zwischen dem christlichen Norden Spaniens und dem arabischen Süden. Hinweise auf die ehemalige Grenze geben heute noch einige erhaltene maurische Wachtürme. Bis nach Zamora wird er den Verlauf des Camino bestimmen.

Castronuño – Toro ➲ 23,6 km

🚲 Bis Villafranca de Duero durchläuft der Camino einige Täler, weshalb viele Steigungen zu bewältigen sind. Wer dieses Auf und Ab vermeiden möchte, weicht auf die Straße CL-602 aus, die in den Ort führt.

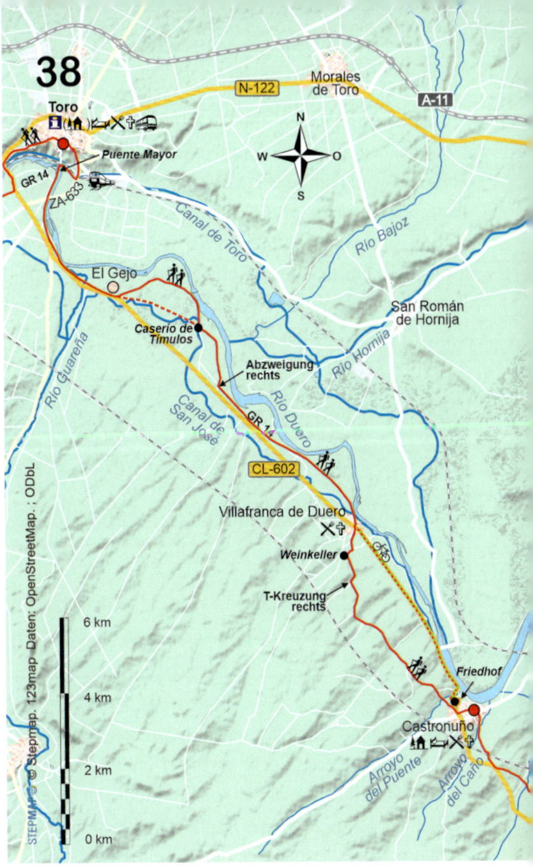

Vom Rathaus folgen Sie weiter der Calle Real, bis Sie an eine ehemalige Tankstelle und eine Kreuzung mit der Landstraße CL-602 gelangen. Hier biegen Sie nach rechts Richtung Toro ab und laufen den Hang hinunter bis zum Friedhof. Noch vor diesem wandern Sie schräg links auf eine Betonstraße, die nach einer Halle zum Sandpfad wird und Sie steil hinunter zum ausgetrockneten Bachlauf des Arroyo del Puente führt. Hier trifft der Camino Levante auf den GR 14.

Sie überqueren den Bach und steigen anschließend in dem Wäldchen links auf dem Pfad wieder auf. Nachdem Sie oben angelangt sind, pilgern Sie immer geradeaus durch ein hügeliges Land auf und ab, bis Sie bei km 5,3 auf eine T-Kreuzung stoßen. Hier laufen Sie nach rechts und gelangen nach 800 m an einige Weinkeller, die in den Hügel hineingebaut wurden. An diesen biegen Sie wieder nach rechts ab und wandern in einem Bogen nach **Villafranca de Duero** ✕ 🍷 ✞ ⇧ 660 m, 870 Ew. Halten Sie sich bei den folgenden Abzweigungen immer in Richtung der kleinen Kirchturmspitze. So gelangen Sie über die Calle Bodegas de Abajo zur Hauptstraße CL-602 (km 6,9).

Sie biegen nach links in die CL-602 ein und wenden sich hinter der Bar Avenida rechts in die Calle Carmen Seco. Bei der nächsten Kreuzung halten Sie sich links und kommen zur Plaza Mayor. Hier laufen Sie geradeaus weiter und biegen dann schräg rechts in die Calle Calzada de Toro ein, die Sie aus dem Ort führt. Am Ortsausgang überqueren Sie den Canal de San José und laufen auf einem asphaltierten Sträßchen Richtung Toro. Rechter Hand direkt am Río Duero befindet sich ein schattiger Rastplatz. Der Kanal und der Fluss werden Sie bis nach Zamora immer wieder begleiten.

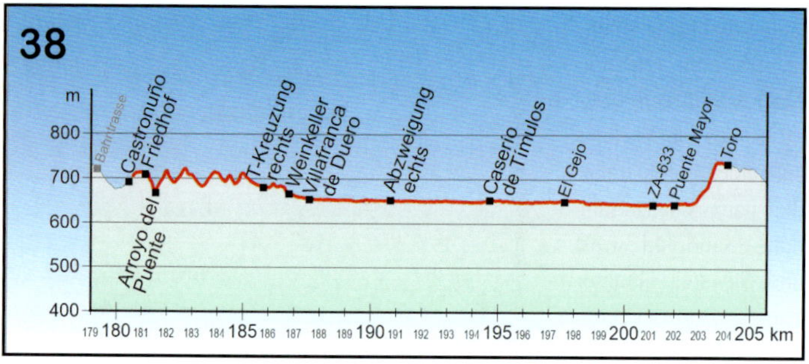

Der Camino verläuft ab hier zusammen mit dem GR 14 und dem Fahrradweg Ruta del Duero. Sie pilgern in einiger Entfernung parallel zur Landstraße CL-602. Rechter Hand fließt mal nah, mal fern der Rio Duero.

Bei km 10,4 knickt das Asphaltsträßchen an einer Kreuzung zur CL-602 hin ab. Sie wandern jedoch geradeaus weiter in eine Schotterpiste und folgen ihr, bis Sie nach 1,9 km zu einem Wohnhaus aus Ziegelsteinen kommen. An der folgenden Kreuzung biegen Sie der Markierung des GR 14 entsprechend rechts ab und laufen in einem weiten Bogen wieder auf den Canal de San José und einige zerfallene Häuser, die Caserío de Tímulos, zu. Vor dem Kanal biegen Sie nach rechts ab und haben zwei Alternativen. Zum einen können Sie nach 70 m den Kanal nach links überqueren und dann auf einer schnurgeraden Schotterpiste über 2,3 km zur CL-602 laufen. Zum anderen können Sie weiter dem GR 14 folgend am Kanal entlangwandern und bis zu einer Staustufe des Flusses die Nähe des Rio Duero genießen. Diese 700 m längere Alternative wird später ebenfalls zu einer Schotterpiste und bildet die Grundlage der km-Zählung.

Vor der Wohnsiedlung El Gejo führen beide Wege wieder zusammen und stoßen auf die Landstraße CL-602. Sie setzen Ihre Wanderung weiter auf einem Schotterweg parallel zur Straße fort. Nach 2 km wendet sich der Weg langsam von der Straße ab und verläuft am Río Duero auf Toro zu. Bei km 20,7 (der längeren Variante) unterqueren Sie eine Autobrücke der ZA-633 und bleiben bei der Gabelung danach rechts weiter am Flussufer. ☝ Folgen Sie hier nicht dem GR 14.

Nach 900 m erreichen Sie die restaurierte spätromanische Puente Mayor. Auf der anderen Seite biegen Sie vor der Bahnlinie nach rechts ab und gehen bis zu der Landstraße ZA-633. Hier laufen Sie nach links und überqueren die Bahnstrecke und den Canal de Toro. Anschließend steigen Sie auf einem kleinen Sandpfad den Berg hinauf und stoßen auf die Straße Cuesta Cavila, in die Sie schräg links einbiegen.

Sie wandern weiter steil den Berg hinauf und erreichen oben einen Platz mit einem Aussichtspunkt. Hier biegen Sie scharf links in die Calle Puerta de San Román ein und laufen bis zur Plaza San Agustín, wo sich die Touristeninformation von Toro befindet. Sie überqueren den Platz schräg nach rechts und spazieren dann durch die Calle Candeleros bis zur Plaza de los Bollos de Hito. Hinter dieser liegt die Plaza Mayor mit dem Rathaus (km 23,6). Wenn Sie sich dort nach links wenden, kommen Sie nach wenigen Metern auf die Plaza de la Colegiata mit der ✝ Kirche Santa María La Mayor. Von dem Platz hinter der Kirche haben Sie eine grandiose Aussicht auf den Weg, den Sie heute geschafft haben.

Toro

ℹ (🏠) 🛏 ✕ 🍷 ☕ 🛒 BANK 📯 ☆ ⚕ ✝ 🚌 🚆

⇧ 740 m, 8.970 Ew.

ℹ ⊙ Touristeninformation, Plaza San Agustín, ☏ 980 694 747, 💻 www.turismocastillayleon.com, www.toroayto.es, ✉ turismo@toroayto.es, 🚪 Di-Sa 10:00-14:00 und 16:00-18:00, So 10:00-14:00

🏠 In der Calle Concepción, 3 soll zukünftig eine Pilgerherberge eröffnet werden.

🛏 Hotel Zaravencia, Plaza Mayor, 17, ☏ 980 694 998, 💻 www.hotelzaravencia.es, ✉ toro@bossh-hotels.com, EZ ab € 30, DZ ab € 40

♦ Hotel Juan II, Paseo Espolón, 1, ☏ 980 690 300, 💻 www.hotelesentoro.es, ✉ über die Website, EZ ab € 55, DZ ab € 60

♦ Pension Palacio Rejadorada Posada, Calle de la Rejadorada, 11-13, ☏ 980 694 979, 💻 www.palaciorejadorada.com, ✉ info@palaciorejadorada.com, EZ ab € 55, DZ ab € 60

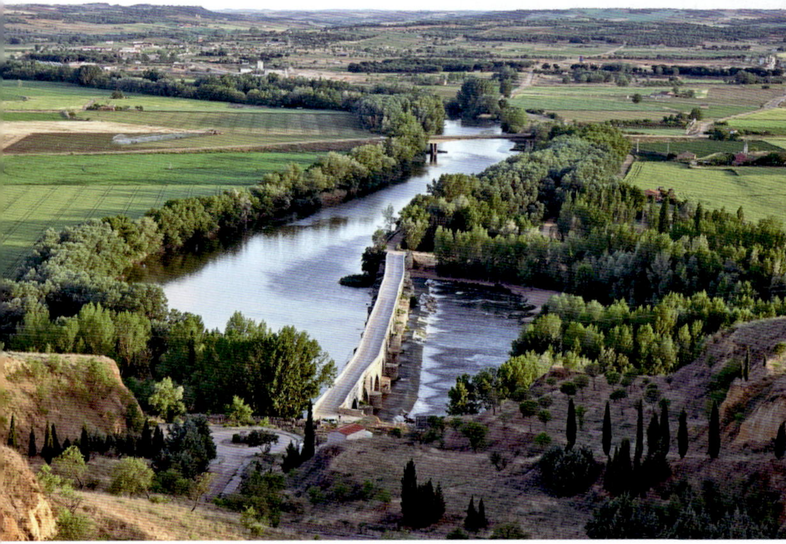

Toro

✝ Colegiata de Santa Maria Mayor, März-Okt Di-Fr 10:30-14:00 und 17:00-19:30 (Okt-März 16:30-18:30), Eintritt € 4

nach Zamora, www.autocareslaregional.com

nach Zamora

Toro liegt auf einem Plateau 100 m über dem Duero. Auch diese Stadt wurde im 8. Jahrhundert von den Mauren eingenommen. Aber schon im 9. Jahrhundert eroberten die Christen sie zurück und besiedelten das Gebiet. Der Duero galt zu dieser Zeit als Grenzfluss. 1230 wurde in Toro Ferdinand III. von Kastilien, „der Heilige" genannt, gekrönt, der später Städte wie Cordoba und Sevilla von den Mauren befreite. Seine Gemahlin Elisabeth Beatrix von Schwaben, die Enkelin des Stauferkaisers Friedrich I. Barbarossa, verstarb hier 1235. 1476, während des Kastilischen Erbfolgekrieges, war die Region Schauplatz der Schlacht von Toro. Bei ihr standen sich die „katholischen Könige" (Isabella und Ferdinand) und portugiesische Truppen gegenüber, die den Anspruch Johannas von Kastilien, einer Tochter König Heinrichs IV. von Kastilien und Johannas von Portugal, auf den

Thron einforderten. Obwohl sich beide Parteien später als Sieger bezeichneten, resultierten aus der Schlacht der Rückzug der portugiesischen Truppen und die Machtverfestigung der „katholischen Könige".

Sehenswert ist die Kirche Colegiata de Santa Maria Mayor aus dem 12.-14 Jahrhundert. Ihr filigranes gotisches Portal, das „Portal der Majestät" genannt wird, ist mit unzähligen kleinen Figuren geschmückt.

Toro – Villalazán ➲ 19,8 km (18,8 km)

Unterwegs gibt es keine Einkehr- oder Einkaufsmöglichkeiten.

Hinter dem Rathaus nehmen Sie die Calle Perezal und kommen zu einem kleinen Platz, an dem sich die Straße gabelt. Hier spazieren Sie nach links in die Calle Judería und folgen dieser geradeaus, bis Sie an ein Haus mit der Aufschrift „Meson Manolo" kommen. An dieser Stelle gabelt sich die Straße erneut, Sie gehen schräg links in die Calle Horno Magdalena und gelangen auf die Plaza Magdalena. Diese überqueren Sie und biegen links in die Calle El Canto ab. Die Straße führt Sie stadtauswärts vorbei an älteren Häusern und später durch ein Neubaugebiet mit Bäumen, bis Sie auf eine asphaltierte Landstraße stoßen.

Dieser folgen Sie hinab zum Fluss. Unten verläuft das Sträßchen ein Stück parallel zur N-122, zweigt dann aber nach links ab und führt über den Canal de Toro und den Bahndamm zu einer Stahlbrücke über den Duero. Auf der anderen Seite angelangt wandern Sie noch 500 m auf der Straße, bis Sie einen ausgetrockneten Bachlauf überqueren, ein kleines gelbes Häuschen sehen und wieder auf den GR 14 treffen.

Hier biegen Sie nach rechts in den Feldweg ein. Diesem folgen Sie aber nur bis zur nächsten Kreuzung und laufen wieder nach rechts zum Duero. Ab hier pilgern Sie geradeaus am Fluss entlang, bei km 7,8 unterqueren Sie eine Bahnbrücke. 1,6 km weiter knickt der GR 14 an einem kleinen Häuschen nach links in Richtung Peleagonzalo ab. Sie bleiben jedoch am Duero und wandern geradeaus weiter.

Der Weg am Fluss wird ab jetzt etwas beschwerlicher. Alternativ folgen Sie dem GR 14 nach Peleagonzalo und nehmen dann die Landstraße ZA-P-1102 nach Villalazan.

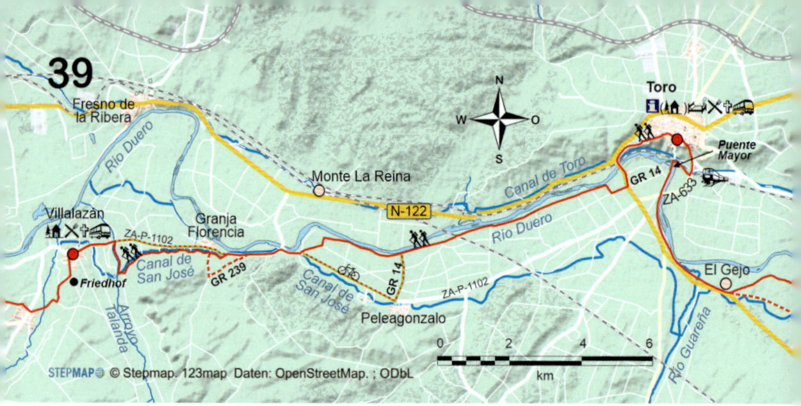

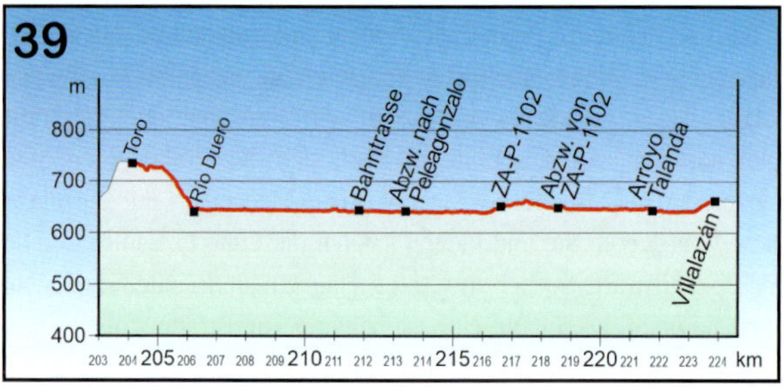

Nach 1,5 km wird der Weg etwas holprig und führt vom Duero weg hin zur Straße ZA-P-1102. Bei km 12,3 treffen Sie auf die Landstraße und folgen dieser 2 km nach rechts, vorbei an einer Abzweigung über den Fluss. Bei km 13,9 führt Sie ein Wegweiser des GR 239 schräg links in einen Feldweg. Dieser wird jedoch unwegsam und führt über einen Umweg von 1 km wieder zur ZA-P-1102. Laufen Sie daher besser noch 300 m auf der Straße und biegen dann vor der Überquerung des Canal San José schräg links in einen Feldweg ab. Nach 500 m kommen Sie an eine Brücke über den Kanal, wo der offizielle Weg vom Hang her dazustößt.

Der Camino de Levante verläuft ab hier immer links vom Kanal, zunächst über einen kaum sichtbaren Trampelpfad, der jedoch nach 800 m zu einem Feldweg wird. Nach 2,5 km führt der Camino rechts vom Kanal weg und am Ufer des Baches Arroyo Talanda wieder zur ZA-P-1102. Wem dieser Weg zu beschwerlich ist, wandert einfach auf der Straße weiter und spart sich dadurch 1 km.

Wieder an der Landstraße angelangt, folgen Sie dieser nach links über eine Brücke nach Villalazán und gelangen nach 1,2 km zum Kirchplatz mit der ✞ Iglesia Parroquial de San Blas (km 19,8).

Villalazán

⛪ ✕ 🍷 ✞ 🚌 ⇧660 m, 280 Ew.

ℹ ⊙ Rathaus, Calle Toro (neben der Kirche), ☏ 980 699 468

⛪ ⊙ Pilgerherberge, Calle Casas Nuevas, 9 (in einem der Schulgebäude), 6 Schlafplätze. Erfragen Sie den Schlüssel im Rathaus. Falls dieses nicht geöffnet ist, fragen Sie in einer der Bars oder unter ☏ 980 699 462 nach.

🚌 nach Zamora, 💻 www.tamame-bus.com/horario-lineas-autobuses-tamame

Die Kirche von Villalazán ist dem heiligen Blasius von Sebaste geweiht, der in der gleichnamigen Hauptstadt der römischen Provinz Kleinarmenien (im heutigen Nordosten der Türkei) wirkte. Der Legende nach rettete er als Arzt einem Mann, der an einer Fischgräte zu ersticken drohte, das Leben und blieb als Märtyrer während der römischen Christenverfolgung dem Glauben treu. Er gilt als Schutzpatron der Ärzte, Maurer, Schuhmacher, Schneider und weiterer Berufe.

Villalazán – Zamora

➲ 17,5 km

Mit dem Rücken zur Kirchpforte überqueren Sie den Kirchplatz schräg nach links und gehen 80 m durch die Calle Reina, bevor Sie an einem roten Ziegelsteinhaus nach links in die Calle Union abbiegen. 520 m folgen Sie der Straße geradeaus aus dem Ort hinaus, bis Sie auf eine Baumallee stoßen, die zum Friedhof führt. Vor dieser biegen Sie schräg rechts in einen Schotterweg ab und wandern einen kleinen Hang hinunter. Vor sich sehen Sie schon den Ort **Madridanos** ✞ ⇧ 650 m, 470 Ew.

Unten angekommen halten Sie sich links, auf eine Scheune mit rotem Dach zu. An einer T-Kreuzung stoßen Sie auf ein Gatter und biegen nach rechts ab. Ab hier verläuft der Weg wieder zusammen mit dem GR 14. Der Markierung folgend laufen Sie zunächst auf einer Asphalt- und dann auf einer Betonstraße am Ortsrand vorbei. Linker Hand sehen Sie zwei große Silos. Sie überqueren die Hauptstraße geradeaus (km 2,4) und laufen durch ein Steinlager den Hang hinauf.

Oben auf dem Hügel biegen der Camino de Levante und der GR 14 schräg rechts in eine Schotterpiste ab. Schnurgerade pilgern Sie 2,5 km, bis der Weg um

90 Grad nach rechts abknickt und an einigen Hydrantenhäuschen erneut auf eine Schotterpiste stößt. Dieser folgen Sie nach links 2,2 km, bis Sie bei km 7,4 nach rechts Richtung Villaralbo abbiegen. Nach weiteren 1,4 km überqueren Sie die von Villalazán kommende Landstraße ZA-P-1102 geradeaus in eine asphaltierte Straße.

Vor **Villaralbo** ✕ 🍷 🛒 BANK ✝ 🚌 (☞ Villalazan) 1.870 Ew., ⇧ 640 m gabelt sich der Weg. Sie wandern links in einen Schotterweg und kommen an einen kleinen Platz (km 9,1). Diesen überqueren Sie schräg nach links und laufen durch die Calle Julio Luelmo 450 m bis zur Plaza Amílcar Ferrón mit dem Rathaus. Hier gehen Sie geradeaus weiter und biegen kurz darauf auf der Plaza Mayor schräg rechts zur ✝ Kirche Parroquia de la Asunción ab. An dieser spazieren Sie links vorbei und gehen dann durch die Calle la Iglesia zur Plaza Juan Carlos I. Hier nehmen Sie vor der Bar Lucero die Calle del Ochavo schräg rechts und laufen auf dieser aus dem Ort hinaus, bis Sie wieder auf den Canal de San José stoßen.

🚲 Alternativ zum Camino können Sie auf der Straße bleiben. Vor Zamora stößt der GR 239 wieder zu Ihnen.

Wanderer biegen nach links in den kleinen Feldweg am Kanal ab und pilgern 2 km an ihm entlang, bis Sie auf eine asphaltierte Straße treffen. Hier laufen Sie schräg rechts Richtung Autobahn A-66 und unterqueren diese. An einem Stromhäuschen und einem doppelstöckigen Haus mit rotem Tor biegen Sie nach rechts ab und bleiben auf der asphaltierten Straße. Diese führt Sie wieder zurück zur Landstraße.

Hier wenden Sie sich nach links und wandern geradeaus unter der Straße N-630 hindurch nach Zamora. Nach 500 m erreichen Sie den Ortseingang und können auf einem Bürgersteig in die Stadt laufen. Sie unterqueren eine ehemalige Eisenbahnlinie, gehen danach sofort durch die erste Straße nach rechts zum Fluss und stoßen auf eine kleine Mauer. Hinter ihr befindet sich ein Sträßchen, welches zu einem Restaurant an der Eisenbahnbrücke und zum Fluss hinunterführt. Diesem folgen Sie nach rechts, um dann vor dem Lokal scharf links auf den Weg am Fluss einzubiegen.

Jetzt laufen Sie auf der Uferpromenade des Duero unter einer weiteren Stahlbrücke hindurch bis zur Puente de Piedra und überqueren hier den Fluss. Auf der anderen Seite angelangt spazieren Sie schräg rechts in die Calle Puente und

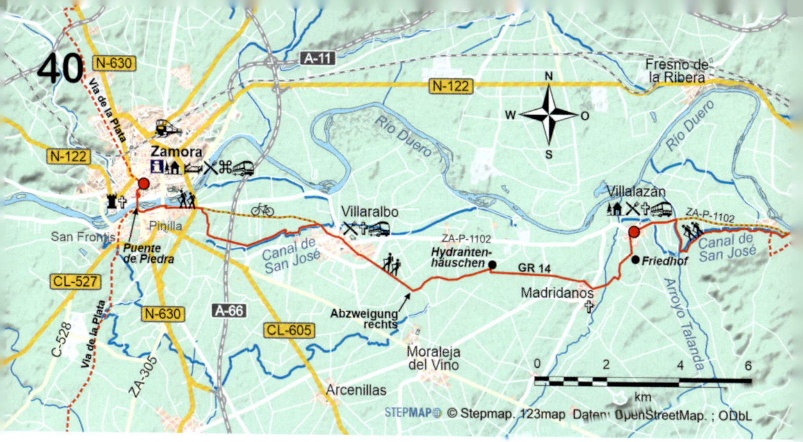

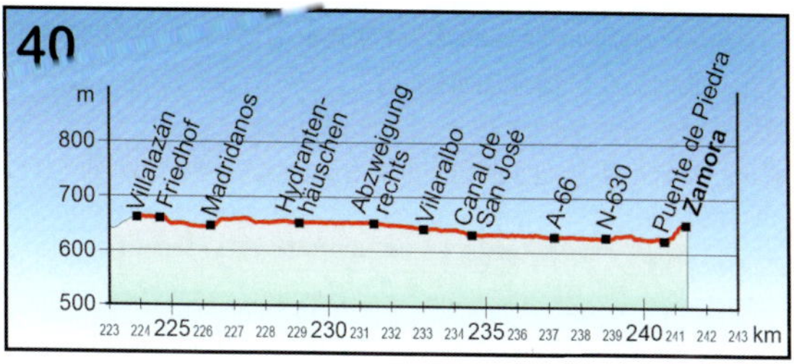

kommen zur Plaza de Santa Lucía. Diesen Platz überqueren Sie nach schräg links und laufen um die ✞ Kirche Santa Lucía herum. Über die Cuesta San Cipriano geht es vorbei an der Pilgerherberge in einer Serpentine den Berg hinauf. Oben gelangen Sie an die Plaza de San Cipriano, auf die die Plaza de Claudio Moyano und anschließend die Plaza Viriato folgen. Rechts von dieser erreichen Sie über die Calle de Ramos Carrión nach 100 m die Plaza Mayor mit dem Rathaus (km 17,5).

Zamora

⇧ 650 m, 62.400 Ew.

Touristeninformationen: Plaza de Arias Gonzalo, 6, ☏ 980 533 694, Avenida Príncipe de Asturias, 1, ☏ 980 531 845, www.zamora-turismo.com, www.turismoenzamora.es, www.romanicozamora.es, oficinaturismo@zamora.es, Mo-Sa 10:00-14:00 und 17:00-19:00, So 10:00-14:00

- Pilgerherberge, Cuesta San Cipriano, 7, ☏ 980 509 427 (Herberge), 32 Schlafplätze, 14:00-22:00
- Hostal Sol, Benavente, 2, ☏ 980 533 152, EZ/DZ ab € 35 (im gleichen Haus wie das Hostal Chiqui, aber in einem anderen Stockwerk)
- ♦ Hostal Chiqui, Benavente, 2, ☏ 980 531 480, www.hostalchiqui.es, info@hostalchiqui.es, EZ/DZ ab € 40
- ♦ Hostal Don Rodrigo, Calle Virgen de la Concha, 5, 607 448 482, www.hostaldonrodrigo.es, info@hostaldonrodrigo.es, EZ ab € 45, DZ ab € 55
- ✞ Kathedrale, Plaza de la Catedral, ☏ 980 530 644, www.catedraldezamora.wordpress.com, Mo-So 10:00-14:00 und 17:00-20:00 (Okt-März 16:30-19:00), Eintritt € 5
- ⌘ Museo de Semana Santa, Plaza de Santa María la Neva, ☏ 980 532 295, www.semanasantadezamora.com, Mi-Fr 10:00-14:00 und 17:00-20:00, So 10:00-14:00, Eintritt € 4
- tägl. nach Madrid, www.avanzabus.com
- tägl. nach Madrid und Puebla de Sanabria sowie Ourense

Zamora

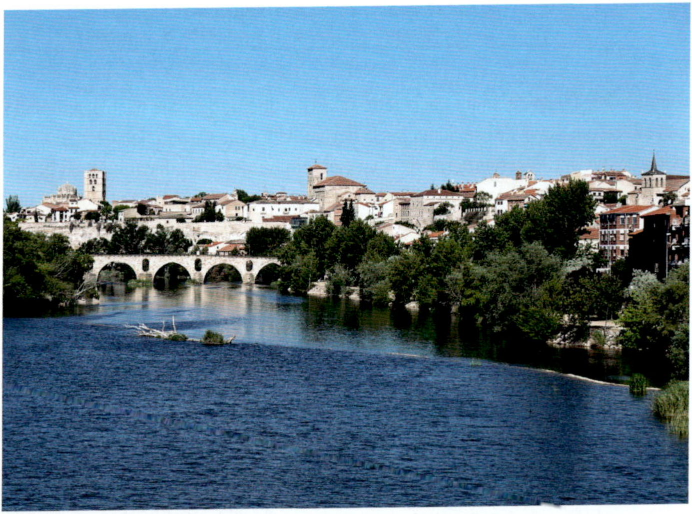

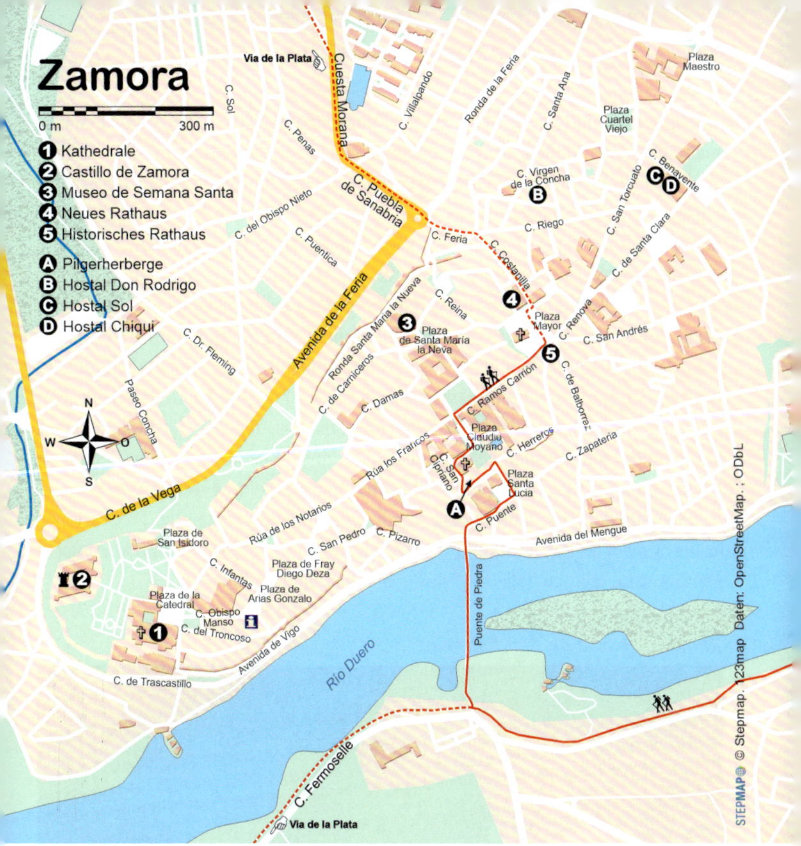

Das Siedlungsgebiet Zamoras, das unter römischer Herrschaft an der „Vía de la Plata", dem Silberweg zwischen Sevilla und Astorga, lag, wurde zwar nach der maurischen Unterwerfung im 9. Jahrhundert zurückerobert, war danach aber lange Jahre umkämpft. Während ein Angriff der Mauren im Jahr 901 noch abgewehrt werden konnte, so wurde Zamora im Jahr 981 doch von Almansor dem Schrecklichen wieder eingenommen. Nach der erneuten Rückeroberung durch die Christen begann im 11. Jahrhundert der Wiederaufbau der größtenteils zerstörten Stadt durch Ferdinand I., den ersten König von León, Kastilien und Galicien. Nach seinem Tod teilte er das Reich unter seinen Kindern auf. Sein Sohn Sancho II., der eine Wiedervereinigung der Herrschaftsgebiete anstrebte, begann aus diesem Grund am 4. März 1072, Zamora zu belagern. Da die Einkesselung mehr als sieben Monate dauerte, entstand das spanische Sprichwort „No se gano Zamora en una hora", was unserem „Rom wurde auch nicht an einem Tag erbaut" entspricht. Sancho fiel tragischerweise einem verräterischen Mord zum Opfer, an den heute noch die Portillo de la Tración (Pforte des Verrats) erinnert, eine Mauerspalte am Aufgang zur Burg, durch die der Mörder wieder zurück in die befes tigte Stadt gelangte. Durch die Verlagerung der Reconquista nach Süden verlor Zamora an strategischer Bedeutung und konnte sein Stadtbild erhalten. Darum wird das heutige Zamora als „Museum der Romanik" bezeichnet. Viele der 26 Kirchen der Stadt sind im romanischen Stil des 12./13. Jahrhunderts erbaut worden. Das prächtigste Beispiel ist die im südlichen Teil der Altstadt gelegene Kathedrale. Einen Besuch ist aber auch die romanische Templerkirche Iglesia de Santa Maria Magdalena mit ihrer schlichten Innengestaltung wert.

Eine aus dem 13. Jahrhundert stammende Tradition stellen die Prozessionen in der Karwoche dar: Während die nächtlichen Umzüge von Stille und Andacht geprägt sind, fällt am Tage der Musik eine bedeutende Rolle zu.

Zamora: Iglesia de San Cipriano

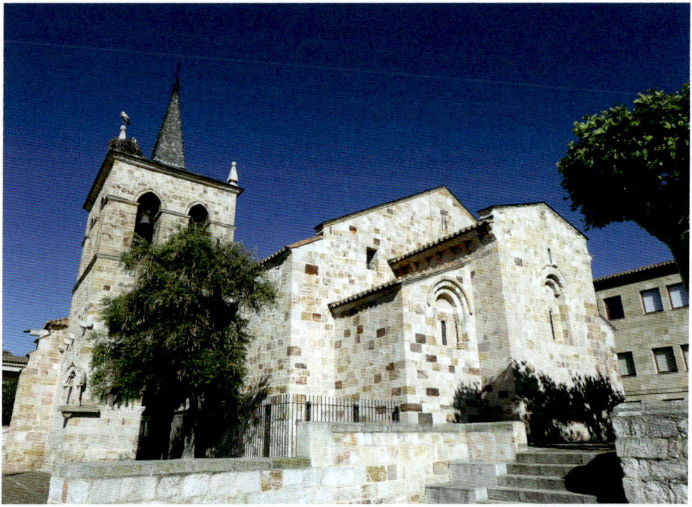

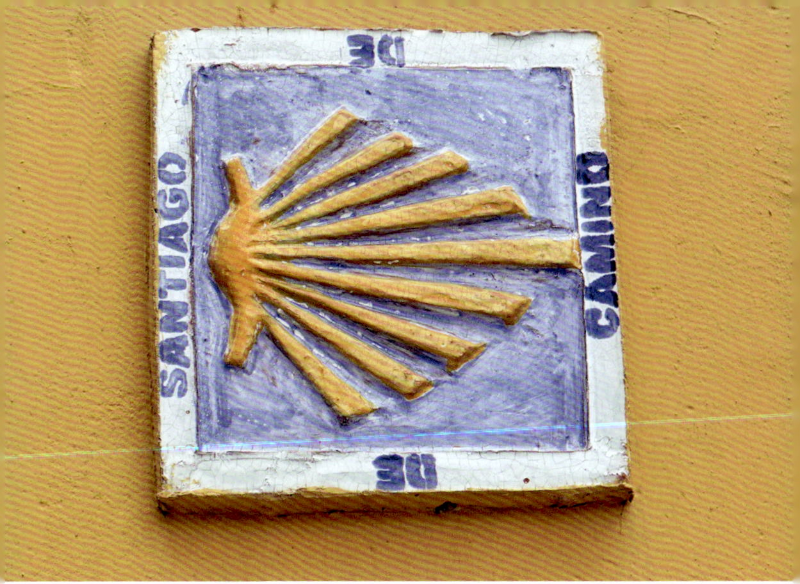

Wegmarkierung

Wie geht es weiter?

In Zamora trifft der Camino de Levante auf den Jakobsweg Vía de la Plata, der sich an der alten Silberstraße der Römer orientiert und in Sevilla beginnt. Diesem folgt er 411 km über Ourense nach Santiago de Compostela. Alternativ können Sie auch ab Granja de Moreruela weiter bis nach Astorga pilgern, wo Sie dann auf den Camino Francés treffen.

📖 „Spanien: Jakobsweg Vía de la Plata" von Raimund Joos, Conrad Stein Verlag, ISBN 978-3-86686-440-5

♦ „Spanien: Camino Francés" von Raimund Joos, Conrad Stein Verlag, ISBN 978-3-86686-424-5

Index

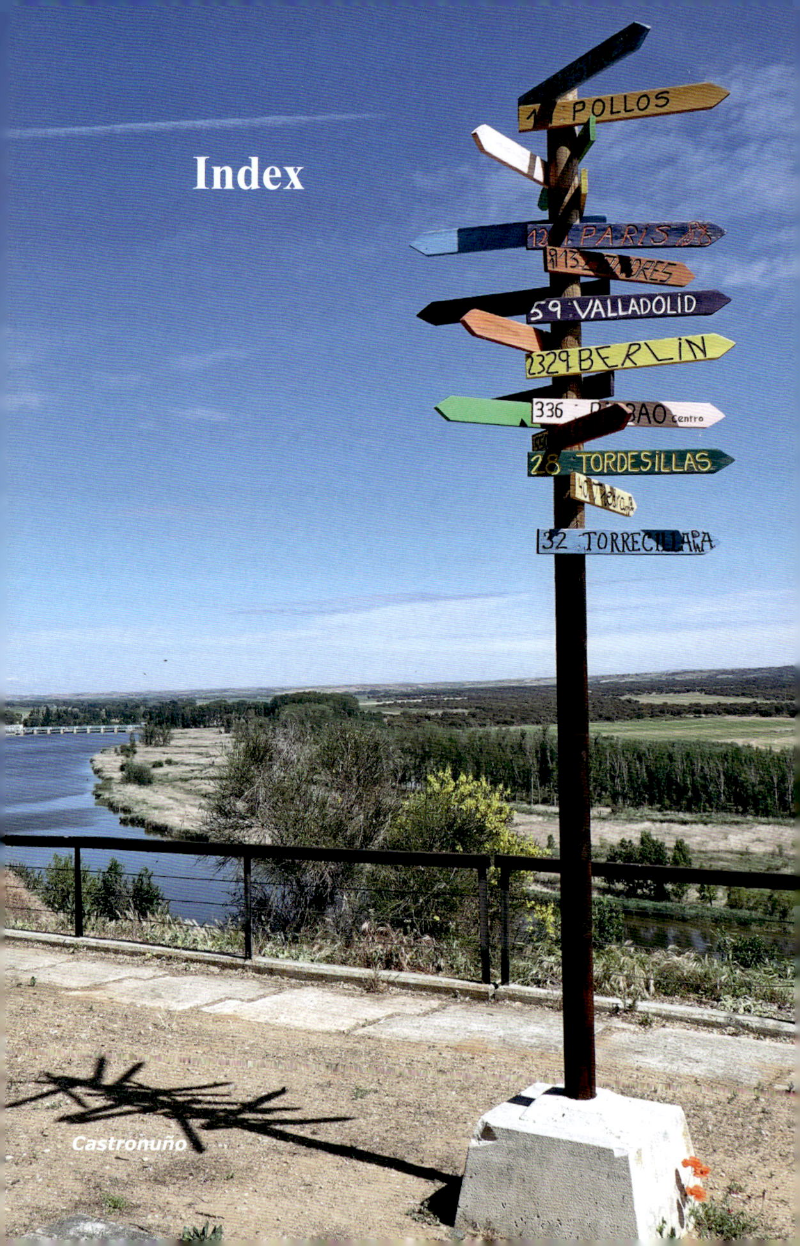

Castronuño

A

B

C/D

E

G

H

I/J/K

L

M

N/P/Q

R

S

T

U/V

W/X/Z